新质课程文化丛书

林启达　王琦　杨四耕　丛书主编

多模态学科实践

赵大运　杨俊环　主编

华东师范大学出版社
·上海·

图书在版编目(CIP)数据

多模态学科实践/赵大运,杨俊环主编.—上海：
华东师范大学出版社,2024.—(新质课程文化丛书).
ISBN 978-7-5760-5427-9

Ⅰ. G632.3

中国国家版本馆 CIP 数据核字第 2025KT7211 号

新质课程文化丛书

多模态学科实践

丛书主编　林启达　王琦　杨四耕
主　　编　赵大运　杨俊环
责任编辑　刘　佳
项目编辑　林青荻
特约审读　郑　月
责任校对　郭　琳　时东明
装帧设计　卢晓红

出版发行　华东师范大学出版社
社　　址　上海市中山北路3663号　邮编 200062
网　　址　www.ecnupress.com.cn
电　　话　021-60821666　行政传真 021-62572105
客服电话　021-62865537　门市(邮购)电话 021-62869887
地　　址　上海市中山北路3663号华东师范大学校内先锋路口
网　　店　http://hdsdcbs.tmall.com

印　刷　者　浙江临安曙光印务有限公司
开　　本　787毫米×1092毫米　1/16
印　　张　17.75
字　　数　173千字
版　　次　2025年3月第1版
印　　次　2025年3月第1次
书　　号　ISBN 978-7-5760-5427-9
定　　价　58.00元

出版人　王焰

(如发现本版图书有印订质量问题,请寄回本社客服中心调换或电话021-62865537联系)

编 委 会

主编

赵大运

副主编

杨俊环

编委

刘学研	王　冉	王金丽	王若洁	王露敏
包丽萍	白新颖	许伟瑞	刘　盈	成思雨
张玉琦	张　阳	邱芷莹	张　娜	林可欣
郑玉清	周晓尔	林晓环	范　曼	柳汝军
郝素梅	姜程程	徐明宇	涂　林	黄俊人
梁　莉	邹觉志	赖洁璇	熊思琦	潘日林

丛书总序

走向新质课程文化

众所周知,课程与文化有着天然的联系,对学校发展而言,凡是课程变革一定是文化变革,没有文化内核的课程变革很难取得成功;文化变革需要课程建设支撑,没有课程支撑的文化变革是难以想象的。学校教育的内在目的的实现是以具有内在品质的课程文化为前提的,不赋予课程内在的文化品质,高质量的教育便很难实现。如果我们的课程是外在性的、他律性的,那么学校教育的内在目的就很难真正实现。可以说,富有丰富的、内在的文化气韵是新质课程文化的显著特征。实现由工具性课程文化向内在性课程文化转化,是当代学校课程变革的文化走向。建构新质课程文化,实现教育的内在旨趣,是时代赋予学校课程变革的使命。

怀特海在《过程与实在》一书中指出:现实存在就是合生,每一个现实存在都不是只有一种元素的简单的存在,不是原子论意义上的存在,而是由诸多要素构成的合生体系。在学校课程变革过程中,课程与文化互为现实存在和潜在存在,二者"合生"即生成课程文化。推进学校课程文化变革,可以从怀特海的"合生"哲学中获得启迪。我们认为,课程与文化的合生设计,是建构新质课程文化的重要方法,在具体操作上有两条路径可供选择。

一、自上而下的演绎路径:从文化概念到课程设计

自上而下的演绎路径,从文化概念的顶层设计入手建构学校课程体系,实现从教育价值取向到课程愿景设计、从课程目标厘定到课程内容体系设计、从课程实施路径激活到课程评价推进、从课程育人体系梳理到课程支撑体系建构的全流程合生设计。

第一,提出学校教育哲学,生成学校课程理念。最关键的一点是提出文化核心概

念,即提出学校教育哲学核心概念,从文化核心概念设计出发进而确定学校教育价值观和内涵发展方法论,演绎形成学校办学理念,推理生成学校课程理念。学校教育哲学是学校共同体的教育信条,它渗透于学校教育全过程,贯穿在学校课程所有要素之中,体现于师生日常生活和学校空间环境之中。学校教育哲学包含学校使命观、价值观和愿景观,内蕴办学理念,下延课程理念。换言之,学校教育哲学、办学理念和课程理念之间的关系是由内而外的逻辑推理关系,具有逻辑一致性。

第二,确定学校培养目标,细化学校课程目标。根据教育方针关于教育目的的总体规定性要求,演绎确定学校培养目标,并根据课程方案的要求进一步细化成学校课程目标。在这里,教育目的、培养目标和课程目标是从抽象到具象的过程,是总体规定性和具体表现性之间的关系。课程目标对课程编制具有重要的导向作用,细化学校课程目标需要统筹学生的发展需要、知识的发展状况和社会的发展要求等综合影响。

第三,建构学校课程结构,设计学校课程内容。横向上,把握学校课程的内容结构。我们认为,最具育人价值的课程内容结构,包含课程内容的实质结构和形式结构。实质结构是对课程的质的规定性,反映着课程的内在价值取向,是对课程功能类别的深层理解;形式结构是按照一定标准对课程进行形式分类,并把握各类之间的关系,形成学校课程的形式结构。一般而言,课程的实质结构决定形式结构。纵向上,要把握学校课程的时间节律,科学设计学校课程的年级和学期布局,形成可供每一个年级推进的教学指南以及每一个学期落实的学程设计。如此,学校课程有几条跑道,以及每一条跑道如何设计都是明确的。

第四,激活学校课程实施,推动学习方式变革。激活课程育人方式,需要聚焦高质量发展要求,把握学校课程实施的多维路径。一般来说,学校课程实施途径主要有课堂教学、学科拓展、社团活动、项目学习、校园节日、研学旅行、家校共育、环境创设等。实现从文化概念到课程实施的合生设计,需要进一步明确每一条实施路径的内涵、做法以及相应要求,且每一条途径都应该有学校教育哲学的渗透,应该体现学校教育哲学的价值影响。

第五,创新学校课程评价,落实学校课程管理。课程评价和管理是保障课程变革顺利进行的重要条件。从新质课程文化的合生设计角度看,评价和管理既是学校课程实施的背景和场域,也是学校课程实施的手段和构成。课程评价和管理以及课程目标、课程框架、课程实施共同构成学校课程文化优化升级的内在逻辑，其逻辑起点就是立足学校教育哲学和课程理念，通过合生设计全面掌握学校课程实施情况；通过创新学校课程评价，全维度考查学校课程品质，系统描述学校课程的存在状况与实际成效；通过落实学校课程管理，提升学校内涵发展水平。

上述新质课程文化的获得是从文化概念建构开始的。从文化概念到课程设计的"合生"，有利于提升学校课程的文化内涵，丰富学校课程的文化气韵。

二、自下而上的归纳路径：从课程实践到文化逻辑

从特定场景中的课程实践出发建构学校课程的文化逻辑，是学校课程文化变革的另外一条路径。在分析特定课程实践情境的基础上，提炼学校课程哲学，厘定学校课程目标，梳理学校课程框架，激活学校课程实施，巧用学校课程评价，这是自下而上的归纳道路，也是从特定课程实践入手到文化逻辑建构的"合生"道路。在这个过程中，要注意处理好传承与发展、共性与个性、整体与部分、科学与人文、认识与实践、理想与现实等多重关系。

一是学校课程情境分析要处理好传承与发展的关系。学校课程总是处于一定的情境脉络之中，是特定语境的产物。学校课程情境分析要注意把握学校课程发展的不同阶段客体和主体运动变化情况，深刻理解特定时间段的宏观、中观和微观情境，处理好传承与发展的关系，使学校课程情境的要素、联结和效应等获得系统分析和合理说明。传承与发展是相互转化的，是时间流的"合生"过程，传承的要素中往往内含着未来发展的空间，发展的要素中往往会有未来传承的可能。把握学校课程发展在连续性与非连续性之间的叠加效应，有利于推进学校课程文化变革。

二是学校课程哲学提炼要处理好共性与个性的关系。学校课程哲学属于专业的教育哲学范畴，须以制定纲领或提炼信条的方式从哲学角度确认，形成同教育有关的概念和系列观点，具有较强的专业性。在美国教育哲学家索尔蒂斯看来，专业的教育哲学包含个人的教育哲学和公众的教育哲学这两个方面。其中，个人的教育哲学指导个人的教育实践活动，具有独特性；公众的教育哲学面向公众群体，具有公众政策意

蕴,解释公众意识形态,指导许多人的教育实践活动,具有公众性。每一所学校都应该有独特的、体现时代精神的课程哲学,这一课程哲学既要具有学校的个性特征,又要体现时代的价值追求,要处理好共性与个性的关系。我们认为,新时代学校课程哲学的提炼,要基于对时代精神的整体把握和对教育改革形势的总体判断,围绕着培养什么人、怎样培养人、为谁培养人这一根本性问题,形成符合学校特定课程情境的发展理念,正确处理社会本位论和个人本位论的关系,透过共性与个性这一"合生"过程,用"自己的句子"回应时代命题。

三是学校课程目标厘定要处理好整体与部分的关系。育人目标是学校教育活动的出发点,也是学校课程的最终价值。整体与局部的关系的处理,核心在于回答"培养什么人"及其具体化的问题。一般来说,育人目标是把学生培养成什么样的人的整体要求和校本表达,课程目标是育人目标的年段要求和具体表现。育人目标反映了学校落实教育方针的特殊要求,是核心素养的校本表达;课程目标体现了学校培养学生的年段要求,是核心素养的具体细化。培养德智体美劳全面发展的社会主义建设者和接班人,这是我国各级各类学校培养目标的整体要求。结合具体情况,学校的育人目标要反映出学校的个性化要求以及全面发展的涌现性特征。我国各级各类学校培养目标作为一种整体要求,反映国家的育人规格和统一要求;学校的育人目标是学校的个性化要求,反映国家育人规格的整体要求和全面本质,二者具有鲜明的"合生"属性。同理,学校育人目标和在此基础上细化形成的学校课程目标,二者亦具有鲜明的"合生"属性。

四是学校课程内容设计要处理好科学与人文的关系。科学与人文的关系是课程内部的重要关系之一,是推动学校课程发展的矛盾焦点。当今时代,科学主义课程广泛影响了世界基础教育课程改革。2023年,教育部办公厅印发的《基础教育课程教学改革深化行动方案》就增列"科学素养提升行动",要求深化中小学科学教育改革,强化做中学、用中学、创中学,激发青少年好奇心、想象力、探求欲,提升学生解决实际问题的能力,发展学生科学素养。提升科学素养,强化科学探究,是时代赋予基础教育课程改革的使命。不过,我们在强调科学素养提升的同时,要清晰地知道:科学素养与人文修养辩证统一,科学精神与人文精神合理融通。科学要与人文有机统一,科学彰显人文特征,人文内蕴科学理性,科学与人文都是人类改造世界不可或缺的语言。因此,倡导科学精神和人文精神相结合的科学课程观,设计科学与人文整合的课程体系,以科学课程为载体,实现科学和人文的"合生"与"融通",是学校课程文化变革的重要追求。当下这一时代的科学教育理应回到充满生机活力的生活世界,理应从科学世界观、科学方法论、科学价值观等方面,帮助学生了解各领域的专家学者在过去、现在和未来是怎样看待人生、怎样认识世界、怎样理解人类社会的,进而增进学生的科学理性和人文精神,促进学生全面发展。

五是学校课程实施激活要处理好认识与实践的关系。学校课程实施的重要目标是促进学习者理解符号知识和经验知识,建立内部世界与外部世界的联系,这无可厚非。但是,实践是人的全面发展的基石,认识与实践是双向建构、合生共处的。义务教育课程方案和课程标准(2022年版)为此特别强调变革育人方式,发挥实践的独特育人功能。作为课程育人活动,学校课程实施不能把学生限定在书本世界,不能无视儿童与客观世界的联系。激活学校课程实施必须处理好认识与实践的关系,寻找认识与实践的"合生处"与"交融点",在实践中提升认识,在实践中增长才干。要确认实践性是学习的基本属性,提升课程育人的实践品质,彰显学习的实践属性,这是激活学校课程实施的关键所在。要丰富学习实践样态,强化真实性实践,关注社会性实践,提升实践的思维含量,激活实践体验过程,提高学生的实践理解力;要激活反思理解过程,学会处理人与自然、人与社会、人与自我的关系,提升学生的生命觉醒力,处理好认识与实践的关系,这是激活学校课程实施的基本立场。

六是学校课程评价创意要处理好理想与现实的关系。理想源于现实,是思想先导,是现实的桃源;现实立足理想,是客观存在,是理想的源泉。理想与现实之间,是你中有我、我中有你的"合生"关系。中共中央、国务院印发的《深化新时代教育评价改革总体方案》指出:"坚持科学有效,改进结果评价,强化过程评价,探索增值评价,健全综合评价","坚持统筹兼顾,针对不同主体和不同学段、不同类型教育特点,分类设计、稳步推进,增强改革的系统性、整体性、协同性。坚持中国特色,扎根中国、融通中外,立足时代、面向未来"。为此,学校课程评价应坚持全面性与专业性、科学性与客观性、稳定性与发展性,既追求理想,注重课程评价的价值引导,按照理想要求做好顶层设计,使学校课程评价具有"通天线"之智慧;同时又立足现实,秉持科学客观之精神,尊重客观现实,总结成败得失,使学校课程评价具有"接地气"之魅力。换言之,学校课程评价要在理想与现实之间找到平衡点,架设理想的课程和现实的课程之间的桥梁,为促进学生全面发展、教师专业成长和课程体系完善发挥导向作用。

深圳市坪山区立足教育规律和学生成长规律,以培养学生必备品格、关键能力和正确价值观为指向,构建了"引领性课程、普及性课程、个性化课程"三维一体的"品质课程"体系,旨以课程改革驱动内涵建设,以教学变革促进课堂转型,以学习方式转变优化育人模式。坪山区"品质课程"系列实践表明,学校课程文化变革可以是演绎式,也可以是归纳式。演绎式可理解为"概念先行——实践验证"方式,归纳式可理解为"实践探索——归纳提炼"方式。课程是具有情境性和价值负载的文本,建构新质课程文化宜采取理论、研究与实践互动的方式。这种方式不完全依赖于概念或理论,也不脱离学校实际情境。在学校课程实践中,以学校课程情境为基础,以课程实践问题为切入点,以理论为指导,以概念为圆心,边研究边行动,在实践中总结提炼,又在实践中加以验证与改造,在理论与实践的互动互补、碰撞对话中生成学校独有的课程文化框架。

当然,新质课程文化的合生设计,不论选择哪一条路径,都必须为课程文化变革提供充分理由或理论依据,增强学校课程文化变革的认同感。在某种意义上,这也是一种文化自觉。

林启达　王　琦　杨四耕
2024 年 6 月 6 日

目录

前言　丰富学科实践的多样形态　　　　　　　　　　　　1

模态 01　内隐性体验外显化　　　　　　　　　　　　1

人类学习是内隐知识和外显知识相互转化的过程,是无意识与意识的相互作用和辩证转化的过程。长期以来,仅限于条理化、逻辑化、循规蹈矩的外显学习方式扼杀了学习者的创造性。内隐性体验外显化意味着:任何复杂知识都是在外显学习和内隐学习的交互作用过程中获得的。有意识的、外显的认知系统和无意识的、内隐的认知系统之间有着相互统一的辩证关系,与创造力的要素诸如直觉、顿悟、高峰体验等有着密切的联系。

实践智慧 01　沉浸式情感体验的多元化表达　　　　　　7
实践智慧 02　沉浸式情感体验的创意表达培养　　　　　12

模态 02　概念性知识游戏化　　　　　　　　　　　21

抽象概念常使学生望而却步,但游戏化学习能化抽象为具象,使学生在游戏中主动探索并理解这些概念。将游戏机制与数学知识相结合,能突破传统教学的局限,创造出更具互动性和生动性的学习环境。这种学习方式不仅能提高学生的主动性和创造性,还能深化他们对数学概念的理解。即便面对复杂的数学迷宫,学生们也能勇敢前行,发现数学的乐趣。数学游戏化不仅是生动的思维方式,更是解决数学问题的有效工具。

实践智慧01　数学探险者:寻找隐藏的几何宝藏　　　　　　26
实践智慧02　数学任务代理:代数谜团解码　　　　　　　　31

模态03　历史性事件融合化 37

历史性事件融合化不仅是一种教学方法的变革,更是一种教育哲学的革新。它打破学科间的界限,通过整合不同学科的知识和资源,创造一个开放、充满活力的学习环境。在真实且具有挑战性的学习情境中,培养学生的创新思维、批判性分析能力和协作能力,使学生更好地适应日新月异的新时代。这种教育理念将历史学习转变为一种全方位、富有探索性和创新性的体验,有助于培养学生的历史意识和文化认同感,为社会的进步和文明的发展作出贡献。

实践智慧01　红色舞台剧　　　　　　　　　　　　　　　43
实践智慧02　红色故事大赛　　　　　　　　　　　　　　48

模态04　伦理性学习实践化 55

伦理性学习实践化,强调将伦理道德知识转化为实际行动,通过实践深化理解。传统学习多注重理论传授,却忽略了实践操作和道德行为的养成。对伦理道德知识的学习应知行合一,在真实场景中参与道德决策和解决问题,培养道德责任感和伦理实践能力。这要求教育者创新教学方式,注重实践教学,将伦理道德的学习和实践贯穿育人的全过程。伦理性学习实践化有利于激发学习者道德情感和实践动力,培养正确的道德观念和高尚品质,增强社会责任感和公民意识,为社会进步贡献力量。

| 实践智慧01 | 传承革命文化　厚植爱国情怀 | 61 |
| 实践智慧02 | 在价值体悟的过程中培养理想信念 | 66 |

模态05　贯通性学习无界化　　　　　　　　　　73

贯通性学习无界化,不仅挑战了传统学科的边界,更是教育哲学的前瞻探索。在知识交融的时代,它倡导跨越孤岛,追寻智慧之光。教育者应启迪思维,引导学生洞察知识间的内在联系,培养跨学科解决问题的能力。这种学习方式不仅重塑了我们对世界的认知,更提醒我们:世界是一个复杂而多变的整体,唯有拥抱贯通与融合,方能洞悉其真谛,应对未来挑战。贯通性学习无界化,正是教育面向未来的必由之路。

| 实践智慧01 | 整合多学科知识解决实际问题 | 79 |
| 实践智慧02 | 运用所学知识解决实际问题 | 84 |

模态06　社会性问题参与化　　　　　　　　　　89

社会性问题参与化,是直面问题解决的一种重要方式。它不仅关乎个人的成长与发展,更与社会的稳定、公平和发展息息相关。作为社会的一分子,我们都有责任和义务去关注并参与解决社会性问题。在这个过程中,我们不仅需要关注问题的存在,更应积极采取行动,推动问题的解决。只有这样,我们才能共同创造一个更加美好、和谐的社会。社会性问题参与化是一种力量,它让我们明白,每个人都可以成为改变的力量,为社会的进步和发展贡献自己的力量。

实践智慧01　坪山区旅游资源探究　　　　　　　　　　　　　93
实践智慧02　坪山区食品安全探究　　　　　　　　　　　　　96

模态07　验证性实验操作化　　　　　　　　　　　　　　　　99

验证性实验操作化是一种重要的教学方法,不仅是对所学科学原理的实证过程,更是培养学生科学思维、实践能力与创新精神的关键环节,是对个人成长与发展的一次全面锻炼。它要求学生将理论知识与实际操作相结合,从而锻炼其思维能力,培养其坚韧不拔的品质。通过实验操作来验证所学科学原理,学生得以深化对原理的理解,进而学会如何应用,为他们的终身发展奠定坚实的科学素养基础。与此同时,学生的团队协作与沟通能力也得以锻炼,对学生综合能力的培养与提升,具有深远的意义。

实践智慧01　验证金属活动性顺序　　　　　　　　　　　　　105
实践智慧02　质量守恒定律的验证实验　　　　　　　　　　　113

模态08　原理性知识情境化　　　　　　　　　　　　　　　　119

原理性知识情境化是一种将抽象理论知识与具体情境相结合的学习方法,用原理性知识创设相对完整的、开放的情境,将抽象的、理论化的知识嵌入到具体、生动的情境中,以便学生更好地理解和应用。通过原理性知识情境化学习,学习者能够在真实或模拟的情境中探索原理,感受知识的实用性和意义。这种学习方法能够为学生搭建情境,利于学生自主参与,促进高阶复杂心智的发展,有助于将理论与实践相结合,推动知识的有效转化和应用。

实践智慧01　玩转创意纸电路　　　　　　　　　　　　124

实践智慧02　二十四节气中物态变化的多情境分析　　　130

模态09　情境性体验感知化　　　　　　　　　　　135

情境性体验感知化是一种将个体置身于具体情境中,通过感知和体验来深化理解和认知的方式。在音乐学习中,情境性体验感知化显得尤为重要。通过置身于音乐的情境中,学生能够更深入地感受音符的起伏、旋律的流转,以及背后所蕴含的情感和文化内涵。这种感知化的体验方式不仅丰富了他们的内心世界,也拓宽了他们的文化视野。情境性体验感知化让音乐学习变得更加生动、有趣,激发了学生的创造力和表达欲望。在音乐的情境中,学生们可以自由地感受和表达,用音符编织出属于他们自己的故事,让心灵与旋律共舞。

实践智慧01　经典古典音乐对城乡结合部初中学生的习性影响

140

实践智慧02　电影片段配乐的鉴赏与创编实践　　　　147

模态 10　创新性传承操作化　　　　　　　　　　　　　153

创新性传承操作化,即将传统文化与现代审美相融合,在保持传统文化内核的同时,巧妙地融入当代审美观念和先进技术,从而创作出既蕴含传统魅力又彰显时代风采的艺术佳作。以往,传统艺术受限于地域文化和手工技艺,审美标准相对单一且缺乏多元性,材料和技艺亦显得单调,束缚了创作者的想象力。然而,随着互联网的崛起,文化的多样性重塑了多元审美观念,评判标准变得更为开放和包容。多种文化元素的交融使得艺术作品展现出多元文化的魅力,同时现代科技的引入也逐步打破了传统美术手工的局限。这种文化的多元性和科技的丰富性,为提升学生的审美和培养学生的创造力开辟了广阔的新天地。

实践智慧 01　校本剪纸课程的探索与实践　　　　　　158
实践智慧 02　我为客家文化代言　　　　　　　　　　163

模态 11　智能性技术生活化　　　　　　　　　　　　　169

智能性技术生活化,代表着科技与日常的无缝衔接,将科技的智慧深深植入生活的每个角落。这一过程并非单纯的工具替代,而是人与技术的深度融合,共同创造新的生活体验。它告诉我们,技术并非遥不可及,而是与我们息息相关,可以感知、可以触摸、可以互动。智能性技术生活化的过程中,我们学会了倾听技术的声音,理解技术的语言,掌握技术的脉搏。这种互动与理解,让我们在享受技术带来的便捷与舒适的同时,也培养了我们的创新思维与解决问题的能力。智能性技术生活化，是一种全新的学习方式，让我们在生活的实践中，感受科技的魅力，体验科技的力量。

实践智慧01　"最后一公里"智能配送　　　　　　　　　　175
实践智慧02　智能垃圾桶　　　　　　　　　　　　　　　184

模态 12　创新性过程可视化　　　　　　　　　　　　191

创新性过程可视化是一种独特的教学方法，它鼓励学生通过观察、比较、分析、综合、抽象和概括，将创新思维过程以图形、表格、模型等可视化形式展现出来。这样，学生可以更好地理解和掌握创新思维的过程，从而充分激发并锻炼他们的科学探究能力和实践能力。创新性过程可视化教学不仅注重学生的创新实践和跨学科知识的整合与应用，更强调教师的引导作用和个性化教学。它通过引导学生解决现实世界中的问题，将教育与现实世界紧密联系起来，让学生在不断的挑战中培养出积极的心理品质，实现自我突破和创新。

实践智慧01　活字印刷和个性印章　　　　　　　　　　197
实践智慧02　客家围屋智能化改造设计　　　　　　　　204

模态 13　技能性劳动项目化　　　　　　　　　　　　209

技能性劳动项目化是一种创新性的教育方法，旨在通过项目化的实践活动将传统劳动教育与现代技能培养相融合，以项目式学习融通系列劳动技能的获得。通过设计与生活紧密相关的劳动项目,该方法使学生在操作中掌握实用技能,并提升团队协作、创新思维和解决问题的能力。此模式的实施不仅全面提高学生的劳动素养和实践能力,还将引导他们形成正确的劳动观念,珍惜劳动成果。技能性劳动项目化能实现劳动教育的连续性和现代性,为学生的全面发展打下坚实基础。

实践智慧01　创意灯具设计　　　　　　　　　　　　　　　214
实践智慧02　开心菜园　　　　　　　　　　　　　　　　　220

模态14　体验性活动具身化　　　　　　　　　　　　　227

体验性活动具身化是一种将学生的身体和心理体验融合于学习过程中的教学方法。这种方法强调身体与意识的统一,鼓励学生在体育活动中不仅使用身体,还要动脑筋、用心体验。体验性活动具身化意味着,通过将学习、练习和比赛一体化,学生不仅能够在实践中提高身体素质,还能在参与过程中培养对体育的热爱和良好的运动习惯。每一次的尝试和挑战都是对自我潜能的挖掘,也是对无限可能的探索。

实践智慧01　构建学练赛评一体化课程　　　　　　　　　233
实践智慧02　课堂教学致力提升运动技能　　　　　　　　239

模态15　发展性指导个性化　　　　　　　　　　　　　243

发展性指导个性化是现代教育的重要理念,它强调根据学生的个体差异,提供量身定制的生涯发展指导。通过深入了解学生的兴趣、能力和基础素养，个性化指导能够帮助学生更好地认识自我，激发内在动力，培养生涯发展所需的技能和素质。这种指导方式不仅符合现代教育的发展趋势，更有助于学生在多元化的生涯选择中找到适合自己的方向，实现个人价值和社会价值的统一。因此，发展性指导个性化对于促进学生全面发展、提升未来生活质量具有重要意义。

实践智慧01　厚植工匠文化　　　　　　　　　　　　　250
实践智慧02　我有一个梦想　　　　　　　　　　　　　255

后记　　　　　　　　　　　　　　　　　　　　　　　260

前 言

丰富学科实践的多样形态

  学科实践是当今教育发展的重要趋势，它强调打破学科界限，整合多种教学资源，通过多样化的教学手段激发学生的学习兴趣。这一理念在国内外教育界日益受到重视，并在各类学校得到广泛应用。作为一本多模态学科实践理论与实践相结合的专著，本书旨在帮助广大教师更好地理解和掌握这一理念，并在实际教学中灵活运用。

  学科实践是指将某一学科的知识和技能转化为具体行动和实践的过程。多模态学科实践则指在教学过程中，根据教学内容和学生特点，灵活运用多种教学手段与资源，构建多样化的教学环境，以激发学生的学习兴趣，提高学生的学习动机与参与度，促进学生的深层次学习，从而提高教学效果的一种教学理念与方法。多模态学科实践具有如下特征：一是整合性，多模态学科实践注重多种教学资源的整合，如语言、图像、音乐、肢体动作等，通过整合不同模态的教学资源，提高教学效果。二是交互性，多模态学科实践强调师生之间的互动交流，通过多种感官刺激引导学生积极参与学习过程，提高学生的学习效果。三是情境性，多模态学科实践注重构建真实、生动的教学情境，使学生在情境中体验知识、运用知识，培养学生的实际操作能力和问题解决能力。四是创新性，多模态学科实践鼓励教师创新教学方式和手段，通过多样化的教学手段激发学生的学习兴趣，培养学生的创新意识和创造力。

  多模态学科实践强调在教学中实现教学手段、教学资源、教学环境的多样化，使学生在多种感官刺激下保持学习热情，在互动交流中积极思考，在主动探究中深入理解。多模态学科实践具有多重优势。第一，激发学生的学习兴趣，提高学习动机。多模态学科实践通过多样化的教学手段与资源，使教学形式新颖有趣，更容易吸引学生的注意力，激发学生的学习兴趣。在充满趣味的教学环境中，学生的学习动机得到提高，更愿意主动参与学习过程。第二，丰富学生的学习体验，提高学习效果。多模态学科实践使教学形式多样化，可以调动学生的多种感官参与学习，丰富学生的学习体验。研究表明,学生在多种感官刺激下学习,能够更好地保持学习注意力,对知识的理解也更深入,从而提高学习效果。第三,培养学生的核心素养,促进全面发展。多模态学科实践不仅注重学生对知识的掌握,更强调在知识学习过程中培养学生的核心素养,如创新意识、批判性思维、沟通协作能力等。这些素养对学生的长远发展具有重要意义。此外,多模态教学还能够促进学生在智力、体力、情感、社会性等各方面的全面发展。第四,优化教学资源配置,提高教学效率。多模态学科实践能够使教学资源得到更加合理高效的利用。教师可以根据教学内容和需求,选择合适的教学资源,使资源配置更加优化。同时,多模态教学还能够使有限的教学资源发挥更大的作用,提高教学效率。

多模态学科实践的类型有很多,包括但不限于如下五种:一是语言文字类:通过语言、文字等模态进行表达和交流,如语文、英语等学科。二是数字计算类:通过数字、计算等模态进行表达和交流,如数学、物理等学科。三是艺术表现类:通过音乐、美术、舞蹈等模态进行表达和交流,如音乐、美术等学科。四是实验探究类:通过实验、观察、探究等模态进行表达和交流,如化学、生物等学科。五是综合实践类:通过多种模态的综合运用进行表达和交流,如综合实践活动、劳动等学科。

本书共15章,每章对应1个学科,通过模态论述、案例分析等形式,探讨各学科如何开展多模态学科实践。案例涵盖语文、数学、历史、地理、物理、化学、生物、思政、体育、音乐、美术、信息技术、心理与生涯教育等多个学科。每章包含两部分内容:一是模态论述,阐述该学科在初中阶段开展多模态学科实践的理论基础、基本理念等。这部分内容将帮助读者深入理解各学科开展多模态学科实践的理论依据。二是案例分析,通过两个案例的对比分析,说明该学科如何开展多模态学科实践,以提高教学质量,培养学生的核心素养。这部分内容将使读者更好地看到多模态学科实践在实际教学中的应用效果。

本书内容丰富,既有理论分析,又有具体实践案例,旨在帮助教师全面理解多模态学科实践,并在实际教学中灵活运用,以提高教学效果,促进学生全面发展。

深圳市坪山中学　赵大运　杨俊环

模态 01
内隐性体验外显化

　　人类学习是内隐知识和外显知识相互转化的过程,是无意识与意识的相互作用和辩证转化的过程。长期以来,仅限于条理化、逻辑化、循规蹈矩的外显学习方式扼杀了学习者的创造性。内隐性体验外显化意味着:任何复杂知识都是在外显学习和内隐学习的交互作用过程中获得的。有意识的、外显的认知系统和无意识的、内隐的认知系统之间有着相互统一的辩证关系,与创造力的要素诸如直觉、顿悟、高峰体验等有着密切的联系。

在人类精神世界的探索中，内隐性体验占据了重要地位，它既是人类个体内部独特的心理现象，也是连接个体与外部世界的桥梁，是人类内在认知系统中的重要组成部分。

语言文字是情感表达的重要方式之一，是情感表达的重要载体，属于规律性的外显认知系统，在一定程度上影响和制约着情感表达；情感的切身体验与恰当表达也能够促进学生的思维活动，激发创作欲，实现内隐知识和外显知识的相互转化，从而提升语言文字的学习效果。同时，随着语文教育理念和语文教育目标的不断发展与进步，语文教学已经不仅仅是关于语言建构与运用的教学，还是关于文化自信、审美创造、思维能力的教学，这些教学目标无一不被内隐性情感体验影响着。

这种以情感驱动表达实现内隐性体验外显化，即学生能够通过文字理解，深入感受并表达出其中的情感和思想，是语文教学的核心目标之一。

因此，本文旨在探讨内隐性体验如何在语文学科教学实施中得以恰当表达，以期在理论与实践层面深化我们对内隐性体验外显化的理解与运用。

一 内隐性体验外显化的必要性

语文学科的性质、学科培养目标以及当前教学现状，需要在教学中关注学生的情感体验与表达。

（一）语文学科的性质使然

语文是一门涵盖了文学、历史、哲学、艺术等多个领域的综合性学科。工具性和人文性的统一是语文课程的基本特点。

语文教学不仅仅是知识的传授，更是情感的传递与表达。在语文课堂上，教师通过引导学生阅读文本、分析内容、写作实践，帮助学生理解文本中所蕴含的情感、思想、观念等，同时引导学生将自己的情感、思想、观念等表达出来。这种情感体验和表达的过程不仅可以提高学生的语文能力，还可以促进学生的情感发展和人格完善。

情感体验和表达是语文学科的重要组成部分。情感体验是指学生对文本中的情感产生共鸣，并从中获得个人情感反应的过程。而情感表达则是指学生通过写作、口语表达或其他形式将自己的情感传达给他人的能力。

在语文学习中,情感体验和表达之间的关系是相辅相成的。情感体验是表达的基础。只有当学生真正理解并感受到文本中的情感,他们才能有效地将其转化为自己的情感体验,进而用文字或口语将其表达出来。情感表达是体验的深化,通过表达,学生可以进一步反思和理解自己的情感体验,从而更深入地理解文本中的情感内涵。

(二) 核心素养培养的需求使然

"情感"是教育的重要组成部分,缺乏情感的教育往往是缺乏温度和深度的。初中阶段是学生心智发展的关键时期,学生的情感和情绪体验更加深刻和丰富,是学生人格品质发展的重要时期。而语文学科自身的人文性以及语文核心素养都对语文教学中的情感因素给予了高度的重视。无论是在真实的语言情境中培养语言文字运用能力,还是发展思维能力,形成自觉的审美意识,抑或是积淀文化底蕴,培养文化自信,全都离不开情感的浸润与体验、品咂与表达。

这就意味着,语文教学中进行的情感渗透无论是对于学生核心素养的培养和发展,还是对于语文教学本身,都有非凡的意义和价值。

因此,教育要面向学生的人格发展和心智成长,面向学生的终身发展,指向学生核心素养的发展。这既是时代的要求,也是学生心灵的呼唤,这就要求教育者不能忽视语文教学的人文性,不能忽视灌注"情感"、体悟"情感"、表达"情感"。

(三) 当下语文教学现状使然

1. 单线条的情感体验。有些教师对于教材的处理过于简单或片面,没有深入挖掘文本中的情感内涵,导致学生无法真正理解和体验文本的深层内涵。或者,教师过于依赖教材,缺乏创新和拓展,使得学生的情感体验和表达局限于传统的标准,缺乏个性体验和创新表达。部分教师拘泥于传统的教学策略,未能纵深挖掘文本深层意蕴,也没有横向勾连扩展横截面,无法引导学生进行深入的情感体验和表达。还有的教师未能创设恰当的教学情境,或者没有给予学生充分的思考和表达空间,限制了学生的情感表达。

2. 预设性的情感投入。情感并不是一触即发的,需要创设一定的情境去引导学生进行情感体验,进而才能准确表达。因此教师需要在教学中创设出真实情境,给学生提供情感体验支架。虽然很多老师都尝试着在课堂中创设教学情境,可惜大多情境都是老师的一厢情愿,未能真正调动起学生的真实情感体验。学生自身也可能存在一些因素导致情感体验和表达的缺失。

3. 单一化的评价方式。由于升学压力和考试制度的影响,很多教师在语文教学中过于注重应试教育,注重学生的分数和答题技巧,而忽略了真正的情感体验和表达。这样的教学方式会导致学生对于文本的情感内涵理解不足,缺乏深入的情感体验,难以形成个性化、创新性的情感表达,这与全面提升学生语文核心素养的课程目标背道而驰。

二 内隐性体验外显化的重要性

人类通过学习获得的复杂知识,需要充分调动外显学习和内隐学习能力,否则只停留于表面的理解与记忆,难以实现真正的运用与创造。语文学习过程中大量的知识输入,扩充着我们有意识的、外显的认知系统,但同时也在激发我们无意识、内隐的认知系统,让我们获得表达的欲望与能力。

之所以语文教学中强调用情感驱动表达,从而实现内隐性体验外显化,是因为情感不仅是个体对于自身情绪的感受、认知、表达以及反应的心理过程,具有深厚的心理学背景,同时也与我们的日常生活息息相关。在语文学科中,内隐性体验的外显化对于理解文本、提升阅读效果以及提高写作能力都具有重要的意义。

阅读中的内隐性体验:在阅读过程中,读者通过文本中的语言符号,激活内心的内隐性体验,从而理解并共鸣作者的情感世界。

写作中的内隐性体验:写作是内隐性体验外显化的重要途径。通过文字,作者将自己的情绪状态、心境变化以及对外界事物的看法和感受表达出来,获取一个情感表达与宣泄的窗口。

口语交际中的内隐性体验:口语交际通常发生在特定的情境中,学生需要对场合、气氛、人物关系等信息进行感知和理解,进而作出合适的情感表达。表达时既需要将自己的情感融入到语言中,同时还需要考虑听众的情感需求和情感反应,尊重听众的感受和意见,以便更好地与听众进行沟通和交流。

三 内隐性体验外显化的实操性

内隐性体验外显化作为一种较为新型的语文教学理念，是基于语文核心素养培养的需求而生，但目前尚处于新发展阶段，还需要不断去探索、去尝试，让学生的内隐性体验表达真正落地生花。据此，可采用的实施策略如下。

(一)革新传统课堂模式，创设真实教学情境

教师可以利用多媒体手段或语言描述，创设与文本情感内涵相符合的教学情境，引导学生进入情境并体验其中的情感。通过这种方式，可以激发学生的学习兴趣和情感共鸣，促进他们对文本的理解和情感表达。

教师可以尝试组织多样化的教学活动，例如朗诵、演讲、角色扮演、小组讨论等，注重营造一个宽松、自由的课堂氛围，让学生敢于表达自己的情感，不怕被嘲笑或批评，借此引导学生积极参与并勇敢表达自己的情感体验。

(二)打破教材编排壁垒，统整语文教学资源

部编版初中语文教材有很多值得我们去深挖的宝贵资源。例如，主题性单元内容的编排便于我们开展大单元教学，综合性学习部分给我们提供了有力的实践活动抓手，但是教材中的编排也有其不尽完美之处，如古诗词部分分布比较零散，同一主题或同一诗人的作品零散分布于各个阶段，难以开展较为集中的鉴赏教学实践。因此需要老师不断去优化组合，统整教材资源。

此外，教师还需要根据教学需要拓展课外教学资源，拓展课外阅读资源，帮助学生接触到更多的情感表达方式和观点，从而丰富他们的情感体验和表达技巧；增补课外实践资源，能够让学生打开语文学习的边界，真正将语文应用于生活，在真实的生活情境中实现情感体验与表达。

(三)尊重学生主体体验，完善过程评价与结果反馈

情感体验是有差异性的，每个学生都有不同的情感体验和表达方式，因此在教学中教师需要关注学生的个性差异，尊重学生的独特感受和见解，可以通过项目式学习方式，让学生在做中学，在做中去完成内隐性体验表达。教师可在学生项目实施过程中针对不同学生的需求和特点，提供个性化的指导和支持。

此外，教师还应当给予学生积极的反馈和评价，肯定和鼓励学生进行情感表达的尝试，注重学生内隐性体验的表达生成过程，及时有效地进行过程性评价，以增强其表达的信心和引导其正确地进行表达。这样的反馈和评价可以激发学生的自信心和学习动力，同时也可以帮助他们更好地认识自己的优势和不足之处。

总之，内隐性体验是语文学科中不可或缺的一部分，它不仅丰富了学生的阅读和写作，还让学生能够更深入地理解和感受自己和外部世界。通过培养共情能力、提倡个性化的阅读和写作、创造良好的课堂氛围以及提供多元化的表达方式，学生可以更好地在语文学科中表达内隐性体验，激发和培养其创作力。

实践智慧 01 ┃ 沉浸式情感体验的多元化表达

古诗词鉴赏教学兼具语文工具性和人文性统一的特性,学习过程中,学生不但能够接触古人的语言表达系统,领略另一套情感表达方式,还能涵养品性,增强文化自信。

就当下的古诗词教学情况来看,还存在着不少问题:教材设置上存在"零散不成体系,独篇不成方法"的现象;教学方式和评价体系上又存在"教师单向灌输式,学习主体零参与,反馈机械滞后,评价简单粗暴"的问题;学生学习古诗词大多又会有"机械记忆,不知其意;兴趣匮乏,不晓真旨;理解片面,不得其趣"的情况。

为改变上述学情,需要借助项目化学习来统整教学资源,搭建教学情境,提供活动指向,让学生在"做中学""创中学"中真正参与语文学习活动,在过程中积累和挖掘古诗词学习的方法,丰富情感驱动表达的方式。

一 统整教材资源,确立项目主题

(一)解密教材编排密码

将部编版初中语文教材中的古诗词进行梳理,可以发现,从诗词创作时间来看,选编的诗词横跨先秦到近现代,其中以唐宋两朝最多。从诗词作者来看,共选编 47 位诗人作品,体裁丰富,其中李白、杜甫的诗最多,各有 6 首;苏轼、辛弃疾次之,各 4 首;岑参、李商隐、陆游各 3 首。从诗词主题分类来看,同一主题的诗词零散分布于各册语文书中,以羁旅思乡类的诗词为例,七上有 5 首,七下有 2 首,八上有 2 首,九上有 3 首,分布零散,各册均有涉及,可见游子思乡主题之重要。

(二)初设项目思路

传统的古诗词鉴赏方法有诵读法、意象解读法、意境分析法、炼字法、知人论世法等,结合部编版语文古诗词编排的特点,综合考虑不同阶段的学生学情,特设计了如下的阶段式项目教学思路。

1. 初一上：主题为"知人论世赏古诗"。将课本上出现频率高且诗歌多集中在初一阶段的诗人李白、杜甫、岑参、陆游等四位诗人作为这一阶段的主要项目内容，从诗人简历、代表诗作、风格赏析、诗人趣事、辑者评价等方面编制诗词家文库集录。

2. 初一下：以"分门别类品古诗"为大主题。通过分析不同诗歌主题在教材中的位置，将山水田园、羁旅思乡、壮志抒怀和咏物抒情作为这一阶段的重点学习项目。

3. 初二上：以"诗词故事汇"为项目主题。让学生通过"素描"法，即以散文的笔触对古诗词进行改编，赋予它现代化的表达形式，进而通过意境品味，掌握诗歌鉴赏的方法。

4. 初二下：以"诗词品鉴会"为项目主题。组织学生针对不同类型的诗词组合，开展诗词品鉴会，从炼字、诵读、意象分析等方式，掌握诗歌鉴赏的方法。

5. 初三阶段：以"学以致用"为项目主题。学生调动起前两年项目学习所得，自主进行模仿型项目学习。

项目式学习需要较多的时间和精力，所以在实施过程中需分两条路径展开。其中主项目学习内容可以校本课的形式开展。微项目课程放在日常教学中，一方面创新诗词教学的常规课形式，另一方面将项目式学习所需要的意识和能力尽可能地引进常规课堂，将常规课也变成素质拓展课。

二 制定项目计划，开展实施研究

（一）主线计划按部就班，微线计划因时调整

1. 设计理由。初一阶段的主项目主题分别是按照"知人论世"的传统鉴赏法以及"主题归纳"的意象内容分析法两条线索展开，让学生通过项目任务真正从做中掌握鉴赏古诗词的方法。两期主项目的先后安排主要是基于学情的考虑，学生虽已有一定数量的诗词储备，但理论层面的鉴赏方法还未真正形成，为了让学生较易进入理论层面的理解与探究，决定先从诗人的生平事迹以及诗歌的创作背景这样的故事层面展开，之后学生的接受就变得比较顺利。

2. 求同存异。为了让同一主题的项目内容易操作、可复制，特将该模块的环节固

化,形成一个相对统一的模式。比如将"知人论世"这一项目系列命名为"我为诗人做代言",分别从诗人身份资料、诗人履历、轶闻趣事和综合评价这四个环节进行项目设计。为了避免模式化带来的无趣,每个诗人相对应的环节又作出了相对调整。如,在分析李白的履历时采用了地图标点的形式,因为李白一生大部分时间都在漫游,所以在地图上进行标点描线能比较直观地呈现出诗人的漫游足迹;杜甫的人生履历则采用时间轴标点画图的形式,主要考虑杜甫一生仕途坎坷、颠沛流离,采用这种历史时间轴的形式更能将诗人的人生际遇与唐朝的朝代兴衰勾连起来。

3. 因时求变。每个主项目的实施过程中会辅之若干个微项目,主要是基于日常教学需求考虑。常规教学的教学内容多是按照课本编排按序出现,需根据实际教学需求再设置若干微项目,一方面保证正常的教学进度,另一方面还可以检验学生在主项目活动中的技能掌握情况。所以主项目和微项目是相辅相成、互为补充的。

(二)注重内隐性体验,尊重个性化表达

诗歌是情感表达的产物,因此诗歌鉴赏就要牢牢抓住情感剖析这一密码。在古诗词鉴赏中,内隐性体验外显化可以通过以下方式实现。

1. 深入感受诗歌的情感内涵。在鉴赏古诗词时,要引导学生通过多种方式,抓住诗词的情感意蕴,理解诗人的情感表达。可以通过"三意法",即找意象,分析意象特点,揣摩意象构成的意境,进而体味诗歌传达的情感意蕴。

2. 结合生活经验进行情感体验。学生可以结合自己的生活经验和情感体验,与诗歌中的情感表达产生共鸣。可以通过想象、联想、化用等方式,将诗歌内容加以处理,制作成自己朋友圈的文案,将自己的情感体验融入到对诗歌的理解中,从而更好地理解诗歌的情感内涵和艺术表现。

3. 通过诵读表达情感体验。诵读是表达情感体验的重要方式之一。学生可以通过设计朗诵脚本、轻重音处理、停顿衔接安排以及背景音选取等方式,揣摩诗歌中的情感表达,并且将自己的情感体验通过声音传达出来,完成音频录制。

4. 通过写作表达情感体验。写作是另一种表达情感体验的方式。学生可以通过写作的方式,将对诗歌的理解、对诗人的评价以及自己的情感体验转化为文字表达。每个"知人论世"主题项目的最后一个环节就是对诗人的综合性评价,这一环节正是调动学生对诗人情感体验后的真实表达,这种表达是个性鲜明的,是真实发生的。

古诗词鉴赏注重内隐性体验外显化可以帮助学生更好地理解诗歌的情感内涵和艺术表现，并且能够将其个性化的情感体验通过恰当的方式表达出来。这不仅可以提高学生的文学鉴赏能力和审美素养，还可以促进他们的情感发展和人文素质的提升。

(三) 提供抓手搭建支架，指引任务方向

为了让学生在完成项目任务时有法可依、有章可循，教师在项目实施前期会整合一些必需的阅读参考资料，且在必要的环节中给予恰当的参照示例和表格提示，以帮助学生顺利推进项目。

下面展示以仿照古诗的形式设计文案，分享生活与感悟的项目计划书内容示例。

"玩转古诗词"项目式学习教学设计

1. 活动任务

仿照古诗的形式设计文案，分享生活与感悟。

2. 活动流程

(1) 步骤一

学生活动：学生翻看《古诗词鉴赏辞典》，观察诗歌形式。

《诗经》：多用重复的句子；乐府：整齐、讲故事；赋：篇幅长，像散文；唐诗：押韵、规整；词：句子有长有短，分段；曲：和词很像。

教师活动：提供教参《古诗词鉴赏辞典》和诗词类型特征相关阅读资料；引导学生分析古诗词的形式特征；引导学生查询诗歌形式分类及各类型特点。

(2) 步骤二

学生活动：学生研读老师提供的几首诗歌，分析它们在内容上的相同之处。从这三个方面入手：景物、人物、情感（明确概念：意象；内容分类：抒情诗、叙事诗、写景诗）。

教师活动：引导学生关注给定古诗词中的重要内容。提供的古诗词如下：《关雎》《木兰诗》《渡荆门送别》《水调歌头》《天净沙·秋思》。

(3) 步骤三

学生活动：搜集查询资料，明确每首诗创作背景，探寻创作意图。

《关雎》赞美爱情，抒发感怀；《木兰诗》赞美木兰巾帼不让须眉的精神；《渡荆门送别》赠别家乡，热爱大好山河；《水调歌头》思念弟弟，遥寄祝福；《天净沙·秋思》抒怀，表达孤独的羁旅之苦。

教师活动:引导学生关注古诗词的创作意图;适当提供诗词创作背景的相关资料,引导学生结合作品背景,知晓诗人情感;知晓一切诗作皆因有感而发。

3. 成果展示

学生活动:学生分小组展示探究学习所得。

教师活动:组织学生开展成果汇报展示交流会,引导学生按照项目研究思路进行汇报交流。

三 成果展示与评价交流

1. 明确评价标准,注重过程性评价。评价包括学生完成项目的情况、学习态度、合作精神等方面。根据项目的目标和要求,制定评价计划,包括评价的内容、时间、方式等。在项目实施过程中,通过观察、交流、检查学生的作品和表现等方式,及时了解学生的学习进度和问题,给予及时的反馈和指导。

2. 进行总结性评价,提供反馈建议。在项目结束后,对学生的学习成果进行总结性评价,包括对学生完成项目的质量、学习成果、技能掌握等方面的评价。及时向学生提供反馈和建议,帮助他们了解自己的学习情况和改进方向。同时也要鼓励学生互相评价和反馈,促进相互学习和提高。

3. 提供评价支架,组织多元评价。设计评价量表,开展生生互评、师生共评。

总之,项目式学习是一种以学生为中心的教学方法,能够让学生在实践中学习古诗词,提高古诗词的学习效果。在应用中,应该注意结合教材、联系实际、注重过程、激发兴趣、培养能力、合理评价等方面。

实践智慧 02 ┃ 沉浸式情感体验的创意表达培养

古诗词是中华民族价值观念思想性和艺术性相结合的典范,更是深植在中华儿女心中的文化基因,但目前初中语文古诗词课堂教学仍存在一些问题。本次教学尝试将"酒"这一意象作为主题进行设计,将初中古诗词教学与情境化教学结合起来,让学生沉浸其中,激发他们表达情感的欲望,培养他们创意表达情感的能力,以此来探究初中古诗词主题教学的策略,陶冶学生高尚情操,增强文化自信。

《义务教育语文课程标准(2022年版)》提出要"增强课程实施的情境性和实践性",并将"文化自信"摆在语文核心素养的第一位,将"中华传统文化"摆在了课程内容的主题与体裁形式的第一位。[①] 中华文化源远流长、博大精深,古诗词是中华民族价值观念思想性和艺术性相结合的典范,更是深植在中华儿女心中的文化基因。大到宇宙苍穹,小到一叶一舟、一月一酒,都蕴含着丰富的文化韵味,值得我们细细品味。

教师应当深入挖掘教材中蕴含的文化价值,让学生充分领会中华优秀传统文化的魅力;创新教学方法,突破古诗词教学弊端,增强古诗词教学的趣味性和深刻性,将传承中华优秀传统文化的种子播撒在学生心中。

一 初中语文古诗词教学现状分析

在日常教学中,我们会发现学生对外国的节日、动漫、电影等文化趋之若鹜,对我们中国传统文化的基本常识反而意识淡薄,这种现象必须引起我们的重视。

[①] 中华人民共和国教育部制定. 义务教育语文课程标准(2022年版)[M]. 北京师范大学出版社,2022:3.

因为与中华传统文化相隔年代久远,加上一些影视剧的错误呈现,初中生对中华文化传统缺少了解,甚至存在误解;传统以讲授为主的单篇教学课堂中,教师对古诗词逐字逐句的翻译枯燥乏味,破坏了古诗词本身的美感和意境,也让学生缺乏学习兴趣;中考的压力也让古诗词学习功利化地局限于默写和鉴赏。

基于以上问题,本文拟探究在情境化教学的理念引导下,以主题教学的方式,打破以教师讲授为主的单篇教学方式,让学生在情境化学习中,生成对作品情感取向与思想内涵的理解与感悟,塑造自己的精神世界,培养对于中华文化的文化自信。

二 初中语文古诗词主题教学策略

与单篇教学关注单篇主题不同,主题教学需要提炼出多篇古诗词的共同主题进行整理归纳。在教学内容上,主题教学围绕核心主题,打通一个单元、多个单元、一册教材甚至是多册教材的古诗词,可以涉及同一朝代、作者、题材、意象、表达技巧、语言风格等,以课本古诗词为基础,辅以课外古诗词为补充,再配以合适的音乐、视频、服装等道具,在情境活动下进行同主题多首诗歌教学。

(一)整合文化因素,感悟人文内涵

古诗词不仅记录着作者的生活和情感,也记录着中华地域壮丽山河、乡土风俗。认识和了解古诗词中的山川地理、宫阙楼阁,能让学生在见证祖国大好河山的同时,建立实实在在的文化自信。如曹操《观沧海》"东临碣石,以观沧海"中的"碣石"指河北昌黎以北的碣石山;王勃《送杜少府之任蜀州》"城阙辅三秦,风烟望五津"中的"三秦"指项羽在关中地区所封三个秦军降将统辖的领地,"五津"指四川境内五个渡口。

教师在古诗词教学时,可以有意识地将多篇涉及山川名胜的古诗词整合,让学生在了解地理风貌的同时,挖掘其中的文化因素,提高对诗歌人文内涵的理解,增强对祖国大好河山的热爱之情。

(二)汲取文化精神,提高道德修养

修身是立身处世之本,对道德修养的重视也是古诗词中重要的体现。对古诗词中优秀传统文化的挖掘教育,能让学生对于自身的修身养性、提高道德修养和承担家国、民族、社会的责任感和使命感有所启发。如陆游《十一月四日风雨大作》中深沉的家国

情怀、昂扬的进取精神,刘桢《赠从弟》中"岂不罹凝寒,松柏有本性"的刚劲坚贞,陆游《游山西村》中"山重水复疑无路,柳暗花明又一村"的乐观豁达,都能激励学生奋发努力,更能让中学生在品读古诗词中坚定文化自信,树立远大理想。

此外,传统文化还可以为古诗词的文本解读提供新的视角,让学生的思维朝着更深刻的方向发展。如在初中生浅显的认知中,古人受到封建科举制度的影响,只知道考取功名,渴望"入世"。教师可以整合《式微》、曹植《梁甫行》、杜甫《茅屋为秋风所破歌》《石壕吏》、白居易《卖炭翁》、张养浩《山坡羊·潼关怀古》六首诗,让学生感受到士人心怀天下、关心民生疾苦的忧国忧民的济世情怀,引导学生更深一步挖掘认识古代士人的"入世"文化。

(三) 声画服道同行

主题教学在内容上整合了多篇文本,在形式上也要对课堂进行创新。教师可以积极寻找辅助资源,如音乐、视频、图片、服饰、道具等,以情境化教学吸引学生的学习兴趣,提高课堂参与度。如在以"景色"为主题教学时,将王维《使至塞上》、温庭筠《商山早行》、赵师秀《约客》、杜牧《泊秦淮》几首诗配上合适的音乐和图片,让学生深入体会诗歌的意境;在以"建安风骨"为主题进行教学时,可以投影东汉末年的历史背景,让学生进行古装扮相,在角色扮演中演读诗歌,入情入境理解曹操《龟虽寿》中的慷慨雄心、曹植《梁甫行》中的疾苦悲凉、刘桢《赠从弟》中的雄健进取。

三 指向文化自信培养的"酒"意象情境化教学设计

(一) 设计背景

在中国,诗与酒是密切相关的,诗人在酒后获得了精神上的自由释放,酒性推动着人性的解放,酒也就成为了抒发诗人内心世界的特殊的人文意象。将酒引入教学,既为古诗词讲授提供了一种新视角,也对教学模式有一定的创新。

部编版初中语文教材中古诗词涉及"酒"意象的共16首。按时间划分,16首诗歌中,东晋诗歌1首、唐朝5首、宋朝10首。在课内诗歌的基础上,本教学设计还补充了李清照《醉花阴(薄雾浓云愁永昼)》、白居易《琵琶行》、王维《少年行四首(其一)》、欧阳修《春日西湖寄谢法曹歌》,为学生搭建更广阔的知识平台。学习这20首诗歌,学生能了解古诗词中不同作家作品的风格特点,在情境化教学中对古诗词"酒"意象及其折射的不同情感有着深入的了解,并掌握一定的诗歌鉴赏方法,还能唤醒学生潜意识中的文化基因,增强文化自信。

(二) 学习目标

1. 反复诵读,能够准确背诵、默写课内古诗词。

2. 分析、比较、鉴赏、归纳古诗词中"酒"意象折射的不同情感。

3. 感受古诗词韵律美和意象美,体会诗人通过酒表达的对人生的感悟,提升审美品位,增强文化自信,传承中华古诗词。

(三) 情境设置

《诗词里的文化》栏目组决定录制一期主题为"酒酿成诗,情满君知"的节目。今天开始,我们就一起化身栏目组的成员,一起完成节目录制工作。

(四) 学习资源

1. **课内资源**:16首"酒"意象诗词。

2. **课外资源**:李清照《醉花阴(薄雾浓云愁永昼)》、白居易《琵琶行》、王维《少年行四首(其一)》、欧阳修《春日西湖寄谢法曹歌》。

(五) 教学实施

第一课段　诵读诗韵,定音乐

核心任务:根据古诗词所表达的内容与情感,为不同风格的诗词选定诵读背景音乐,品味诗词不同的韵律美。

完成任务:

1. 熟读20首诗歌:翻阅字典,读准字音;划出停顿,读好节奏。

2. 用自己的话简要概括20首诗歌的内容,在有疑惑、不理解处做好标记,进行小组讨论。

3. 请以小组为单位从每首诗中提炼一个你认为包含强烈情感的字或一句话,结合注释和写作背景谈谈你对它的理解,并在此基础上完成朗诵脚本,进行班级朗诵展示。

学习评价:

1. 设计诗歌朗诵脚本评价量表。

2. 能够准确背诵并默写 16 首课内古诗。

3. 请你查阅资料,初步了解"意象"概念,积累古诗词中常见的意象,并结合诗句谈谈其折射的情感。

第二课段　画说诗词,定镜头

核心任务: 品读古诗词,找出 20 首古诗词中的核心意象,对其折射的不同情感进行分类比较,并在此基础上为不同情感类型确定拍摄画面和镜头选择。

完成任务:

1. 在理解 20 首诗歌的基础上,找出它们或显或隐的核心意象,结合自己对意象的理解分析诗歌。

2. 将 20 首诗歌按照主题情感进行分类对照,写出分类依据,并选择其中一类,以小组为单位,结合诗词背景、主题,确定该类型选择何种画面、镜头进行拍摄。

3. 拍摄画面和镜头选择:(1)小组选择的画面可以为写景段落(能够体现文章美景)、人物特写段落(聚焦人物精神);(2)镜头可以分为全景、近景、特写镜头等;(3)写景文章:学生选择某处写景段落后,让学生说明选择的理由以及会采取何种拍摄手法,聚焦文章的写作手法;(4)写人文章:学生可以通过全景拍摄人物所在的环境,进而通过特写镜头拍摄具体人物,从大环境中体现出小人物的精神品质。

学习评价:

1. "酒酿成诗,情满君知""酒"意象分布表(参考示例)。

		篇目	作者	朝代	诗句	主题情感
七年级	上	《行军九日思长安故园》	岑参	唐	"强欲登高去,无人送酒来。"	羁旅送别
	下	《游山西村》	陆游	南宋	"莫笑农家腊酒浑,丰年留客足鸡豚。"	山水田园
		《泊秦淮》	杜牧	唐	"烟笼寒水月笼沙,夜泊秦淮近酒家。"	感时/事伤怀

(续表)

		篇目	作者	朝代	诗句	主题情感
八年级	上	《饮酒(其五)》	陶渊明	东晋	"结庐在人境,而无车马喧。问君何能尔?心远地自偏。采菊东篱下,悠然见南山。山气日夕佳,飞鸟相与还。"	山水田园
		《浣溪沙(一曲新词酒一杯)》	晏殊	北宋	"一曲新词酒一杯,去年天气旧亭台。"	感时/事伤怀
		《如梦令(常记溪亭日暮)》	李清照	两宋之交	"常记溪亭日暮,沉醉不知归路。"	山水田园
	下					
九年级	上	《行路难《(其一)》	李白	唐	"金樽清酒斗十千,玉盘珍羞直万钱。"	感时/事伤怀
		《酬乐天扬州初逢席上见赠》	刘禹锡	唐	"今日听君歌一曲,暂凭杯酒长精神。"	感时/事伤怀
		《水调歌头》	苏轼	北宋	"明月几时有?把酒问青天。"	羁旅送别
	下	《渔家傲·秋思》	范仲淹	北宋	"浊酒一杯家万里,燕然未勒归无计。"	征战思乡
		《江城子密州出猎》	苏轼	北宋	"酒酣胸胆尚开张。"	感时/事伤怀
		《破阵子·为陈同甫赋壮词以寄之》	辛弃疾	南宋	"醉里挑灯看剑,梦回吹角连营。"	感时/事伤怀
		《定风波·莫听穿林打叶声》	苏轼	北宋	"料峭春风吹酒醒,微冷,山头斜照却相迎。"	山水田园
		《临江仙·夜登小阁记洛中旧游》	陈与义	两宋之交	"忆昔午桥桥上饮,坐中多是豪英。"	感时/事伤怀
		《太常引·建康中秋夜为吕叔潜赋》	辛弃疾	南宋	"把酒问姮娥,被白发、欺人奈何?"	感时/事伤怀
		《白雪歌送武判官归京》	岑参	唐	"中军置酒饮归客,胡琴琵琶与羌笛。"	羁旅送别
课外古诗词		《醉花阴》	李清照	两宋之交	"东篱把酒黄昏后,有暗香盈袖。"	感时/事伤怀
		《琵琶行》	白居易	唐	"春江花朝秋月夜,往往取酒还独倾。"	感时/事伤怀

(续表)

篇目	作者	朝代	诗句	主题情感
《少年行四首（其一）》	王维	唐	"相逢意气为君饮，系马高楼垂柳边。"	少年豪情
《春日西湖寄谢法曹歌》	欧阳修	北宋	"遥知湖上一樽酒，能忆天涯万里人。"	感时/事伤怀
合计			20	

2. "酒酿成诗，情满君知"画面、镜头选择评价量表。

项目	分　　值			得分
背景介绍	8—10分 能准确、全面地介绍诗词背景。	5—7分 能准确介绍诗词背景。	2—4分 诗词背景介绍较为模糊。	
主题介绍	8—10分 主题鲜明，契合诗词。	5—7分 主题较为鲜明，契合诗词。	5—7分 不太能凸显主题。	
画面选择	8—10分 色彩适配主题，主次分明，大小适中。	5—7分 色彩较为适配主题，主次较为分明，大小较为合适。	5—7分 色彩与主题不够适配，主次不够分明，大小不够合适。	
镜头选择	8—10分 全景、近景、特写安排合理，能很好突出环境和人物精神品质。	5—7分 全景、近景、特写安排较为合理，能较好突出环境和人物精神品质。	5—7分 全景、近景、特写安排不够合理，不能很好突出环境和人物精神品质。	
总分				

第三课段　穿越千年的对话，定演绎

核心任务：根据上一课段确定的画面和镜头，采用合适的写作手法完成节目脚本的画面描述和台词,并勾连文字、服装、道具、声画等完成诗歌演绎。

完成任务:

1. 假如你有一个机会抛开时间与空间的限制,请你任选 20 首诗歌中的一首或同一诗人的几首诗,请根据你对这一主题情感及他们诗歌的理解,小组内进行模拟对话。

2. 请你根据对话内容梳理出诗歌的主要事件,并在此基础上进行合理想象,补充细节,完成脚本。

3. 设计"酒酿成诗,情满君知"脚本。

4. 将 20 首诗歌按照 5 类主题情感分成五组,依照自己的兴趣选择一类主题,继续完善剧本编写中服装、道具、声画等准备,分组进行班级演绎展示。

学习评价:

"酒酿成诗,情满君知"脚本评分表　　　　　　小组

项目	分　　值			得分
主题情感	8—10 分 主旨明确,情感突出。	5—7 分 主旨较明确,情感较突出。	2—4 分 主旨较为模糊,情感不够突出。	
内容逻辑	8—10 分 内容贴合原诗词,扩写/改写合理。	5—7 分 内容较为贴合原诗词,扩写/改写较为合理。	5—7 分 内容与原诗词有出入,扩写/改写不够合理。	
写作手法	8—10 分 很好地运用 1—2 种写作手法描写故事、刻画人物。	5—7 分 较好地运用写作手法描写故事、刻画人物。	2—4 分 几乎没有使用写作手法。	
遣词造句	8—10 分 遣词造句优美,感染力强,有画面感,富有文采。	5—7 分 遣词造句精当,感染力较强,较有文采。	2—4 分 遣词造句平淡,缺少吸引力,缺少文采。	
总分				

"酒酿成诗,情满君知"节目评分表

评分标准	评分细则	羁旅送别组	山水田园组	感时/事伤怀组	征战思乡组	少年豪情组
节目主题 (20分)	1. 主题突出,情节清晰; 2. 内容编排有新意。					
表演语言 (20分)	1. 语言标准、自然; 2. 语言有情感,合乎人物情感。					
节目表演 (20分)	1. 动作符合人物性格特点; 2. 与搭档配合默契; 3. 精神饱满,仪表大方。					
节目效果 (20分)	服装、道具、声画等多媒体道具符合场景。					
综合效果 (20分)	表演能引起观众共鸣与反响。					
总分						

(撰稿人:深圳市坪山中学　梁莉、白新颖)

模态 02
概念性知识游戏化

抽象概念常使学生望而却步,但游戏化学习能化抽象为具象,使学生在游戏中主动探索并理解这些概念。将游戏机制与数学知识相结合,能突破传统教学的局限,创造出更具互动性和生动性的学习环境。这种学习方式不仅能提高学生的主动性和创造性,还能深化他们对数学概念的理解。即便面对复杂的数学迷宫,学生们也能勇敢前行,发现数学的乐趣。数学游戏化不仅是生动的思维方式,更是解决数学问题的有效工具。

数学作为基础教育的核心科目,不仅承载着培养学生逻辑思维能力和解决问题能力的使命,而且是学生理解日常生活中众多现象的基石。尽管数学的重要性无可置疑,但在初中阶段,学生往往面临着理解抽象概念的挑战。许多学生在抓住数学知识的本质、应用数学思维解决实际问题上感到困难。这种困境不仅影响学生对数学的兴趣,也限制了他们在数学学习上的深入和创新。

随着教育理念的不断更新,传统的填鸭式教学方法逐渐让位于更加重视互动和以学生为中心的教学模式。在这种背景下,游戏化学习作为一种新兴的教学方法引起了教育工作者的广泛关注。游戏化学习通过引入游戏机制和元素,增强学生的学习动机,提高学生的参与度,从而在教育领域展现出巨大的潜力。对于数学教学而言,游戏化不仅能够激发学生的兴趣,还有助于他们更好地理解和掌握数学概念。

鉴于此,本文旨在探索游戏机制在数学概念教学中的应用,特别是如何有效地将这些机制融入到初中数学教学中,以促进学生对数学概念的理解和兴趣。本文将通过理论分析和实证研究来回答以下几个关键问题:如何定义和理解游戏化学习在数学教育中的角色?哪些具体的游戏机制能有效促进数学概念的学习?这些游戏机制如何在实际教学中操作化?

一 概念教学的现状和挑战

(一) 当前数学教学方法的概述

在当前的初中数学教学中,教师通常采用的是一种结合讲授和练习的教学模式。这种模式强调对数学公式、理论的记忆和应用,教师在课堂上主要扮演知识传授者的角色。学生的学习则主要依赖于课本和教师的指导,通过反复的习题练习来加深对数学概念的理解。虽然这种方法在一定程度上保证了基础知识的传授,但它往往忽视了学生对数学思维和概念深层次理解的需求。

(二) 学生理解抽象概念的挑战

数学概念的抽象性是导致学生学习困难的主要原因之一。在初中阶段,学生开始接触更为复杂的数学理论,如代数、几何和概率论等。这些概念往往不容易被直观理解,而需要较强的抽象思维能力。然而,由于年龄和认知发展的限制,许多学生难以跨越这一障碍,从而对数学产生畏惧感,导致学习兴趣和效率的下降。

(三) 传统教学方法的局限性

尽管传统教学方法在一定程度上是有效的,但它存在着显著的局限性。首先,这种以教师为中心的教学方式常常导致学生的被动学习,缺乏主动探索和创造性思考的机会。其次,过度强调记忆和重复练习的方法,可能使学生感到枯燥乏味,不利于激发学生的学习兴趣和动力。此外,这种方法未能有效结合学生的个性化需求和进行差异化教学,使得一些学生难以在数学学习中获得成功体验。

二 游戏机制的教育潜力

(一) 游戏化学习的基本原理

游戏化学习是一种创新的教学方法,它通过在非游戏环境中引入游戏设计元素和机制来增强用户体验和参与度。在教育领域,这意味着利用游戏的吸引力和动机策略来激发学生的学习兴趣。游戏化的核心在于创建一个有趣、互动且具有挑战性的学习环境,让学生在参与和探索中学习。

(二) 提升学习动机与参与度

游戏机制通过创造吸引人的挑战和即时反馈,能显著提升学生的学习动机。在游戏化的数学教学中,学生不仅是知识的接受者,还是问题的探索者和解决者。这种参与方式可以使学生更加主动地参与学习过程,增强他们对数学概念的探索兴趣。

(三) 促进学生的深层次学习

游戏化学习不仅提高了学生的参与度,还有助于促进学生的深层次学习。在游戏化环境中,学生需要运用批判性思维、创造性解决问题以及应用所学知识来完成游戏任务。这种方法鼓励学生不仅记忆和理解数学概念,还要在实际情境中应用这些概念。通过这种方式,学生可以更好地理解数学知识的实际应用和价值,进而促进其对数学学科的整体理解和兴趣。

三 概念性知识游戏化的应用

(一) 引入游戏机制的初衷和目标

在初中数学概念教学中,引入游戏机制的初衷在于打破传统教学的界限,创造一个更加生动、互动和学生友好的学习环境。目标是通过游戏化的方法激发学生对数学的兴趣,使他们能够在一种更加轻松和愉快的氛围中掌握数学概念。

(二) 具体游戏机制的应用实例

在实际教学中,可以运用多种游戏机制来辅助数学概念的教学。在教学中,设定具体的游戏目标,如解决一系列数学谜题或完成数学任务,可以让学生在达成目标的过程中逐渐掌握相关数学概念。此外,角色扮演游戏可以让学生扮演不同的角色。

(三) 游戏化学习与传统教学的结合

虽然游戏化学习是一个有力的工具,但它不应完全替代传统教学方法。相反,最佳的做法是将游戏化学习与传统教学相结合。这种结合既能保证数学概念的严谨性,又能增加学习的趣味性和互动性,有助于提高学生的学习效果和满意度。

四 实施建议和教学策略

(一) 设计游戏化教学活动的关键要素

为了有效地将游戏机制融入数学概念教学,教师首先需要明确学习目标,并围绕这些目标设计游戏活动。重要的是选择与数学概念紧密相关的游戏机制,如解决问题的挑战、策略规划或逻辑推理等。设计时,应考虑到学生的年龄、兴趣和能力水平,确保游戏既具有教育意义,又足够吸引学生参与。此外,游戏活动应该能够灵活地融入现有的课程结构中,既不破坏课程的连贯性,又能增添学习的趣味性。

(二) 平衡游戏化与传统教学

在实施游戏化教学时,平衡游戏元素和传统教学内容是至关重要的。教师需要确保游戏活动不仅仅是娱乐,而是有效地支持数学概念的学习。这意味着游戏应该与课程内容紧密结合,游戏中的任务和挑战应直接与学习目标相关。同时,传统的教学方法如讲解和练习也不应被忽视,它们与游戏化学习相结合,可以帮助学生更全面地理解和掌握数学概念。

(三) 促进学生的主动参与和自主学习

在游戏化教学中,鼓励学生的主动参与和自主学习是关键。教师可以通过设置开放式问题、鼓励团队合作、提供多样化的解决路径等方式,促使学生在游戏中积极思考和探索。此外,给予学生一定的自主选择权,如选择不同的游戏角色或解决策略,也能增加他们的参与度。通过这些策略,可以帮助学生在享受游戏的同时,积极地参与数学概念的学习,从而在兴趣和学习效果之间找到一个平衡点。

实践智慧01 ｜ 数学探险者：寻找隐藏的几何宝藏

"数学探险者：寻找隐藏的几何宝藏"是一门创新的课程，旨在通过一个引人入胜的虚拟探险游戏帮助初中生理解和掌握基础的几何概念。这个游戏环境设计得既生动又具有教育意义，涵盖了形状、面积和体积等几何知识点，旨在以一种互动和有趣的方式来增强学生的数学学习体验。

在这门课程中，学生们被带入一个充满挑战的虚拟世界，他们在游戏中扮演探险者的角色。他们的任务是解决一系列设计巧妙、与几何概念相关的谜题和挑战。这些挑战不仅测试他们对几何知识的掌握，还激发他们的解决问题能力和创造性思维。

课程特别强调学生之间的互动和团队合作。学生被鼓励在小组内协作，共同解决游戏中的难题。这种小组活动不仅有助于学生之间的交流和合作，还促进了他们对数学概念的深入理解和应用。通过团队合作，学生可以互相学习，共同克服挑战，提高解决复杂问题的能力。

对学生的评估将侧重于他们在游戏中的表现，特别是他们如何应对和解决挑战。通过观察学生在游戏中的互动、讨论和解题策略，教师可以有效地评估学生对几何概念的理解程度和应用能力。此外，小组讨论和反馈环节将作为衡量学生综合数学能力的重要部分，确保学生能够全面地掌握和应用几何知识。

一 课程背景

在当前的教育环境中，数学教学面临着多种挑战，特别是在激发学生的兴趣和维持他们的参与度方面。传统的数学教学方法往往依赖于书本和理论，这可能导致学生感到枯燥乏味，从而影响他们对数学学科的兴趣和学习效果。特别是对于几何这一数学分支，学生往往难以理解其抽象概念，很难将这些概念应用于实际问题中。

针对这一问题，"数学探险者：寻找隐藏的几何宝藏"这门课程应运而生。它基于游戏化学习理论,通过结合教育内容与游戏机制,旨在创造一个既有趣又有教育意义的学习环境。游戏化学习不仅能够提高学生的学习动机,还能够通过实践和互动提升他们的认知能力。

此课程中的游戏设计包含了各种几何概念,如形状识别、面积和体积计算等,这些都是初中数学课程的重要组成部分。通过在虚拟探险环境中嵌入这些概念,学生可以在解决问题的过程中自然而然地学习和应用这些知识。这种在实践中学习的方法能够让学生更直观地理解抽象的数学概念,并将其应用于具体情境。

二 课程目标

本课程"数学探险者:寻找隐藏的几何宝藏"旨在通过结合游戏化学习与传统数学教学,实现一系列综合性的教育目标。首先,课程的核心目标是加深学生对几何学基础概念的理解和掌握,包括形状、面积、体积等。通过在游戏中设计与这些概念相关的谜题和挑战,学生能够在实际操作中学习和运用这些知识,从而更好地理解几何学的基本原理和应用。

其次,课程旨在提高学生的问题解决能力。在游戏化的环境中,学生将面对一系列挑战,这些挑战需要他们运用逻辑思维和创造性思维来解决。这种方式不仅可以激发学生的好奇心,还可以训练他们分析问题、制定解决方案的能力。

最后,课程的一个重要目标是培养学生的自我反思和评估能力。通过在课程结束后进行的回顾和讨论,学生被鼓励思考自己在游戏中的表现,包括他们解决问题的方法和团队合作的效果。这种反思过程有助于学生识别自己的强项和需要改进的领域,对他们未来的学习和个人发展具有重要意义。

三 课程内容

在"数学探险者:寻找隐藏的几何宝藏"这门课程中,有以下几个关键的几何知识点和相关的游戏任务,确保学生能够在游戏中学到实际的数学知识。

首先,课程的一个重要组成部分是几何形状的识别与属性分析。在游戏的初期阶段,学生将遇到各种几何图形,如正方形、长方形、三角形和圆形等。他们需要识别这些形状并分析其属性,如边长、角度等。此外,学生还将学习如何根据这些属性计算面积和周长,这是理解更复杂几何概念的基础。

接着,学生将学习体积和表面积的计算方法。通过解决游戏中的谜题,他们需要计算各种三维形状的体积和表面积,例如立方体、长方体、圆柱和球体等。这不仅涉及公式的应用,也需要学生理解这些三维形状的几何特性。

此外,课程还涵盖了几何图形的转换和组合。学生将面对的挑战包括如何通过移动、旋转和翻转简单的几何图形来构建更复杂的图案。这一部分旨在培养学生的空间想象能力和创造性思维。还有一部分课程内容是关于坐标系和图形的定位。在游戏中,学生需要使用坐标系来定位不同的几何图形,理解图形在平面上的位置关系。这个部分不仅有助于加深学生对坐标系概念的理解,还能提高他们解决实际问题的能力。

最后,课程还涉及几何图形的对称性和图案重复。在某些游戏关卡中,学生需要识别图形的对称轴,或者通过重复特定的图案来完成挑战。这能够帮助学生理解对称性的概念,并在实际中应用这一知识。

四 课程实施

"数学探险者:寻找隐藏的几何宝藏"课程的实施计划包含了详细的步骤和方法,确保课程目标的实现,具体如下。

1. 课程准备。首先,准备必要的教学材料,包括几何教科书、计算器、游戏软件以及相关的多媒体设备。同时,确保课堂布局适合团队合作和互动学习,例如将桌椅排列成小组形式。

2. 学生分组。课程开始时,将学生分成小组,每组大约4—5名学生。为了确保团队多样性,可以根据学生的能力和性格特点进行分组,确保每个团队都有不同能力的学生。

3. 课程导入与目标设定。通过一个吸引人的故事情景介绍课程主题,激发学生的兴趣。接着,明确课程的学习目标,包括需要掌握的几何知识点和技能。

4. 几何基础知识复习。在正式开始游戏之前,可以用一些时间复习几何的基础知识,确保所有学生对所需的几何概念有一个基本的理解。

5. 游戏规则介绍。接下来,详细介绍游戏的规则和操作方式,确保学生明白如何在游戏中导航以及如何完成任务。

6. 开始游戏实践。学生开始游戏实践,他们将在游戏中遇到一系列与几何概念相关的问题和挑战。教师监督学生的游戏过程,以确保他们遵循游戏规则并有效地合作。

7. 实时指导与反馈。在游戏进行中,教师巡回指导,回答学生的问题并提供必要的支持。此外,观察学生的团队合作情况,并给予实时反馈。

8. 小组讨论。游戏的某些阶段后,安排小组讨论,让学生分享他们的解题策略和体会。这有助于学生彼此学习,并加深他们对几何概念的理解。

9. 课程总结与反思。每个游戏阶段后,引导学生进行总结和反思,让他们思考在游戏中学到了什么,以及如何将游戏中的知识应用到现实生活中。

10. 评估与回馈。课程结束时,进行形式化的评估,包括对学生在游戏中的表现、团队合作能力和解决问题的能力进行评价。此外,收集学生的反馈,以改进未来的教学。

五 课程评价

在对"数学探险者:寻找隐藏的几何宝藏"课程进行评价时,首先值得关注的是学习氛围的营造。这个课程的设计旨在通过游戏化的方法激发学生的学习兴趣,从而创造一个积极、互动的学习环境。从实施情况来看,游戏化学习确实大大增强了课堂的活力。学生们在参与游戏时显得更加积极主动,他们对于探索新知识的兴趣明显提高。在游戏中,学生们不仅要运用几何知识解决问题,还需要与同伴沟通和合作,这促进了他们之间的互动。观察到的结果是,学生们在小组讨论时更加活跃,愿意分享自己的想法并听取他人的意见。这样的学习氛围不仅有利于知识的吸收,也促进了学生间的社交技能发展。然而,也注意到部分学生在游戏环节中可能过于专注于竞争而忽视了学习目标,这需要在未来的课程设计中加以调整和优化。

在学习成果方面，这个课程主要聚焦于几何知识的理解和应用。经过一系列的游戏任务和挑战，学生在几何知识方面的进步是显而易见的。他们不仅能够更准确地识别和描述不同的几何形状，还能够熟练地计算面积和体积。更为重要的是，学生们学会了如何将这些知识应用于实际问题中，这一点在他们解决游戏中的谜题时表现得尤为明显。通过这种实践学习的方式，学生对几何概念的理解更为深刻，记忆也更为牢固。然而，也观察到个别学生在面对复杂问题时仍然存在困难，未来的课程中需要更多关注这部分学生的个别化需求。

在评价学生状态方面，这个课程对于学生的整体学习态度和情感反应有着积极的影响。多数学生在课程中表现出了高度的参与度和学习热情。他们对于新挑战的接受度高，即使遇到困难也愿意尝试和探索。这种积极的学习态度对于他们的长期学习成长非常重要。

总结整个课程，可以看出"数学探险者：寻找隐藏的几何宝藏"在多方面取得了成功。它不仅提高了学生对几何知识的理解和应用能力，还促进了他们的团队合作和问题解决技能。

实践智慧 02 ┃ 数学任务代理：代数谜团解码

"数学任务代理：代数谜团解码"是一个专为初中生设计的数学课程，它巧妙地将代数学习与引人入胜的解谜游戏相结合。这个课程的核心目标是让学生深入理解代数表达式、方程式和不等式的概念，同时在实际应用中加强对这些知识的运用。通过设置一个引人入胜的代数任务解码故事情境，学生不仅能够在实践中学习理论知识，还能提高他们解决问题的兴趣和能力。

在这个课程中，学生将扮演特工角色，他们的任务是通过解决一系列与代数知识相关的谜题来"解码"秘密信息或解救虚拟角色。这种角色扮演的游戏化学习方式使得学生能够在一个具有挑战性和趣味性的环境中学习代数，这不仅有助于提高他们的学习动机，还能加深他们对代数概念的理解。通过这种互动式和沉浸式的学习体验，学生能够更好地理解代数知识，并将其应用于解决实际问题中。

为了进一步激发学生的学习兴趣和提高他们的参与度，课程设计中包含了一系列阶段性的奖励和挑战。这些奖励和挑战旨在鼓励学生在学习过程中取得进步，并激发他们继续探索和学习的动力。例如，当学生解决一定数量的谜题或达到一定的学习目标时，他们可以解锁新的谜题或获得游戏内的奖励。这种激励机制不仅使学习过程更加有趣，还帮助学生保持对学习内容的持续关注和兴趣。

在评估学生的学习成果方面，本课程采用的是对学生解题策略和准确性的观察，以及对他们在解码过程中逻辑推理能力的评估。这种评估方式不仅关注学生的答案是否正确，还重视他们解决问题的方法和思维过程。通过这种方式，教师可以更准确地了解学生对代数概念的掌握程度，并在必要时提供针对性的指导和帮助。这样的评估机制有助于促进学生对代数知识的深入理解和有效应用。

一 课程背景

课程背景融合了当前教育领域的几个关键趋势：增加学生的学习参与度，利用技术和游戏化策略来提升教学效果，以及强调批判性思维和问题解决能力的重要性。代数作为初中数学教育的核心组成部分，对于学生未来在数学及相关领域的学习至关重要。然而，传统的教学方法往往过于强调理论和公式的学习，忽视了实际应用的重要性，导致学生很难将学到的知识与现实世界联系起来。因此，设计一个能够激发学生兴趣、提高他们参与度并强化实际应用的代数学习课程变得尤为重要。

在这个背景下，游戏化学习的概念应运而生。它不仅能够提高学生的参与度和兴趣，还能够通过实践和互动加深学生对复杂概念的理解。"数学任务代理：代数谜团解码"课程正是基于这一理念而设计。它通过将代数知识融入到一个引人入胜的故事情境和游戏任务中，使学生在完成具有挑战性任务的同时学习和应用代数概念。这种方法不仅使学习过程更加生动有趣，还有助于学生更好地理解抽象的代数概念，并鼓励他们在现实生活中应用这些知识。

课程还重视培养学生的批判性思维和问题解决能力。在解密任务中，学生不仅需要应用代数知识，还需要运用逻辑推理和批判性思考来找到解决问题的最佳方法。这种教学方法不仅有助于提高学生对数学知识的掌握，还能够促进他们在生活中遇到问题时的应对能力。通过这种方式，课程不仅教授数学知识，还帮助学生发展成为具有创新思维和解决问题能力的终身学习者。

二 课程目标

这个课程的首要目标是深化学生对代数核心概念的理解和应用能力。代数作为数学的基本分支之一，其重要性在于不仅仅局限于数学科目本身，而是贯穿于日常生活和其他学科领域。因此，课程的设计着重于使学生掌握代数表达式、方程式和不等式等基础概念。这不仅包括了对公式和运算规则的理解，更重要的是理解这些概念背后的逻辑和应用场景。课程中的每个谜题和任务都旨在促使学生理解和运用这些基本概念。通过这样的实践应用，学生不仅能够更加熟练地操作代数公式，更能够理解如何将这些知识应用于实际问题中，从而培养其将理论知识转化为实践能力的技能。

第二个主要目标是提升学生的逻辑推理和批判性思维能力。代数本质上是一种通过符号和逻辑推理来表达和解决问题的语言。因此，课程特别强调通过解谜和任务来锻炼学生的逻辑思维。每个谜题都是精心设计的，要求学生不仅仅是应用公式，而是需要深入思考，利用逻辑推理来找到问题的解决方案。这种思维训练对于学生未来在任何领域的学习和工作都是至关重要的。课程通过不断提出挑战，鼓励学生在面对复杂或模糊的情况时，能够独立思考和作出合理的判断。这种能力的培养将使他们在将来的学术和职业生涯中表现得更加出色。

最后一个目标是增强学生的参与度和学习动机。传统的教学方法往往缺乏足够的互动和参与感，这可能导致学生对学习失去兴趣。课程通过将学习内容融入到一个引人入胜的故事和游戏任务中，旨在激发学生的兴趣和好奇心。通过扮演特工角色和完成任务，学生将在一个充满挑战和乐趣的环境中学习代数。这种游戏化学习方法不仅能够使学习过程更加有趣，而且能够提高学生的参与度。此外，通过设定阶段性的奖励和挑战，学生的学习动机将得到进一步提升。这种激励机制有助于保持学生对学习内容的持续关注和兴趣，从而提高他们的学习效果。

三 课程内容

课程的核心内容专注于深入探讨代数的基本元素，并将这些元素融入到一个吸引人的故事情境中，使学生在解决实际问题的过程中学习和应用代数知识。

课程的第一部分专注于代数表达式的基础知识。在这一部分，学生将学习如何构建和解读代数表达式，包括变量、系数、常数的概念及其在数学问题中的应用。通过设计一系列的谜题和挑战，如解码隐藏信息或确定虚拟角色的位置，学生需要运用他们对代数表达式的理解来找到解决方案。这不仅有助于学生巩固对代数表达式的理解，还能提高他们将抽象概念应用于具体问题的能力。

第二部分涉及方程式的解法。学生将学习如何设置和解决线性方程和不等式，包括单变量和多变量情况。课程通过设计需要学生应用方程式来解决的任务，如追踪虚拟敌人的位置或计算特定物品的数量,来实践这些技能。这样的任务不仅锻炼了学生解决方程式的技巧,还鼓励他们运用逻辑思维和解决问题的策略。

第三部分将重点放在更高级的代数概念上,如多项式、因式分解和代数式的简化。通过将这些概念融入更复杂的谜题和任务中,学生被挑战去深入理解并运用这些概念。例如,他们可能需要解决一个复杂的密码,这需要他们运用因式分解的技巧,或者他们需要简化复杂的代数式来揭示秘密信息。这样的实践活动不仅有助于提升他们的代数技能,还能够增强他们的批判性思维能力。

最后,课程还包括一个综合应用部分,学生需要将他们学到的所有代数知识应用于解决一个大型的、多步骤的谜题或任务。这可能是一个复杂的故事情节,要求学生运用他们的代数技能来找出解决方案,从而成功"解码"整个故事的谜团。这不仅是对学生代数能力的终极测试,也是对他们逻辑思维、问题解决能力以及利用所学知识综合运用能力的考验。通过这样的综合应用,学生能够更加深刻地理解代数在现实世界中的实际应用价值。

四 课程实施

下面是这个课程的详细规划,旨在有效地进行这一富有创意的教学活动。

1. 课程准备。在课程开始之前,准备所有必要的教学材料,包括代数教科书、解题工具(如计算器和白板),以及支持游戏化学习的电子设备和软件。此外,还需要设计和准备一系列与课程相关的谜题和游戏任务。

2. 课程介绍。在第一节课上,向学生详细介绍课程的内容和目标,以及将采用的游戏化学习方法,强调课程的互动性和实践性,以激发学生的兴趣。

3. 分组与角色分配。为了增加课程的互动性,将学生分成小组,并在每个小组中指定不同的角色,如解谜者、记录员等。这样可以确保每个学生都能积极参与并贡献自己的力量。

4. 基础知识复习。在深入游戏任务之前,用一些时间复习代数的基础知识,包括代数表达式、方程式和不等式等。这一步骤旨在确保所有学生都对所需的基本概念有一定的理解。

5. 游戏任务介绍。随后，介绍第一个游戏任务，明确任务目标和规则。这些任务将直接与代数知识相关，要求学生应用他们的数学技能来解决问题。

6. 游戏进行与指导。在学生开始游戏任务时，教师以指导者的角色在旁边观察和提供帮助，确保学生理解任务要求，并在必要时提供指导。

7. 团队合作鼓励。不断鼓励团队合作，确保每位学生都能参与到解决问题的过程中。这不仅有助于提高团队效率，还能促进学生之间的交流和合作。

8. 实时反馈与调整。在游戏过程中，根据学生的表现和反应提供实时反馈。这有助于及时调整教学策略，确保学生能够有效地学习和进步。

9. 课程总结与反思。每个游戏任务结束后，组织一个总结会议，让学生分享他们的体会和学到的知识。这将是一个反思和学习的机会，有助于巩固知识和提高解题技巧。

10. 评估与改进。课程结束时，根据学生在游戏中的表现以及他们解决问题的能力进行评估。此外，教师还应收集学生的反馈，以便在未来的课程中进行改进和优化。

五 课程评价

对于该课程的评价，首先考虑的是学生在代数知识掌握方面的进步。这个课程旨在使学生深入理解代数表达式、方程式和不等式等概念，并能够将这些知识应用于实际问题中。通过课后测试和课堂观察，可以明显看到学生们在这些方面的提高。学生不仅能够更准确地解决代数问题，还表现出在理解复杂问题和应用代数技巧方面的成熟。许多学生也表现出对代数学习的更大兴趣和热情，这在传统的教学方法中往往难以实现。

第二个评价方面是学生的逻辑推理和问题解决能力的提升。代数不仅是数学的一个分支，更是一种培养逻辑思维和分析能力的工具。在解决谜题和完成任务的过程中，学生被要求不仅仅是套用公式，而是需要运用批判性思维来找出解决问题的策略。从学生解决问题的方式和他们在团队中的讨论来看，他们在这些方面有了显著的成长。

第三个评价方面是学生参与度和动机的提升。通过将学习内容和游戏元素相结合,这个课程成功地吸引了学生的兴趣,并使他们更加积极地参与到学习过程中。在课堂上可以看到学生对于新的谜题充满好奇心和热情,他们积极参与讨论和解决问题。这种积极的学习态度对于他们的成长非常重要。

最后,对于课程本身的设计和实施也进行了评估。从教师的角度来看,游戏化的学习方法确实提高了学生的参与度和学习兴趣。然而,也需要注意确保学习内容的深度和严谨性,防止游戏元素过于占主导从而影响相应知识的学习。在未来的课程中,可以考虑进一步优化游戏设计,确保它既能吸引学生,又能有效地传授和练习代数知识。

总体来看,这个课程证明了游戏化学习在提高学生学习兴趣和参与度方面的巨大潜力。通过将代数知识与解决实际问题相结合,这个课程不仅提高了学生的数学技能,也促进了他们的批判性思维和问题解决能力。尽管该课程还存在一些需要改进的地方,如平衡游戏元素与教学内容以及为不同能力水平的学生提供支持,但总的来说,这个课程为代数教学提供了一种新颖且有效的方法。

(撰稿人:深圳市坪山中学　许伟瑞、涂林)

模态 03
历史性事件融合化

历史性事件融合化不仅是一种教学方法的变革，更是一种教育哲学的革新。它打破学科间的界限，通过整合不同学科的知识和资源，创造一个开放、充满活力的学习环境。在真实且具有挑战性的学习情境中，培养学生的创新思维、批判性分析能力和协作能力，使学生更好地适应日新月异的新时代。这种教育理念将历史学习转变为一种全方位、富有探索性和创新性的体验，有助于培养学生的历史意识和文化认同感，为社会的进步和文明的发展作出贡献。

在现今这个信息爆炸、全球一体化迅猛发展的时代,社会的进步和变革给我们带来了前所未有的机遇和挑战。在这样的社会背景下,知识经济逐渐崭露头角,成为推动社会进步的关键力量。这不仅对技术和经济领域提出了更高的要求,也对我们的人才培养模式和整个教育体系提出了新的挑战。传统的学科边界和教学方法已经不能满足社会对于复合型人才的需求,我们迫切需要找到一种新的教育观点和方法来应对这种变革。

在这种背景下,跨学科的历史教学理念应运而生,成为了教育改革的一种创新尝试。这不仅仅是一种教学方法的变革,更是一种教育哲学的革新。这种教育哲学理念主张打破学科间的界限,通过整合不同学科的知识和资源,创造一个开放、充满活力的学习环境,从而促进学生综合素质的全面提升。它强调在真实且具有挑战性的学习情境中,通过探究学习和基于项目的学习方法,培养学生的创新思维、批判性分析能力和协作能力,使学生能够更好地适应日新月异的新时代。

一 历史性事件融合化:必要性

在当前的历史学科实践教学中,将"历史事件融合化"作为一种创新和前瞻性的教学方法,不仅对于提升学生的综合素质和历史思维能力具有重大意义,更在于它能够引导学生跨越单一事件的局限,从而在更广阔和更深刻的层次上把握历史发展的内在逻辑和脉络。通过深度融合不同的历史事件,学生能够在丰富的历史背景中形成对事件的多维度理解,这不仅有助于提升其历史素养,更能够培养其从多角度、多层次分析问题的能力,从而锻炼其历史思维的敏捷性、深刻性和创新性。

这种以"历史事件融合化"为核心的教学实践,不仅极大地丰富了历史教学的内容,突破了传统历史教学模式的局限性,更为学生提供了一个开放、多元的学习环境,激发了他们对历史学科的浓厚兴趣。在这个过程中,教育者的作用显得尤为关键,他们需要具备跨学科的知识储备和教学能力,能够将历史与文学、艺术、社会学等多个领域巧妙结合,通过多种教学手段和策略,引导学生全面、深刻地理解和思考历史。

从文化传承和思维培养的角度来看,"历史事件融合化"教学不仅仅是一种方法的创新,更是一种策略和思维模式的革新。它要求教育者和学生共同跳出传统教学的框架,通过跨学科的融合和多维度的思考,将历史学习转变为一种全方位、富有探索性和创新性的体验。这不仅有助于培养学生强烈的历史意识和文化认同感,还将会对他们未来的个人发展和社会贡献产生深远的影响。通过这种教学策略,我们能够培养出一代又一代具有国际视野、历史责任感和创新能力的优秀人才,为社会的进步和文明的发展作出一定的贡献。

二 历史性事件融合化:跨学科

(一) 历史性事件融合化的内涵

历史性事件融合化是一个将历史文化与现代社会深度结合的创新过程,它通过多种渠道和方法在文化、教育、政治等多个领域内实现了历史事件的广泛应用和深刻理解。这个过程不仅仅是传播历史知识,更重要的是它关注历史情感的共鸣和历史思考的激发,目标是使历史成为学生日常生活的一部分,并在此基础上培养学生们强烈的历史意识和文化认同。

历史性事件融合化的核心在于其跨学科的特点,即所谓的融合化。它要求教育者要在传授历史知识的同时,结合其他学科的知识和方法,如文学、艺术、社会学等,以更全面、更深刻的方式来帮助学生解读历史事件。这种跨学科的融合不仅可以丰富学生的知识体系,还能激发他们对历史的兴趣,促使他们从不同角度和层面理解和思考历史,最终达到提高他们历史思维能力的目的。

在这个过程中,校本课程发挥了关键作用。在历史性事件融合化的背景下,校本课程不仅包含了传统的历史知识,还融入了其他学科的元素,使得历史学习变得更加立体、更具吸引力。

历史性事件融合化是一种将历史与现代社会紧密结合,通过跨学科的方式,在多个领域实现历史事件广泛应用和深刻理解的创新过程。校本课程在这一过程中发挥了不可替代的作用,它不仅丰富了学生的历史知识,还激发了他们对历史的兴趣,培养了他们的历史意识和文化认同。

(二) 历史性事件融合化的核心要素

在历史性事件融合化的过程中,三个核心要素发挥着至关重要的作用。

对历史记忆的深刻挖掘与保护是基础性工作，其目的在于确保历史的真实性和完整性，为后续的研究和教育提供坚实的基础。这一过程不仅包括对历史文物和资料的保存，还涉及对历史事件背后深层次原因和影响的深入分析。

对历史教育方法的不断创新同样至关重要。在当今信息化时代，传统的教育方法已经不能满足学生的学习需求。因此，运用现代教育手段和技术，如多媒体教学、网络课程、AR、VR等，将历史学习变得更加生动和有效，从而提高历史教育质量。

对公共历史文化的有效推广与普及是实现历史性事件融合化的重要途径。通过各种媒体和活动，将历史知识和价值观传播给更广泛的群体，不仅可以增强公众对历史的了解和兴趣，还可以在社会层面上弘扬正面的历史文化，形成积极向上的公共文化环境。

对历史记忆的深刻挖掘与保护、对历史教育方法的不断创新、对公共历史文化的有效推广与普及三者相辅相成，共同构成了历史性事件融合化的核心要素，对于提升历史教育水平、弘扬历史文化、增强学生历史意识具有重要的意义。

三 历史性事件融合化：应用

（一）历史性事件融合化在教育领域的应用与影响

1. 改变教学模式和方法。在之前的教学中，教师更多关注的是事实性和理解性知识，而融合化则更注重于批评性和创造性的知识。历史性事件融合化在教育领域的应用体现在其深刻地改变了传统的历史教学模式和学习方法，它强调将历史性事件与现代教育理念紧密结合，推动教育内容和方法的创新。通过融入历史性事件融合化的理念，学校在课程设计和教学实践中引导学生运用批判性思维去分析历史，从而培养他们独立思考和创新的能力。

2. 对教学内容再评估与整合。历史性事件融合化促使历史教师挖掘亘古不变的历史文化和价值追求，找到当今价值认同的契合点，强调将历史性事件与现代社会的联系作为重要的教学内容。这不仅能使学生更好地理解历史事件背后的深层次原因和影响，也能帮助他们认识到历史对现代社会的重要性，增强他们的历史意识和社会责任感。

3. 创新教学方法。历史性事件融合化推动了教学方法的创新。传统的历史教学往往侧重于记忆和复述，而融入了历史性事件融合化理念的教学模式更加注重培养学生的分析能力、批判性思维和解决问题的能力。教师运用多元化的教学手段，如案例分析、角色扮演、小组讨论等，激发学生的学习兴趣，提高了他们的参与度和学习效果。

4. 影响教育评价体系。历史性事件融合化的应用在教育领域还体现在对教育评价体系的影响。传统的考试和评价方式往往注重学生对历史事实的记忆，而忽视了对他们分析和应用能力的考察。历史性事件融合化倡导对学生综合能力的评价，注重考察他们运用所学知识解决实际问题的能力，能推动教育评价体系的改革。

历史性事件融合化在教育领域的应用和影响是深刻而广泛的。它通过改变历史教学的内容和方法，致力于培养学生的批判性思维和独立思考能力，推动教育评价体系的改革，对提高学生的历史意识和社会责任感，培养他们成为有理想、有信念的社会主义接班人具有重要的现实意义。

（二）历史性事件融合化的具体实践

1. 设计课程和项目。设计跨学科的课程和项目是实现"历史性事件融合化"的重要途径。在这个过程中，教育者可以将历史与其他学科紧密结合，设计出富有创意和实践性的教学项目。例如，可以设计一个关于"工业革命"的综合性学习项目，让学生不仅学习工业革命的历史背景和重大事件，还要研究其对社会、经济、文化等方面的深远影响，甚至探讨如何在现代社会中借鉴工业革命的经验和教训。

2. 提升教师专业素质。加强教师的培训和专业发展是实现"历史性事件融合化"的关键。教育部门和学校应该提供丰富的跨学科培训资源，鼓励教师跳出自己的学科边界，学习其他学科的知识和教学方法。同时，还应该建立一个支持教师持续学习和发展的环境，让他们有机会参与跨学科的教学研究和实践活动。

3. 构建评价和反馈机制。构建有效的评价和反馈机制是确保"历史性事件融合化"成功实施的保障。评价体系应该突破学科界限，注重学生综合能力的培养。例如，可以设计一些综合性的考核任务，如项目报告、实践操作等，评价学生在解决实际问题中运用跨学科知识的能力。同时，应该建立一个及时、有效的反馈机制，帮助学生了解自己的学习进展，指导他们如何更好地进行跨学科学习。

4. 与核心素养相结合。将"历史性事件融合化"与学生的核心素养相结合是提升教育质量的重要途径。教育者应该在设计课程和教学活动时,注重培养学生的批判性思维、创新能力、沟通协作能力等核心素养,确保学生在融合历史性事件的学习过程中能够得到全面的发展。

　　历史性事件融合化在教育领域的应用和影响是深刻和积极的。它不仅能改变教学模式和方法,推动教学内容的重新评估和整合,还能促进教学方法的革新。这些变革有助于提升历史教育的质量,培养学生的历史意识和社会责任感。历史性事件融合化要求教育者重新审视历史教育的内容和方法,鼓励他们突破过往的教育范式,探索更有利于学生全面理解历史和社会的教学方法。

实践智慧 01 ｜ 红色舞台剧

一 背景和目标

红色舞台剧校本课程是由学校的历史和语文教师共同设计和实施的。他们结合坪山中学丰富的校本资源，查阅大量的史料，努力创设一个能够让学生深刻理解和体验红色精神的课堂环境。课程不仅仅局限于讲授红色历史知识，更重要的是引导学生将这些知识内化为自己的情感和价值观，真正做到学以致用。

通过编写并参与演出红色舞台剧，学生将身临其境地感受到红军战士在革命岁月中所展现出来的不屈不挠和艰苦奋斗的精神风貌。他们将学习到，无论在多么艰难的环境下，红军战士们都能够为了信仰和理想，勇往直前，最终取得革命的胜利。

本课程的目标不仅仅是让学生了解和记住红色历史，更重要的是通过对红色精神的学习和体验，培养学生的爱国主义情感，弘扬集体主义和奉献精神，提升他们的人文素养和社会责任感。通过这样富有特色和内涵的校本课程，坪山中学努力将红色文化的种子播撒在每一位学生的心中，让红色精神在新时代焕发出新的光彩。

二 课程内容和结构

（一）理论学习

在"红色舞台剧"校本课程的理论学习阶段，教师扮演着引领者的角色，他们通过多种方式引导学生深入了解东江纵队的革命活动，并充分挖掘和利用坪山区丰富的红色教育资源。

东江纵队，作为中国革命历史上的一支重要力量，在坪山区留下了丰富的革命遗迹和宝贵的精神财富。教师们将组织学生走进红色教育基地,亲身感受革命先烈的风采,让学生在实地探访中更加生动直观地认识到东江纵队的革命事迹。通过观看纪录片、阅读相关书籍和文献,学生将对东江纵队有一个全面而深刻的了解。

为了帮助学生跳出地域的局限,拓宽他们的视野,教师们还将引导学生学习其他具有相似红色精神的革命历史,如红军长征。通过对红军长征这一伟大历史事件的深入研究,学生将认识到红色精神是中华民族宝贵的精神财富,是激励一代又一代中国人奋勇前进的强大力量。

在这个过程中,教师们注重培养学生的批判性思维和独立思考能力,引导学生结合实际情况,思考如何将红色精神运用到自己的学习和生活中,让红色精神成为学生心中的一盏明灯,指引他们不断前行。

通过这样深入细致的理论学习,学生不仅能够对红色革命历史有一个全面而深刻的认识,更能将红色精神内化于心,转化为自己前进的动力。这为学生在接下来的舞台剧实践中,能够更好地表达和演绎红色精神打下了坚实的基础。

(二) 实践演练

继理论学习后,坪山中学的《红色舞台剧》校本课程进入了实践演练的关键阶段。在这一阶段,学生将所学的红色精神付诸实践,通过参与舞台剧的演出,亲身体验红军战士的不屈不挠和无私奉献。

历史老师肩负着提供准确详实历史材料的重任,他们通过查阅大量文献资料,确保剧本中的每一个历史细节都真实可靠,让学生在表演中能够更加真实地还原历史,更深刻地体验红军长征的艰辛历程。

语文老师则发挥自己在文学艺术方面的专长,结合学科特点和学生的实际情况,共同撰写了一份既符合红军长征历史真实性,又适合学生表演的舞台剧剧本。在剧本创作过程中,他们注重将红色精神与学生的实际生活相结合,让学生在表演中能够更好地将红色精神内化为自己的情感和行动。

剧本完成后,学校组织专门的审核小组对其进行了严格的审核,确保其内容的准确性和适宜性。随后,学校确定了彩排的场地,并根据剧本的需要,购置了一系列必要的道具,如红军服饰、军旗等,确保学生在彩排和表演中能够有一个真实的舞台环境。

在这一阶段，学生们的热情高涨，他们积极投入到角色的学习和表演中，通过反复的彩排，逐渐熟悉了自己的角色，掌握了表演的技巧。老师们则发挥着导演的作用，对学生的表演进行指导，帮助他们更好地理解角色，更准确地表达红军长征中的红色精神。

通过这一系列的实践演练，学生不仅将所学的红色精神转化为了具体的行动，更在表演中体验到了红军战士那种坚韧不拔、勇往直前的精神风貌，为他们今后的成长和发展奠定了坚实的基础。

（三）角色分配和彩排

为了确保"红色舞台剧"校本课程的顺利进行，角色的分配和彩排环节显得尤为重要。根据剧本的具体需求和学生的个性特点，教师团队认真组织了一次公平公正的角色试镜活动。

在试镜过程中，老师们不仅注重学生的表演天赋和潜力，更重视他们对角色的理解和对红色精神的感悟。每位参试的学生都被鼓励充分展示自己的特点，把握每一个表达自己的机会。通过这样的方式，确保了每位同学都能找到最适合自己的角色，最大程度地发挥出自己的潜力。

角色分配完成后，进入紧张而充实的彩排阶段。教师团队充分利用校本课程的时间，组织学生进行台词记忆、动作熟悉和整体排练。他们注重培养学生的团队协作能力和舞台表现力，引导学生将红色精神融入到每一个动作、每一句台词中。

为了更好地还原历史场景，老师们还特地对彩排场地进行了布置，创造了一个接近真实的舞台环境。他们还邀请了有经验的戏剧表演专家来给学生提供专业的指导，帮助他们更准确地把握角色，更生动地表达情感。

在彩排过程中，学生们表现出极高的热情，积极投入其中，他们在老师的指导下不断修改和完善自己的表演，力求将红色精神表达得淋漓尽致。通过不断的努力和反复的练习，他们逐渐掌握了表演的技巧，对角色有了更深刻的理解。

通过这一系列严格而系统的角色分配和彩排活动，学生不仅提升了自己的舞台表演能力，更在实践中深刻体验和领悟了红色精神的内涵。

三　学生参与情况

在坪山中学举办的《红色舞台剧》校本课程中,学生们展现出了极高的积极性和参与度。他们在课堂上认真学习,并利用课余时间自发组织排练,确保能够将红军长征的故事完美呈现出来。

在历史教师的引领下,学生们深入挖掘红军长征的历史细节,了解红军战士在极端困境下所展现出的坚韧不拔、不屈不挠的革命精神。通过研究丰富的历史资料和聆听生动的故事讲述,学生们对这段历史有了更为深刻和立体的认识,红色精神也在他们心中生根发芽。

在角色学习和彩排过程中,学生们不再局限于机械地背诵台词,而是更努力地去理解角色的内心世界。他们通过观看相关的历史纪录片、阅读红军长征的相关书籍,不断丰富自己对角色的认识,力求使自己的表演更加贴近真实,更加深情。

在彩排过程中,学生们还展现出强大的团队协作能力。他们相互帮助,共同解决排练过程中遇到的问题,确保每一个细节都得到完美的呈现。在历史教师的指导下,他们不断调整自己的表演,力求达到最佳效果。

通过参与这次校本课程的学习和实践,学生们不仅对红色精神有了更深刻的认识和体会,还在表演和团队协作中积累了宝贵的经验,提高了自己的综合素质和实践能力。学生们纷纷表示,这次活动让他们受益匪浅,不仅让他们学到了知识,更让他们受到了深刻的教育和启发,对他们的成长产生了深远的影响。

借由这次活动,同学们对红军长征的历史有了更深入的了解,对红色精神有了更深刻的认识。同时,他们也学会了如何进行团队协作,如何克服困难,如何坚持自己的梦想。这些经验和教训将成为他们宝贵的财富,伴随他们一路成长,让他们在未来的人生道路上更加坚定地前行。

四　教学效果和反思

"红色舞台剧"校本课程在坪山中学的推行引起了广泛关注和积极反响。学生们通过积极参与红色舞台剧的排练和表演,不仅获得了丰富的历史知识,更重要的是,在心灵深处深刻体验了红军战士不畏艰难险阻、勇往直前的革命精神。

在表演过程中,学生们展现出了极高的热情和投入度,通过实际行动生动演绎了对红色精神的理解和追求。这一亲身体验使红色精神在他们心中留下了不可磨灭的印记,成为珍贵的人生精神财富。

然而,在教学实践中,我们也发现了一些问题和不足。其中最为突出的是,部分学生过于注重表演的外在形式,而忽略了对红色精神深刻理解和内化的重要性。这提示我们在教学设计和引导方面需要进一步改进,确保学生在表演的过程中真正理解和感悟红色精神的深刻内涵。

经过反思,我们意识到在未来的教学中需要更加强化红色精神教育的力度,采用更有针对性和有效的教学方法,引导学生深入挖掘红色故事背后的精神内涵,真正做到学以致用,将红色精神内化于心、外化于行。

通过"红色舞台剧"校本课程的成功案例,我们不仅见证了红色基因的传承,也感受到了教育模式的转变,从而激发了学生的学习热情,全面提升了他们的综合素质,实现了教育的深层次目标。

"历史性事件融合化"这一核心内容的应用,使得学生能够通过具体的历史事件,如红军长征,深刻理解和感受到红色精神的魅力和力量。这种学习方式既具有历史性的深度,又融入了实践性的元素,使得学生能够在实践中学习,在学习中实践,真正达到知行合一的教育效果。

实践智慧 02 ｜ 红色故事大赛

一 项目背景和目标

红色故事大赛项目的核心目标是引导学生通过深入了解和讲述红色故事,去感知那个时代的艰辛和革命者的崇高精神,从而在他们幼小的心灵里播下爱国的种子。我们期望通过这样的活动,不仅能够激发学生对历史的兴趣,也能够让他们认识到个人命运与国家命运之间的紧密联系,从而培养他们对党和人民深厚的感情。

红色故事是我们党的宝贵财富,是激励一代又一代中国人不断奋斗的强大精神动力。通过讲述这些故事,我们不仅能够传承红色基因,更能够在全社会营造出尊重历史、热爱生活、积极向上的良好氛围。我们坚信,故事是一把打开智慧之门的金钥匙,红色故事更是一把充满力量的钥匙,它能够引导学生在心灵深处树立起对党的无限忠诚,对人民的深厚感情,对社会的强烈责任感,为他们将来走上社会,成为有用之才打下坚实的基础。

二 项目准备

(一) 教师培训

为确保"红色故事大赛"活动能够顺利进行,并最终达到预期的教育效果,我们将首先对参与本项目的教师进行全面而系统的专业培训。这种培训将覆盖红色故事的深入解读、研究和思想政治教育的系统学习等多个方面。

在红色故事的学习和解读方面,我们将深入挖掘每个故事背后的历史背景、人物性格和事件的发展脉络,确保教师能够全面、准确地把握每个故事的内涵和教育价值。

为此，我们将邀请在红色教育领域有着丰富经验和深厚学术积累的专家学者来进行授课和指导，帮助教师深入理解红色故事的精神内涵和教育意义。

在思想政治教育方面，我们将注重理论与实践相结合，不仅让教师系统学习相关的政治理论知识，还会引导他们如何将这些理论知识应用到教学实践中去，如何更好地结合学生的实际，使思想政治教育更加贴近学生的生活，更容易被学生接受。

除此之外，鉴于现代教育越来越多地运用到多媒体教学设备，我们还将对教师进行现代教育技术的培训，提升他们运用多媒体教学设备的能力，确保他们能够充分利用现代教育资源，提高教学效果。这不仅有助于丰富教学手段，增强教学的吸引力和感染力，也有助于提升学生的学习兴趣，促使他们更加积极主动地参与到大赛中来。

总体来说，通过这次专业而全面的教师培训，我们期待能够大大提升教师的业务水平和教学能力，使他们能够更好地指导学生参与"红色故事大赛"，确保学生能够在参赛过程中体验到深刻而有意义的教育，从而达到提升爱国情感和社会责任感的教育目的。

（二）资源收集

为了更好地准备"红色故事大赛"并且提高其教育效果，资源的丰富性和多样性是关键因素之一。因此，在活动的准备阶段，我们将动员全体教师和学生共同参与到红色故事的资源收集工作中来。为了使资源收集工作更加系统化和高效，我们计划建立一个线上的资源共享平台，这个平台将支持多种格式文件的上传和下载，包括文档、图片、音频和视频等。

教师在这个平台上可以上传他们在教学实践中积累的红色故事教学资源，分享自己的教学经验和心得。学生也可以在这个平台上查找和下载他们感兴趣的红色故事资料，为自己的作品创作和演讲准备提供素材支持。我们将鼓励学生不仅仅局限于线上平台，也可以走进图书馆、博物馆，甚至是红色故事发生地，通过多种渠道收集红色故事相关的资料。

为了保证资源的质量，我们将邀请红色教育领域的专家学者对上传的资源进行审核和筛选，确保这些资源的真实性、准确性和教育价值。同时，我们也将定期组织线上或线下的资源分享交流活动，让教师和学生互相学习，互相启发，共同进步。

通过资源收集这一环节，我们希望能够聚集起一大批丰富的、高质量的红色教育资源,为"红色故事大赛"的顺利进行和学生的深入学习打下坚实的基础。同时,我们也希望通过这一过程,能够激发学生的学习兴趣,培养他们的信息收集和处理能力,为他们未来的成长和发展奠定良好的基础。

(三) 活动宣传

为了确保"红色故事大赛"能够引起学生的广泛关注,并鼓励他们积极参与进来,我们将采取多渠道、多形式的宣传策略,确保活动信息的快速传播和覆盖。

我们将利用校园内的传统媒体资源,如校园广播、宣传栏等,将大赛的相关信息、参赛指南和往届优秀作品案例进行展示和播报,增加活动的可见度和影响力。我们会在课间和下课后的时间段,利用广播系统播放红色故事的经典片段和往届大赛的优秀演讲,让学生在日常生活中能够不断接触到红色文化,潜移默化地受到教育和引导。

针对当下学生普遍使用的新媒体平台,我们也将充分发挥微信公众号、学校官方网站等网络渠道的作用,通过图文并茂、富有吸引力的宣传文章,详细介绍大赛的背景、目的、参赛流程和评奖标准等内容,帮助学生更加全面、准确地了解活动信息。我们还会在网络平台上开设互动环节,鼓励学生在线上留言提问,表达自己对红色故事的看法和对大赛的期待,增强他们的参与感和归属感。

为了营造良好的大赛氛围,我们还将组织一系列线下宣传活动,如红色故事讲述会、红色电影展播等,让学生能够更加直观地感受红色文化的魅力,从而激发他们参赛的热情。我们也会借助家校联动的力量,通过家长会、学校公告等方式,将活动信息传达给家长,以获得家长的支持和配合,共同促进学生的积极参与。

通过这样全方位、多角度的宣传推广活动,我们期待能够激发学生对"红色故事大赛"的兴趣和热情,引导他们主动参与到红色故事的学习和分享中来,共同缔造一个充满活力、富有教育意义的大赛氛围。

三 实施步骤

(一) 主题学习

为了让"我是红色故事传颂者"这一主题深入人心,学校决定举办为期一周的红色故事学习活动,以此引导全体师生更加深刻地理解和感受红色故事背后所蕴含的深厚历史背景和丰富精神内涵。

活动伊始,学校将组织师生共同观看红色经典影片,如《闪闪的红星》《英雄儿女》等,通过影像资料将那个烽火连天的年代再次呈现在师生面前,引发大家对红色故事的初步了解和对英雄人物的敬仰之情。

此外,学校也将邀请曾经参与过革命斗争或有着丰富红色故事经验的红色传人来校作讲座。他们将以亲身经历为依托,生动讲述那段峥嵘岁月,更鲜活、直观地传承红色文化。这不仅能够帮助学生更加直接地感受到红色精神的力量,也将使他们更加珍视现在的幸福生活,激发他们的爱国情感。

为了增强学习的互动性和参与感,学校还将举办红色书籍阅读分享会,鼓励师生阅读与红色故事相关的书籍,并在会上分享自己的读书心得。这样不仅能够丰富大家对红色故事的认识,还能够促进师生之间的交流,共同探讨红色故事背后的深刻内涵。

在这一周的学习活动中,学校将提供丰富的学习资源,包括书籍、影片、讲座等,确保每位师生都能够全面、深入地了解红色故事,并从中汲取精神力量。通过这样系统、深刻的主题学习,我们相信学生们一定能够将红色故事内化于心,外化于行,真正成为红色故事的传颂者。

(二) 作品创作

继主题学习活动之后,学生将进入作品创作的环节,这是对他们学习成果的一次实际检验,也是他们展示自己理解和感悟红色故事的大好机会。

为了确保每位学生都能充分发挥自己的创造力,学校鼓励学生根据自己对红色故事的独特理解,自由选择创作题材。作品形式将不设限制,涵盖了演讲稿、小品、音乐作品、绘画作品等多种类型,以满足不同学生的兴趣和特长。

在创作过程中,学校特别注重对学生的个性化指导。历史老师将利用课余时间,对学生进行一对一辅导,帮助他们深入挖掘革命人物丰富的内心世界和革命事件的复杂背景,从而确立清晰、独特的创作方向。老师们将结合学生的兴趣爱好和特长,提供专业的指导和建议,确保每位学生都能找到最适合自己的创作路径。

随着创作方向的明确,语文老师将介入创作过程,他们将运用自己丰富的文学知识和教学经验,指导学生如何将抽象的想法和复杂的情感转化为生动、流畅的文字。老师们将重点教授学生如何运用修辞手法、如何构建文章结构、如何营造情感氛围等写作技巧,旨在提高学生作品的文学表现力和感染力,确保每一份作品都能真实、深刻地反映学生对红色故事的理解和感悟。

通过这一系列的创作活动,学生不仅能够将所学的红色故事融会贯通,转化为自己的精神财富,还能够在实践中培养自己的创新能力、表达能力和审美能力,为自己未来的成长打下坚实的基础。

(三) 初赛选拔

在学生们激情创作的作品全部完成后,为了公正公开地筛选出优秀作品,学校将组织一场规模宏大的初赛。这次比赛不仅是对学生创作能力的一次检验,更是对他们理解红色故事和运用所学知识的一次实战演练。

评审团将由学校内外的专业老师、艺术家以及有关红色故事研究的专家共同组成。他们将凭借丰富的经验和专业的眼光,从众多作品中甄选出最具特色、最能打动人心的优秀作品。在评审过程中,评审团将综合考虑作品的创意、艺术表现力、主题表达的清晰度以及作者对红色故事的理解深度等多个方面,确保评选出的作品不仅在艺术表达上达到一定水平,更在精神内涵上具有深刻的教育意义。

为了保证评选的公正性,学校将对评审过程进行全程监督,并在比赛结束后公布评审结果和评审标准,接受师生和家长的监督。对于获奖作品,学校将给予一定的奖励和表彰,以激励学生的创作热情,鼓励他们在未来的学习和生活中更加积极地探索和表达自己的思想感情。

通过这次初赛选拔,学校希望能够挖掘出一批批有才华、有激情、有责任感的学生,让他们在红色故事的学习和传播中发光发热,为传承红色基因、弘扬红色精神贡献自己的力量。同时,通过这样的活动,也希望能够激发更多学生对红色故事的兴趣,引导他们走近历史,感受历史,从而在未来成为担当民族复兴大任的栋梁之材。

(四) 校级比赛

校级比赛环节是"红色故事大赛"中极为重要的一部分,它不仅是对初赛选拔出的优秀作品的进一步检验,更是一次展示学校红色教育成果的重要平台。

在这个阶段,所有入围校级比赛的作品将再次经受专业和公众的双重评审。为了确保评选的权威性和公正性,我们特别邀请了一批在红色教育领域有着丰富经验和高度认可度的校外专家担任评委,他们将从专业的角度出发,对每一件作品的艺术表现力、主题内涵、创意独特性等方面进行综合评判。

此外,为了让评选过程更加公开透明,更能体现出大赛的公平性,我们还引入了现场观众投票的环节。所有到场观看比赛的师生和家长都将有机会参与到现场投票中,用自己的选票为自己心目中的优秀作品投上一票。这不仅能让评选结果更加真实可靠,也让每一位到场观众都能成为比赛的参与者和见证者,增加了比赛的观赏性和参与感。

在确保比赛过程公正、公平的同时,我们也将注重对获奖作品的宣传和展示。比赛结束后,学校将在校园内外举办优秀作品展览,通过线上线下的多种渠道,让更多的人能够欣赏到这些富有创意、充满感染力的红色故事作品,感受到红色文化的独特魅力。

通过校级比赛这一环节,我们期望能够进一步激发学生对红色故事的兴趣和热情,引导他们在未来的学习生活中继续传承红色精神,发扬红色文化,为社会主义现代化建设作出新的更大的贡献。同时,也希望通过这样的活动,让红色教育深入人心,成为引导学生正确价值观形成的重要力量。

(五)经验分享

经过激烈而富有成效的校级比赛环节,一批优秀的作品和创作者脱颖而出,成为了红色故事大赛的佼佼者。为了将这次活动的积极影响扩散得更广,也为了让更多的学生能够从中受益,我们将在赛事结束后,精心策划并组织一系列的经验分享活动。

这些活动将采取多种形式进行,包括但不限于座谈会、报告会、互动讲座等,确保信息的传递和交流效果最佳。优胜者将站上讲台,与全校师生分享他们在创作过程中的所思所感,揭示他们如何从红色故事中汲取灵感,如何将自己对红色精神的理解和感悟融入作品之中,最终创作出感人至深、富有深刻内涵的优秀作品。

通过这样的经验分享,我们希望能够帮助更多的学生认识并理解红色故事背后所蕴含的深刻价值和独特魅力,激励他们主动探索和学习红色文化,将红色精神内化于心,外化于行。同时,这样的活动也将为学生提供一个亲身感受和学习优秀创作经验的平台,帮助他们在未来的学习和生活中,更好地发挥创新思维,提高综合素质。

我们期待,通过这次经验分享活动,能够让红色故事的火种在校园内传播得更广,点燃更多学生的红色情怀,引导他们在今后的成长道路上,始终坚持理想信念,树立正确的价值观和人生观,培养出高尚的道德情操和社会责任感,使他们成为德才兼备、情理兼修的社会主义建设者和优秀的接班人,为社会的发展和进步贡献自己的力量。

四 学生参与情况

从项目一开始,学生们就表现出了极高的热情和积极性,他们意识到这不仅仅是一次比赛,更是一次深入了解国家历史、感受红色精神的绝佳机会。在准备作品的过程中,学生们通过查阅大量的历史资料、图书和红色经典影视作品,认真钻研红色故事的背景和深刻内涵。他们通过团队讨论的方式,分享各自的想法和见解,共同探讨如何更好地将红色故事融入到自己的作品中。

在创作练习环节,学生们付出了巨大的努力。他们在课余时间反复练习自己的演讲稿,不断修改和完善自己的绘画和音乐作品,力求在正式比赛中能够有最好的表现。通过在家里和课间时间完成故事内容的讲述练习,学生们不仅熟悉了故事大赛的基本流程,还在实践中提升了自己的表达能力和舞台表现力。

此外,学生们在活动中还展现了强烈的探究精神和创新意识。他们不满足于传统的表达方式,而是积极尝试将现代元素和技术手段融入到作品中,使自己的作品更加生动和富有时代感。这不仅丰富了他们的知识结构,也为他们将来的学习和生活打下了坚实的基础。

在整个活动中,学生们不仅学到了丰富的红色故事,更在实践中培养了自己的创新能力、沟通能力和团队协作能力。他们在红色故事的引导下,逐渐形成了积极向上、敢于探索的良好品质,为成长为新时代的合格建设者和接班人奠定了坚实的基础。

"历史性事件融合化"作为一种教育理念,注重将历史的故事与现代教育相结合,通过讲述红色故事,深化学生对历史的认识,激发他们的爱国情感,并培养他们的社会责任感。

(撰稿人:深圳市坪山中学 周晓尔、徐明宇)

模态 04
伦理性学习实践化

伦理性学习实践化,强调将伦理道德知识转化为实际行动,通过实践深化理解。传统学习多注重理论传授,却忽略了实践操作和道德行为的养成。对伦理道德知识的学习应知行合一,在真实场景中参与道德决策和解决问题,培养道德责任感和伦理实践能力。这要求教育者创新教学方式,注重实践教学,将伦理道德的学习和实践贯穿育人的全过程。伦理性学习实践化有利于激发学习者道德情感和实践动力,培养正确的道德观念和高尚品质,增强社会责任感和公民意识,为社会进步贡献力量。

在全球社会经济变革和中国进入新时代的背景下，公民伦理道德建设的需求日益增长。红色资源作为见证中国共产党百年历程的精神财富，成为了伦理道德学习教育实践的重要资源。学术界自21世纪初便开始关注红色资源的研究，近年来在"大思政"理念引导下，如何利用红色资源开展思政教育成为研究焦点。道德与法治作为义务教育阶段的思政科目，对初中生形成正确的世界观、人生观和价值观起着重要作用。红色资源作为一种生动的教学资源，有助于提高教学质量，促进思政教育的改革创新。本文旨在探索伦理道德教育的实践路径，以红色资源融入初中道德与法治课程为切入点，更新教学理念，引导青少年自觉主动践行社会主义核心价值观。

一 驱动力：学科实践中存在的问题

（一）学科融合不够深入

传统的道德与法治课程往往存在割裂性，与其他具有思政功能的学科缺乏有效的整合。同时，该课程与社会实际联系不够紧密，课程资源不够丰富，课堂教学形式也显得单一乏味。这种状况不仅使得道德与法治课程的教学效果大打折扣，也限制了对学生全面素质的培养。在"大思政"的育人理念指导下，探索新的教学策略和方法，加强道德与法治课程与其他学科的融合，增强其与社会实际的联系，丰富课程资源，创新课堂教学形式，成为提升道德与法治课程的教学质量，更好培养学生综合素质的重要举措。

（二）教师素养有待提高

通过研究红色资源融入思政教学的具体实践，可以看到以往部分思政课教师对红色资源的内容和精神实质把握不够准确，这导致他们在教学中难以有效地传递红色资源的内涵和价值。同时，一些教师的思政专业性有所欠缺，对最新理论与实践的学习不够敏锐和灵活，这使得他们在思政教学中感到力不从心。为了解决这些问题，我们需要加强对思政教师的专业培训和教育，提高他们对红色资源及其实践应用的理解和掌握能力，同时鼓励他们转变传统的教学观念，以更加敏锐和灵活的方式开展思政教学。

（三）教学方式亟须创新

红色资源在教学活动中的运用往往流于形式，未能与思政课程深度融合。传统理论灌输模式仍然被沿用，实践教学环节相对薄弱。这种沉闷的课堂氛围和生硬的教学方式导致学生对道德与法治课程产生抵触和忽视情绪,学习兴趣减弱,学习主动性不足。为了解决这些问题,我们需要转变教学方式,注重实践教学,创新课堂形式,激发学生的学习热情和主动性。通过引导学生积极参与红色资源的实践探索,让他们在实践中感受红色精神的魅力,加深对道德与法治课程的理解和认同。

(四) 学生素养有待提升

在学习中国近代史和新中国史的过程中,学生往往缺乏对历史事件整体脉络的理解。他们可能只是零散地记住了一些事件和人物,而没有形成一个完整的历史框架。这导致他们难以理解历史事件之间的因果关系和发展趋势,缺乏对历史发展的整体把握。同时,新时代网络信息的泛滥也对学生的历史认知产生了影响。大量的信息涌入学生的视野,其中包括一些不准确或偏颇的历史观点和解读。这使得学生在接触历史时容易受到误导,对于现实生活中当地红色资源的接触和了解也相应减少,一些红色资源的影响力逐渐减弱,影响了他们对于红色历史的正确认知。思政课教师应该加强对红色资源的利用,提供更多的机会让学生接触和了解红色历史。

(五) 资源利用有待加强

红色资源是中华民族宝贵的精神财富,应该得到充分利用和传承,尤其是在思政课堂当中应得到充分的探索实践。然而,当前一些地方在红色资源开发、建设方面存在滞后现象,导致学生与红色资源之间存在距离感。这不仅影响了红色资源的利用效果,也阻碍了红色文化的传承和发展。加强红色资源的开发、建设工作,加强学生与红色资源之间的联系和互动,加强对学生与红色资源之间的情感纽带,是解决学生与红色资源之间存在距离感问题的关键所在。只有让学生感受到红色资源的价值和意义,才能更好地激发他们的爱国热情和民族自豪感。

二 伦理性学习实践化的内涵

(一) 伦理性学习

伦理性学习是指在教育过程中注重培养学生的道德品质、价值观念和社会责任感的学习方式。它强调在知识传授的同时,注重培养学生的道德修养和社会责任感,使其成为具有良好道德品质和社会意识的公民。伦理性学习的内涵主要包括以下几个方面。

1. 道德教育。伦理性学习注重培养学生的道德品质和道德意识。通过教育引导学生树立正确的道德观念，培养学生的道德情感和道德判断能力，使其具备正确的道德选择和行为。

2. 价值观培养。伦理性学习强调培养学生正确的价值观念和人生观。通过教育引导学生树立正确的人生目标和价值取向，使其具备正确的人生态度和价值判断能力。

3. 社会责任感。伦理性学习注重培养学生的社会责任感和公民意识。通过教育引导学生关注社会问题，培养学生的社会责任感和参与意识，使其成为具有社会责任感的公民。

4. 自我反思和批判思维。伦理性学习强调培养学生的自我反思能力和批判思维能力。通过教育引导学生审视自己的行为和价值观念，培养学生的批判性思维和自我调节能力，使其具备独立思考和自主选择的能力。

（二）红色资源

红色资源是指中国共产党领导全国各族人民在新民主主义革命时期、社会主义革命和建设时期、改革开放和社会主义现代化建设新时期、中国特色社会主义新时代，创造和形成的，可以为我们今天开发利用，并具有当代价值的革命精神及其物质载体的总和。常见的可用于道德与法治课程教学的红色资源包括红色影片、红色家书、红色景点、红色歌曲、革命故事等。

（三）实践化

教师通过对红色资源进行梳理、整合、分析，筛选出与教材契合度较高、适合初中学生身心特点、思维能力和水平的内容，进行加工整理用于课堂教学。以红色资源为切入口深耕道法课程，以视频、歌曲、情景演绎、VR技术等多样方式展示红色资源，以议题式、体验式、项目式等多种教学方式创新课堂教学，必要时以参观、采访、沉浸式感受等途径带领学生进行社会实践，将思政小课堂和社会大课堂相结合。

三 伦理性学习实践化的主要做法

（一）打造以学生为主体的探究式课堂

传统的道德与法治课堂以灌输式的理论教育为主，忽视了初中学生的体悟、探究、感性到理性的情感与知识的生成过程。无趣课堂、生硬教学直接导致学生对道德与法治课程的抵触与忽视,学习兴趣弱,学习的主动性欠缺。因此,落实思政课立德树人的根本任务需要打造学生体悟式、自主探究式的课堂,必要时可以在课堂上给学生提供展示自我的舞台,在自主体悟与探究的过程中让学生潜移默化地受到红色资源的熏陶,让学生熟知党史、铭记历史、缅怀先烈、了解本土红色资源、传承红色精神,丰富精神世界,使处于人生特殊阶段——初中的学生能够拥有正确的历史观,塑造积极向上、充满正能量的世界观、人生观、价值观。

(二) 推动传统道德与法治课堂的创新性变革

道德与法治是一门生活性的课程,它来源于生活,教师在教授时也要注意回归生活。各类社会资源形式、内容丰富,都是道德与法治课程的鲜活素材。传统的道德与法治课程的开展总是"单枪匹马",与社会联结不深,课程资源不够丰富,课堂形式单一乏味。因此,道德与法治课程的创新要通过利用各类社会资源丰富课堂的内容、创新课堂的形式。例如在进行红色资源和道德与法治课程的融合实践中,可以尝试通过开展行走的思政课等模式,带领学生走出教室,走入博物馆、纪念馆等红色景点开展教学,让学生真听、真看、真感受,增强教学的吸引力和说服力。

(三) 注重学科间的交流与融合

在推动课程思政与思政课程同向同行的探究中,思政课程应主动与其他学科进行交流。例如在使用红色歌曲进行课堂教学时,音乐教师的加入无疑会使课堂变得更生动活泼。红色资源作为中国共产党革命、建设、改革的重要见证,本身就是党史教育的重要素材,与历史学科关联度较高。加强学科间的交流与合作,可以推动思政课教学的创新变革。

(四) 提升教师的红色素养

在"大思政"理念的指导下,教师需要调动多方力量巧妙将红色资源融入初中道德与法治课程,这对教师的教学水平、综合能力都提出了更高的要求。因此,思政课教师要注重通过参加培训、积极研讨、开展学术研究等方式加强自身的素养和灵活运用红色资源的能力。

红色资源见证着中国共产党的百年奋斗征程,是最宝贵的精神财富,具有丰富的历史内涵和道德价值,对于伦理性学习的实践化具有重要意义。通过充分利用红色资源,学校可以引导学生深入学习党史、革命史、军史,培养学生正确的价值观念和社会责任感,促进学生全面发展,为社会主义核心价值观的传承和弘扬作出贡献。以红色资源为切入口促进伦理性学习实践化,让伦理道德的学习既有意思,更有意义,是值得一线教师们深入研究的课程改革方向。

(撰稿人:深圳市坪山中学　王若洁、张娜)

实践智慧 01 ┃ 传承革命文化　厚植爱国情怀

"传承革命文化　厚植爱国情怀——在行走的思政课中体悟东纵精神"是一个品德性教育实践化的典型教学案例。在这个教学案例中,通过行走的思政课模式,以东江纵队为切入口,引导学生以自主探究、小组合作、实践感悟的方式,了解革命历史,体悟革命精神,从而厚植爱国情怀,培养坚定的理想信念。

一　案例背景

(一)课程背景

思政课是落实立德树人根本任务的关键课程,党的十八大以来,思想政治教育的地位发生深刻变化,一些有关思想政治教育的新理念、新模式、新方法也相继被提出,思政课的改革创新势在必行。改革的思路一方面是要让思政课摆脱枯燥的说教,成为一门生动有趣能够吸引学生的课程;一方面要运用鲜活的教育素材充实思政课内容,让思政课成为一门有意义的、能落实立德树人根本任务的课程。

红色资源作为我们党革命史、奋斗史、英雄史的见证,可形可感可触,具有独特的思想育人优势,这正好与新课标的要求相契合,与思政课立德树人的根本任务相一致。初中生正处于身心迅速发展的重要阶段,处于世界观、人生观和价值观形成的关键时期,初中阶段的思政课——道德与法治课程在初中生的三观教育中发挥着主渠道作用。红色资源作为一部活教材,可以帮助塑造学生的思想品德和价值观念,可以为道法课堂育人功能的发挥提供不竭动力。

基于以上背景,本课例将红色资源与初中道德与法治课程进行融合,由教师带领学生走出课室,在社会大课堂中开展课程,推动思政课程改革,促进思政课程转变教学理念,充实教育资源,丰富教育内容,创新育人模式,着力培养担当民族复兴大任的时代新人。

（二）学生情况

一方面，初中生正处于身体和思维飞速成长变化的人生阶段，思维活跃，好奇心增强，在网络信息发达的时代容易受到外界环境的影响，需要教师采取恰当的、能吸引学生的方式引导学生树立正确的价值观。另一方面，新时代的青少年生长于和平发展年代，对革命历史的了解和感知不够深刻，还存在着对中国近代史、新中国史没有形成清晰脉络及缺乏应有掌握的情况。

（三）教师情况

思政课改革对教师的专业水平、教学水平和综合素养都提出了更高的要求。在一线教学中，还存在着教师对课程内容及精神实质把握不到位，教学方式单一且传统，对教学资源的运用流于形式，仍借助传统理论灌输模式，忽视学生核心素养的培养等问题，这些都值得老师们反思和改进。

二 案例描述

（一）教学目标

1. 政治认同、道德修养、法治观念方面。通过小小红色讲解员讲述东纵历史的方式，熟知东纵英烈故事，感悟东纵革命精神，增强爱国意识。懂得国家利益是人民利益的集中表现，国家利益与个人利益在根本上是一致的，发自内心崇敬先烈，增强维护国家利益的责任感和使命感。知道要做到坚持国家利益至上，在日常生活中，自觉遵守道德和法律，自觉维护革命先烈名誉。

2. 责任意识、健全人格方面。在参观深圳市东江纵队纪念馆、齐唱东纵歌曲、祭奠东纵英烈等课程环节中，学习东纵历史，自觉传承革命文化，争做有为青年。正确看待不同的国家利益观念和行为，形成在复杂社会中作出正确价值判断和选择的能力。

（二）教学重点与难点

1. 重点：掌握革命文化、革命精神的内涵，了解国家利益与人民利益的关系，捍卫国家利益。

2. 难点：传承革命文化，理解国家利益的内涵和外延以及国家利益与人民利益的关系，捍卫国家利益。

三 案例实施

(一) 课前准备

1. 教师准备:一是认真研读教材内容和课标要求,确定教学主题:传承革命文化,厚植爱国情怀——在行走的思政课中体悟东纵精神;二是前往深圳市东江纵队纪念馆学习东纵历史,了解东纵精神,收集教学素材;三是组织学生参与素材收集,安排小组探究活动;四是认真设计教学思路,形成教学设计,与同校教师打磨课程。

2. 学生准备:分小组查阅东江纵队历史资料,组内角色分工,准备讲解稿等学习材料。

(二) 教学过程

1. 课程导入:播放视频,内容为学生讲解员——东江纵队领导人曾生生平故事、东江纵队历史故事。

2. 环节一:观东纵学历史——初识国家利益。

活动一:"我是红色讲解员"。展馆内共分为两层,一层是东江纵队史展厅,二层是曾生专题展厅,展馆外还有曾生故居,共计 20 个部分。教师提前将全班同学划分为 10 个小组,每个小组认领两部分讲解内容。如第一小组负责讲解"抗日救亡,武装准备"和"组队抗敌,突围东移",依次类推。

活动二:"小组展示汇报"。教师提前准备问题小卡片并分发给学生,学生根据如下提示,结合参观所得,完成展示汇报。

小组展示汇报的内容:(1)革命先辈都表现出了深厚的爱国情怀。(2)革命先烈们始终在捍卫国家利益,比如:东江纵队始终在为国家生存而战,维护国家的安全利益;"挺进港九,营救精英"体现出维护国家的文化利益。(3)国家与人民是一个命运共同体,谁也离不开谁。国家利益与个人利益在根本上是一致的。

3. 环节二:忆先烈情真切——我与国家同在。

活动一:"跨越时空的致敬·祭奠英烈"。主持人向烈士纪念碑行鞠躬礼,宣布祭奠英烈仪式开始;奏唱国歌;默哀;少先队员献唱《我们是共产主义接班人》;向烈士纪念碑敬献鲜花;参加祭奠英烈仪式人员瞻仰烈士纪念碑;主持人宣布祭奠英烈仪式结束。

活动二:"跨越时空的对话·一封家书诵读"。学生结合本次参观学习,现场诵读余铁夫烈士的家书。

教师总结:革命战争时期,无数人民英雄为了国家独立和民族解放,流尽最后一滴血。作为中华儿女,要传承先辈精神,坚持国家利益至上,正确处理好国家利益与个人利益的关系,始终捍卫国家利益。

4. 环节三:念往昔开未来——助力强国梦想。

师生合唱《东纵颂歌》,需提前熟悉歌词。

学生谈感想,写下奋斗宣言:我有强国,强国有我。青少年学生要传承红色血脉,接过历史的接力棒,努力学习,练就过硬本领,担负起历史重任。

5. 课后作业。

要求:基础巩固类作业是必做项目,拓展提升类作业、综合实践类作业结合自身实际情况选做。

第一,基础巩固类作业:(1)"国家兴亡,匹夫有责。我是一个中国青年,应该读中文学校,将来要为中国的振兴作出自己的贡献。"(与父母语)(2)"没有国哪有家,没有党哪有个人,我一心一意跟党走,你也跟党走。"(与父母语)(3)"党养大了你,现在是你报效祖国的时候了。"(劝导子女参军)阅读曾生与母亲、与子女的对话,结合《国家利益至上》的知识,谈谈作为青少年学生应如何处理国家利益与个人利益的关系。

第二,拓展提升类作业:结合本次参观东纵纪念馆的实践经历,制作相关 Vlog 视频并转发至社交网站。视频要求如下:(1)MP4 格式,视频清晰,内容正确,无不良政治倾向;(2)视频内容应包含自己的所思所感所悟;(3)视频时长不超过 5 分钟。

第三,综合实践类作业:"红色寻宝打卡"活动,与小组成员结伴前往坪山至少 3 个红色教育基地学习打卡、拍照留念并上传图片。打卡图片上传标准:(1)打卡由小组成员一起完成,每张打卡图片均需共同出现四人;(2)每个地点需上传两张图片:露出基地名称一张、馆内参观学习一张;(3)请上传压缩包。

四 案例评价

1. 该课程以落实学生核心素养为主要目标。课堂走出传统的教学场所,带领学生前往纪念馆,在实地实景中了解革命历史,感悟东纵精神,促使课内课外相联结,丰富学生实践体验,促进知行合一,落实政治认同、责任意识等学科核心素养。

2. 该课程致力打造学生为主体式的探究课堂。学生成为课堂的设计者、展示者、探究者,以讲解员、诵读者等各种方式沉浸式参与课程,通过真听真学真感受体悟东纵精神的思想价值。

3. 该课程以丰富的活动增强课堂的趣味性。教师设计各种课堂活动,课堂形式活泼,学生参与度高,能够在亲身体验中获取新知,完成价值观塑造。

4. 该课程通过精心设计课后作业巩固课程所学。作业是课程的延续,是巩固课程所学的重要方式。设计作业既要兼顾"双减"的要求,又要体现核心素养的落实。因此,本课程作业设计分为三种类型:基础类、拓展类、综合类,学生根据实际情况和个人兴趣选做,既能巩固了课程知识,也锻炼了学生探究能力,又继续巩固了本节课程的情感教育。

(撰稿人:深圳市坪山中学　王若洁)

实践智慧 02 ┃ 在价值体悟的过程中培养理想信念

中国重大历史事件纪念日应当成为思政课教师加深学生爱国情感和提高学生政治认同的重要契机。在中国人民志愿军抗美援朝胜利 70 周年纪念日当天，通过带学生去影院观看红色电影，提供一种身临其境的学习体验，激发学生对历史的兴趣和理解，培养他们的爱国情感和社会责任感。同时，通过观影后的讨论和深化学习活动，进一步加深学生对历史事件和人物的理解，培养他们的历史意识和价值观。

这一课程实践顺应时政热点，融合红色历史，借抗美援朝纪念日的东风，将恰当的抗美援朝红色资源融入课堂，在教师引导性的语言和不着痕迹的活动过渡中开展教学环节，凸显学生主体地位，每一环节让学生进行自主的合作式、探究式、开放式、综合式学习，而且立足于学科核心素养，激发了学生的学习兴趣，培养了学生的爱国情操，潜移默化地提高了学生的思维认知能力、学习发展能力和综合实践能力。

一 课程背景

2023 年是中国人民志愿军抗美援朝战争胜利 70 周年，10 月 25 日是抗美援朝纪念日。伟大的抗美援朝精神跨越时空、历久弥新，必须永续传承、世代发扬。抗美援朝作为新中国诞生后第一场保卫和平之战，具有独特的教育意义，思政课教师在抗美援朝纪念日期间通过利用恰当的红色资源开展以学生为主体、教师为主导的课程实践，较之传统的课堂教学形式会取得意想不到的教学效果。

在探寻如何将红色资源更好地融合运用于初中道德与法治课程实践以响应"大思政"理念号召的过程中，抗美援朝纪念日应时而来，同一时间和抗美援朝相关的《志愿军：雄兵出击》在影院上映，加上学校和政府对当地红色资源利用的支持和重视，这使得"品德性教育实践化"之红色资源与初中道法课程的融合实践探究可以付诸于具体的教学实施，由此设计并进行了一堂生动而有意义的思政课。

二 课程目标

这次课程实践将教育学生以民族复兴为己任,学习伟大的抗美援朝精神,培育学生的政治认同,有助于他们形成正确的世界观、人生观、价值观,坚定正确的政治方向,初步树立共产主义远大理想和中国特色社会主义共同理想,成为德智体美劳全面发展的社会主义建设者和接班人。

1. 培养学生的爱国主义情感。通过观看红色影视作品和深化学习活动,让学生了解中国共产党的奋斗历程和伟大成就,认识革命先烈的英雄事迹,激发学生的爱国情感和民族自豪感。

2. 增强学生的道德观念。红色影视作品中所蕴含的革命精神、爱国情怀和优良传统等,可以帮助学生树立正确的世界观、人生观和价值观,增强学生的道德观念和伦理意识。

3. 提高学生的文化素养。红色影视作品是中国文化宝库中的重要组成部分,通过观看这些作品,可以让学生了解中国传统文化和艺术,提高学生的文化素养和审美水平。

4. 培养学生的团队协作精神。在道法课堂实践中,可以组织学生进行小组讨论、情景体验、文学创作等活动,让学生学会合作、沟通和分享,培养学生的团队协作精神和社会责任感。

5. 提高学生的思维能力和表达能力。通过观影后的讨论和深化学习活动,可以培养学生的思维能力和表达能力,让学生更好地理解和表达爱国主义、道德观念等主题。

三 课程内容

本课内容以道德与法治教育为框架,利用红色资源融合课程实践的形式,有机融入中华优秀传统文化教育、革命传统教育、国情教育,以红色影视作品的独特表现形式和丰富的内容,强化学生的道德体验和道德实践,引导学生了解国家发展和世界发展大势,增强社会责任感和担当意识。

1. 中华优秀传统文化教育。利用抗美援朝的历史背景和影视作品对学生进行中华优秀传统文化教育,在其中学生可以了解抗美援朝的历史背景和意义,学习和传承抗美援朝精神,学习和弘扬抗美援朝志愿军所体现出的不畏牺牲、艰苦奋斗等优良品质,以直观生动的形式培养学生的红色思想、历史意识和文化素养,同时增强学生的民族自豪感和国家意识,感悟天下兴亡、匹夫有责的担当意识,厚植爱国主义情怀。

2. 革命传统教育。通过提前准备抗美援朝战争的起因、经过和意义的教学材料,让学生了解抗美援朝战争的背景和历史意义;介绍抗美援朝战争中革命精神的体现,弘扬爱国主义精神、革命英雄主义精神等革命精神,让学生了解革命精神的内涵和价值;引导学生树立正确的价值观,增强他们的历史责任感和社会责任感,让他们认识到历史事件和革命精神对于我们今天的生活和未来发展具有重要的意义,坚定为实现远大理想而奋斗的信念。

3. 国情教育。抗美援朝作为中国人民支援朝鲜人民抗击美国侵略的群众性运动,对稳定国际形势、捍卫世界和平作出了巨大的贡献。通过此次课程实践,增强国家意识和国际意识,了解世界正处于百年未有之大变局,了解全人类共同价值的内涵,领悟构建人类命运共同体的意义。

通过与中华优秀传统文化教育、革命传统教育、国情教育三个方面的关联,将道法的学习内容与现实生活、历史事件相联系,既引导学生从抗美援朝的历史事件中汲取其中所蕴含的精神力量,又在其中感悟到美好生活的来之不易,能够把个人发展和国家命运联系起来,关心时事,热爱和平,初步明白并承担起"少年强则国强"的使命与担当。

四 课程实施

1. 选择适合的红色电影。在抗美援朝纪念日当天选择了《志愿军:雄兵出击》这部新上映的电影,以影片带领大家共同回望70年前的峥嵘历史,铭记人民志愿军的不朽精神,向新时代中华儿女传递英雄先辈保家卫国的信念和力量。这是一堂特殊的红色革命教育课程,是一次爱国主义精神洗礼,具有一定的教育意义。

2. 准备教学材料。在观影前准备好相关的教学材料,有电影简介、人物介绍、历史背景等。在学生落座电影开始之前将这些材料分发给学生,让他们在观影前有一定的了解和准备,提前了解电影的背景和历史意义,以便在观影后进行讲解和引导。

3. 观影后的讨论和反思。观影结束后,组织学生进行讨论和反思。教师提出一些问题,比如影片中有哪些令你印象深刻的片段或台词?观影过程中我发现很多同学眼眶湿润,你的观影感受是什么?在你身边或者你的亲人有给你讲过中国人民抗击外来侵略者的磨难与团结吗?电影中志愿军为了世界和平和后辈幸福以血肉之躯阻挡枪林弹雨、战胜船坚炮利,看完后,你认为生于盛世的我们应该怎样做呢?以此引导学生表达对电影中人物行为和价值观的看法,思考捍卫和平的历史事件和抗美援朝精神对青少年的启示和影响。

4. 强化教育影响。学生讨论和反思后,提前邀请的退役军人惊喜亮相,为师生讲述军旅生涯的难忘时刻,并与学生亲密互动,使学生更深刻地体会爱国情怀。最后全体同学起立,退役军人和师生同唱国歌,国歌唱毕,学生代表为退伍老兵系红领巾、赠送鲜花,表达了对他们的崇高敬意。

5. 深化学习活动。配合观看过的红色电影,组织学生进行相关的学习活动,如绘画、写作等。通过这些活动,加深学生对历史事件和人物的理解,培养他们的历史意识和价值观。

6. 总结和评价。在课后进行总结和评价,让学生解读创作的红色画作,朗读创作的红色文章。教师可以提供反馈和指导,帮助学生进一步铭记革命历史,传承红色基因,厚植爱国情怀。

五 课程评价

通过这一系列红色资源融合课程的实践,学生们得以深刻理解和感受抗美援朝历史和人民志愿军的不朽精神。电影《志愿军:雄兵出击》作为一堂特殊的红色革命教育课程,成功地引导学生们理解了爱国主义精神的重要性和保家卫国的信念。

在教学材料的准备过程中,学生们得以提前了解电影的背景和历史意义,这使得他们在观影过程中能够更好地理解和感受影片所传递的信息。观影后的讨论和反思环节,学生们积极地表达了对电影中人物行为和价值观的看法,思考了捍卫和平的历史事件和抗美援朝精神对他们的启示和影响。

退役军人的出现和分享,使全体学生深受感动,对爱国情怀有了更深刻的理解。最后,配合电影内容进行的相关学习活动,不仅加深了学生对历史事件和人物的理解,也培养了他们的历史意识和价值观。

这一红色资源与课程实践的融合取得了良好的教学效果。学生们通过电影《志愿军:雄兵出击》深入了解了抗美援朝的历史,感受到了爱国主义精神的力量,并从中汲取了前行的动力。这一课程实践不仅帮助学生铭记了革命历史,也成功地传承了红色基因,厚植了他们的爱国情怀。

六　课程反思

虽然红色影视资源是一个可以传递很多正能量和价值观的教学工具,但在课程中仍然存在部分学生的情感体验不够强烈、学生的批判性思维能力薄弱、学科融合不够充分、教学材料和教学方法不够多样化和实用化等问题。针对以上问题,我们要进一步改进教学策略。

1. 强化历史意识和价值观的培养。通过红色电影的观看和学习,学生能够更好地了解历史事件和人物,形成正确的历史意识和价值观。在未来的教学中,可以进一步强化这一方面的培养,引导学生深入思考历史事件的意义和价值,从而更好地传承红色基因。

2. 注重学生的情感体验。在观影过程中,可以观察到许多学生的眼眶湿润,这表明他们对电影中的情节和人物产生了深刻的情感体验。在未来的教学中,可以更加注重学生的情感体验,通过情感教育进一步增强学生的爱国情怀和红色基因的传承。

3. 提升学生的批判性思维能力。在观影后的讨论和反思环节,教师可以引导学生对电影中的人物行为和价值观进行深入思考和分析,培养学生的批判性思维能力。同时,可以提出一些具有挑战性的问题,引导学生进行深入思考和探讨,提升他们的思维能力和解决问题的能力。

4. 加强与其他学科的融合。红色资源融合课程可以与其他学科进行融合,如历史、语文、艺术等。在未来的教学中,可以加强与其他学科的融合,通过跨学科的学习活动,让学生更好地理解和掌握知识,同时也能增强学生的学习兴趣和积极性。

5. 改进教学材料和教学方法。在教学材料的准备方面,可以更加注重材料的多样性和实用性,如可以引入一些真实的史料、口述历史等。在教学方法上,可以更加注重学生的参与和互动,如可以组织小组讨论、角色扮演等活动,增强学生的学习体验和参与度。

(撰稿人:深圳市坪山中学　张娜)

模态 05
贯通性学习无界化

贯通性学习无界化,不仅挑战了传统学科的边界,更是教育哲学的前瞻探索。在知识交融的时代,它倡导跨越孤岛,追寻智慧之光。教育者应启迪思维,引导学生洞察知识间的内在联系,培养跨学科解决问题的能力。这种学习方式不仅重塑了我们对世界的认知,更提醒我们:世界是一个复杂而多变的整体,唯有拥抱贯通与融合,方能洞悉其真谛,应对未来挑战。贯通性学习无界化,正是教育面向未来的必由之路。

在21世纪,信息技术和全球化对社会的影响日益增强,为人们带来了无数的机会,但也带来了许多挑战。随着社会的快速发展与变革,知识经济逐渐成为推动社会前进的重要力量。这不仅对技术和经济提出了更高的要求,同时也对人才的培养模式和教育体系提出了新的挑战。传统的学科划分和教育方法已经难以满足当下社会对复合型人才的需求,亟须寻找一种全新的教育视角和方法来应对这一变革。

在这样的背景下,"贯通性学习无界化"应运而生,成为教育改革的一种重要尝试和方向。贯通性学习无界化旨在打破传统学科之间的界限,通过整合不同学科的知识和资源,构建一个开放、动态的学习环境,从而促进学生综合素质的提升。[①] 它强调在真实的学习情境中,通过问题解决和项目学习的方式,培养学生的创新能力、批判性思维和团队协作能力,使学生能够更好地适应社会发展的需要。

贯通性学习无界化不仅仅是一种教学策略或方法,更是一种全新的教育哲学。本文将对"贯通性学习无界化"在学科实践中的应用进行深入探讨,分析其在破解学科实践中存在的问题,以及在促进学生核心素养发展等方面的作用和意义。通过对这一教育理念的深入剖析,旨在为当前中国教育改革提供理论支持和实践指导,以期推动我国教育事业的全面发展和进步。

一 贯通性学习无界化拟解决的问题

贯通性学习无界化理念旨在解决当前教育领域中学科实践所面临的种种问题。随着教育改革的不断深入,我们越来越意识到传统的教育模式在学科实践方面存在一些亟待解决的问题。这些问题的存在,不仅限制了学生的学习效果,也制约了教育改革的深入推进。因此,我们需要反思和改革,寻找更加合适的学科实践模式,以满足当代学生的学习需求和社会的发展要求。

(一) 学科孤岛的现象

在教育的历史长河中,学科分割逐渐形成了固定的模式。传统上,学科之间的边

---

① 安涛,韩雪婧. 跨学科视野中的教育技术学发展[J]. 终身教育研究,2019,30(1):70—75+83.

界清晰明确,每一门学科有其独特的教材、教法和评价体系。然而,这种严格的学科划分方式导致了各个学科内容相互孤立,形成了所谓的"学科孤岛"。例如,数学与物理之间、历史与地理之间都有许多内在的联系,但在传统的教育实践中很难看到它们之间的交融。这种学科孤立的现象与现实生活中的问题不相符。在我们的日常生活和工作中,我们面临的问题往往是多学科、多领域的,它们需要综合多方面的知识和技能来解决。因此,如果学生只在某一学科中学习,而没有跨学科的思考和综合能力,他们就很难应对复杂的社会现实。

(二)学习动机与兴趣的衰退

另一个突出的问题是传统的教育方法过于注重知识的传授,而忽视了学生的内在动机和兴趣。学生往往被迫接受大量的知识,而没有机会去探索、实践和体验。这种被动的学习方式很容易导致学生对学习丧失兴趣。当学生感到所学的知识与他们的现实生活和兴趣爱好脱节时,他们的学习动机会逐渐下降。学生的学习动机和兴趣与他们的学习效果息息相关。有研究表明,有动机和兴趣的学生更容易专注于学习,他们的学习效果也更好。因此,教育者需要重新思考教育的目标和方法,更加注重培养学生的学习兴趣和动机。

(三)缺乏对核心素养的培养

中国教育正在经历一场深刻的改革。其中一个重要的方向是培养学生的核心素养,包括创新思维、批判性思考、团队合作、沟通技巧等。这些素养在21世纪的社会中尤为重要,它们不仅关系到学生的个人发展,也关系到国家的竞争力和社会的和谐。然而,传统的学科实践方式很难培养这些核心素养。在传统的教育模式下,学生往往被动地接受知识,没有机会进行实践、探索和合作。这种教育方式不仅限制了学生的思维方式,也阻碍了他们核心素养的培养。因此,为了培养学生的核心素养,我们需要对学科实践进行深刻的反思和改革。

(四)教师角色和资源配置问题

在传统的教学模式下,教师往往是知识的传递者,而学生是被动的接受者。这种模式使教师难以充分调动学生的主动性和创造性,导致学生在学科实践中的参与度不高,缺乏深入的学习体验。目前,许多学校在学科实践中的资源配置仍然停留在传统的模式,缺乏对新兴学科和跨学科合作的投入,导致学科实践的内容和形式难以跟上时代的步伐。

二 贯通性学习无界化的内涵与价值

贯通性学习无界化是一个旨在超越传统学科界限,将多学科的知识和技能融合到一起的教育理念。其目的是培养学生的整体思维,帮助他们建立跨学科的知识网络,并在真实的情境中应用所学知识。这一教育理念主张打破学科的孤立,促进知识的整合,培养学生的核心素养,使其更好地适应现代社会的需求。

(一) 有利于知识的整合

在贯通性学习中,知识的整合并不是简单地将多学科的知识放在一起。它要求教育者深入探索不同学科之间的内在联系,挖掘它们之间的共同点和差异。例如,数学中的统计方法可以应用于社会科学的研究,而生物学的知识可以与化学知识结合,解释生命过程中的化学反应,甚至还可以与物理、地理、信息技术等学科相结合。通过这样的整合,学生可以形成一个完整的、跨学科的知识网络,提高他们的思维深度和广度。

(二) 有利于真实情境学习

真实情境学习的重要性在于它能够将抽象的知识与实际生活结合起来。这种学习方式能够提高学生的学习兴趣和动机,使他们更容易理解和记忆知识。除了上文提到的生物学学习实例,例如,在学习历史时,可以组织学生参观历史遗迹,帮助他们更直观地了解历史事件;在学习物理时,可以设计实验,让学生亲手操作,体验物理原理。

(三) 有利于核心素养培育

在现代社会,仅仅掌握知识和技能是远远不够的。学生还需要具备一定的价值观、态度和习惯,以便他们能够在复杂多变的社会中立足。贯通性学习无界化强调对这些核心素养的培养。例如,学生在学习过程中不仅要学会合作,还要学会批判性思维,培养创新精神和自主学习的习惯。这样,他们在未来的生活和工作中,不仅可以应对各种挑战,还可以为社会创造新的价值。

三 贯通性学习无界化的实施策略

贯通性学习无界化是一种新的教育理念,旨在培养学生的综合素养和创新能力,以适应未来社会的发展需求。为了实现这一目标,教育者需要采取一系列实施策略,包括以下几个方面。

(一)确定与核心素养融通的目标

贯通性学习并不仅仅是学科内容的整合,更重要的是与学生的核心素养相结合。在设计课程和教学活动时,教育者应该时刻关注学生价值观、态度和习惯的培养,确保他们在各个学科的学习中都能得到全面的发展。

(二)设计跨学科课程与项目

在实现学科之间的无缝链接中,跨学科的课程和项目设计显得至关重要。这不仅要求教育者具备坚实的学科基础知识,还要有足够的宽度和深度,能够看到不同学科之间的内在联系。以环境保护项目为例,它可能需要生物学的知识来分析生态系统的变化,用化学的方法来探讨污染物的性质和影响,用地理学的视角来了解地域性的环境问题,用社会学的方法来探索人与自然的关系等。这种综合性的学习方式能够帮助学生看到一个问题的多面性,培养他们的综合分析能力。

(三)引入真实性评价机制

传统的评价方式往往过于注重学生在某一学科的知识掌握程度,而忽视了他们的综合能力。为了更好地适应贯通性学习的需求,评价体系也需要进行相应的调整。例如,可以通过设计跨学科的项目任务,考查学生在实际操作中的应用能力;也可以通过观察和访谈,了解学生的创新思维和问题解决能力。这样的评价方式不仅能够更真实地反映学生的学习成果,也能为教师提供有针对性的教学反馈。

(四)有针对性的教师培训

实现贯通性学习的最大障碍之一是教师的专业发展。传统的教师培训往往侧重于某一特定学科,而在贯通性学习中,教师需要具备更加广泛的知识和技能。这就要求教育部门和学校重视教师的跨学科培训,鼓励他们参与不同学科的研讨会和工作坊,不断扩大自己的知识视野,提高自己的综合教学能力。

总之，贯通性学习无界化作为一种教育革命，为中国教育带来了前所未有的机遇。它迫使教育者重新思考学科的界限和教学的方式，鼓励他们打破传统的教育模式，寻找更有利于学生全面发展的方法。这不仅仅是对教育方法的更新，更是一次对教育哲学的反思和重塑。

实践智慧 01 ｜ 整合多学科知识解决实际问题

建设鱼菜共生式生态园项目是一个典型的贯通性学习无界化的实践案例。在这个项目中，学生可以通过实践操作，了解鱼菜共生的原理和实际操作过程，同时也可以学习到生物学、生态学、农业科学等多学科的知识。

在建设鱼菜共生式生态园项目中，学生首先需要了解鱼菜共生的基本原理和操作过程，包括鱼类的养殖、蔬菜的种植、水质的维护等方面的知识。同时，学生还需要了解生态系统的运作和自然资源的利用，例如阳光、水、土壤等资源的利用和循环。在实践操作中，学生需要掌握一些关键技能，例如如何控制水质，如何种植蔬菜，如何养殖鱼类等。同时，学生还需要学会如何管理和维护生态园的运行，例如如何控制成本，如何提高效率等。

通过鱼菜共生式生态园项目的建设，学生不仅可以学习到多学科的知识，还可以培养自己的创新思维、批判性思考、团队协作等核心素养。同时，学生还可以通过实践操作提高自己的动手能力和解决问题的能力。

一 课程背景

随着科技的飞速发展和人类对环保意识的逐渐提高，人们越来越关注生态平衡和可持续发展。在这个背景下，鱼菜共生系统作为一种新型的生态农业模式，逐渐受到关注。鱼菜共生将水产养殖与蔬菜种植相结合，实现资源的高效利用和生态循环。它不仅具有较高的经济效益，而且具有很好的环保效益和社会效益。通过鱼菜共生系统，可以减少化学农药和化肥的使用，降低环境污染，提高农业生产的可持续性。

在我国，鱼菜共生农业的发展逐渐得到了政府和社会各界的支持。近年来，许多地区开始尝试推广鱼菜共生技术，一批具有创新意识和实践能力的农民和专业人士逐渐成为这一领域的中坚力量。然而,在鱼菜共生系统的推广过程中,仍然面临着许多挑战,如技术瓶颈、市场风险、政策制约等。因此,有必要通过各种途径加强鱼菜共生技术的研究与推广,提高农民的收入水平,促进农业可持续发展。

二 课程目标

本项目致力搭建一个运行良好的鱼菜共生系统,实现水产养殖与蔬菜种植的有机结合。同时提高学生对环保、生态平衡和可持续发展理念的认识,培养学生的创新思维、批判性思考和团队合作等核心素养。具体课程目标如下。

1. 本实践项目旨在通过建设鱼菜共生式生态园,使学生在实践中了解并掌握鱼菜共生的原理和无土栽培技术,培养他们的环保意识和可持续发展观念。

2. 通过本项目的实施,学生可以亲身体验到科技与农业相结合的魅力,激发他们对科技创新和农业发展的兴趣。

3. 为学生提供了一个实践和创新的平台,培养他们在实际操作中解决问题的能力和团队合作精神。项目强调跨学科的知识整合,提高学生的综合素质和能力。

三 课程内容

本课程内容涵盖了鱼菜共生原理、无土栽培技术以及生态平衡与可持续发展的相关知识。这些知识将帮助学生了解和掌握现代农业技术的核心原理和实际应用,同时培养他们的环保意识和责任感,为推动绿色农业的发展作出贡献。

(一) 鱼菜共生原理

鱼菜共生系统是一种将鱼类养殖与蔬菜种植相结合的生态养殖模式。根据养殖方式和设施类型,鱼菜共生系统可分为以下几类。(1)水耕栽培:利用水培技术,在水中种植蔬菜。(2)土壤栽培:采用传统土壤种植方式,与鱼类养殖相结合。(3)介质栽培:利用气雾栽培等技术,在特制介质中种植蔬菜。

鱼菜共生系统的优势有以下几点。(1)资源利用高效:实现废弃物资源化利用,提高资源利用率。(2)生长周期短:蔬菜生长速度较快,周期短,更新换代频繁。(3)品质优良:环境可控,有利于培育高品质的蔬菜和鱼类。(4)节约能源:采用可再生能源,如太阳能、生物能等,降低能源消耗。

鱼菜共生系统的应用案例:某地采用鱼菜共生系统开展农业生产,实现了资源的循环利用和生态效益。他们将养鱼的水引入种植区,通过水质净化和过滤,保证蔬菜生长的水质要求。同时,鱼类产生的粪便被转化为有机肥,为蔬菜提供养分。这种模式既提高了资源利用率,又降低了环境污染,为当地农业发展提供了有益借鉴。

(二)无土栽培技术

无土栽培是一种不使用传统土壤,而是利用人工配制的营养液供给植物生长所需养分的栽培方式。根据生长介质和灌溉方式,无土栽培可分为以下几类。(1)水培:利用水作为生长介质,通过滴灌、喷灌等方式供给养分。(2)气雾培:将营养液以雾状喷射到植物根部,实现生长需求。(3)基质培:利用固体基质(如岩棉、蛭石等)作为生长介质,通过灌溉方式供给养分。

无土栽培技术具有以下优势。(1)节约资源:减少土地资源消耗,适合城市农业发展。(2)生长周期短:植物生长速度较快,产量高,更新换代频繁。(3)品质优良:环境可控,有利于培育高品质的农产品。(4)减少病虫害:生长环境相对封闭,病虫害发生率较低。

无土栽培技术的应用案例:某地在温室中采用无土栽培技术种植蔬菜,通过智能控制系统调控温度、湿度、光照等环境条件,实现全年稳定供应高品质蔬菜。这种模式既提高了资源利用率,又降低了环境污染,为当地农业发展提供了有益借鉴。

(三)生态平衡与可持续发展

生态平衡是指生物与环境之间的相互作用达到一种相对稳定的状态。生态平衡对于维持生态系统健康、保障人类生存与发展具有重要意义。

可持续发展是指满足当代人需求的同时,不损害后代满足其需求的能力。可持续发展包括经济、社会、环境等多方面内涵,强调资源的合理利用、生态环境保护以及人类福祉。

可持续发展的实践案例:我国积极倡导绿色发展理念,推进生态文明建设。例如,某地在开展鱼菜共生项目和无土栽培项目时,充分考虑生态平衡和可持续发展,通过废弃物资源化利用、降低能源消耗、保护水资源等措施,实现经济效益和生态效益的双赢。这种模式为我国农业发展提供了有益借鉴。

通过学习鱼菜共生原理、无土栽培技术以及生态平衡与可持续发展的相关知识，学生可以更好地理解鱼菜共生项目的重要性和价值，为实践操作打下坚实的基础。同时，这些知识也有助于培养学生们的环保意识和责任感，引导他们积极参与到绿色农业的发展中来。

四 课程实施

为确保实践项目的顺利进行，本项目将分为以下几个阶段。

1. 场地选择与规划。选择一个适宜的场地，进行鱼菜共生园的规划与设计。考虑场地内的环境因素，如光照、水源、土壤等，确保鱼菜共生系统的顺利运行。

2. 鱼菜共生系统搭建。根据鱼菜共生原理，搭建水产养殖区和蔬菜种植区。设置智能控制系统，对水质、温度等进行实时监控。

3. 蔬菜种植与养殖鱼类。选择适宜的蔬菜品种和养殖鱼类，进行种植和养殖。关注生物的生长状况，定期进行观察和记录。

4. 环境调控与观察记录。根据实际情况，对鱼菜共生系统进行环境调控，如光照、湿度、温度等。同时，进行生长情况的观察与记录，分析生长因素，不断优化系统。

5. 创新改进与优化。在实践过程中，鼓励学生提出创新性建议，对鱼菜共生系统进行不断优化。开展小组讨论和合作学习，培养学生的批判性思考和团队合作能力。

6. 实践成果与评价。对实践项目进行总结和评价，分析项目成果，评估学生在实践中的表现。

五 课程评价

本课程的评价旨在全面衡量学生的学习成果和综合素质，主要包括植物生长情况分析、学生学习成果评价以及实践操作能力评价等多个方面。通过这些评价，我们可以了解学生对鱼菜共生原理、无土栽培技术以及生态平衡与可持续发展等知识的掌握情况，同时评估他们在实践中所表现出的团队协作、问题解决和实际操作能力。

(一) 植物生长情况分析

为了全面评估植物生长情况,我们选取了以下生长指标进行测量。(1)株高:反映植物生长速度和生长势头的指标。(2)叶面积:反映植物光合作用能力的大小。(3)根系发育:反映植物吸收养分和抗逆能力。(4)果实产量:反映植物生长成果的直接体现。

根据测量数据,我们对植物生长情况进行统计与分析。通过对比不同处理组植物的生长指标,分析鱼菜共生系统和无土栽培技术对植物生长的影响。同时,结合生态平衡与可持续发展理念,评估项目实施效果。

(二) 学生学习成果评价

评价学生参与度与学习态度,主要从以下几个方面进行。(1)课堂参与:学生提问、回答问题、参与讨论的积极性。(2)实践操作:学生参与实验的积极性、动手能力以及与团队成员的协作精神。(3)学习笔记:学生对课堂知识点的记录、整理与总结。

理论知识掌握程度评价主要通过以下方式进行。(1)课堂测验:测试学生对鱼菜共生原理、无土栽培技术等相关知识的掌握程度。(2)课后作业:评估学生对课堂知识点的理解与应用能力。

实际操作能力评价主要依据以下标准。(1)操作规范:学生在实践过程中,是否能遵循操作规程,确保实验安全。(2)问题解决:学生在遇到问题时,是否能独立或与他人共同解决问题。(3)成果呈现:评估学生在实践中所获得成果的质量和创新性。

总之,整合多学科知识,以解决实际问题为核心,在实践中具有重要的价值:一是有助于提高学生的综合素质,培养创新能力;二是有助于拓宽学生的知识视野,提高解决问题的能力;三是有助于培养学生们的团队合作精神。

(撰稿人:深圳市坪山中学　杨俊环)

实践智慧 02 ┃ 运用所学知识解决实际问题

一 活动背景

坪山中学一直以来致力于利用当地丰富的教学资源开展实践活动，以提高学生的科学素养和综合能力。学校充分认识到，实践是知识的重要舞台，特别是对于生物学这样一门需要直观理解和体验的学科。近年来，学校依托周边独特的自然环境，精心策划了一系列以生物学为主学科的跨学科实践活动，旨在培养学生的核心素养。

本次活动将遵循素质教育理念和跨学科学习思想，注重学生的实践探究和创新能力的培养。同时，通过小组合作和交流分享，提高学生的团队协作能力和社交能力。

二 活动目标

我们期望通过这些实践活动，以生物学为主导，涵盖多个学科，让学生在探索自然的过程中提升自我，实现自我价值。同时，这些活动也将进一步促进学校与社区的合作与联系，推动坪山中学在地方教育领域的持续发展。具体活动目标如下。

1. 培养学生的科学素养。通过实践活动，学生将掌握生物学的基本概念、原理和实验技能，并能够运用科学方法探究自然环境中的现象和问题。

2. 提升学生的创新能力。在实践活动中，学生将发现问题、提出假设、设计实验并解决问题，不断拓展对自然环境的认识，从而提升创新能力。

3. 提高学生的跨学科素养。通过跨学科的学习和实践，学生将能够综合运用各科知识，提高其跨学科素养和团队协作能力。

4. 培养学生的环保意识和对自然环境的热爱。通过实践活动，学生将培养起环保意识和对自然环境的热爱,树立可持续发展的价值观,并认识到个人在环境保护中的责任和作用。

三 学习内容

1. 植物分类学实践。让学生观察和识别校园内的植物种类,了解植物分类的基本方法和原理,培养学生的观察能力和分类能力。

2. 动物行为学观察。让学生观察和研究校园内动物的习性和行为,了解动物行为学的基本原理和研究方法,培养学生的观察能力和科学素养。

3. 微生物学实验。让学生进行微生物学实验,了解微生物的基本形态、生长繁殖和分类方法,培养学生的实验能力和科学素养。

4. 环境生物学调查。让学生对校园周边环境进行调查和分析,了解环境生物学的基本原理和方法,培养学生的调查能力和科学素养。

5. 生物技术应用探索。让学生了解生物技术的应用和发展,了解生物技术在医药、农业、工业等领域的应用情况,培养学生的科学素养和创新意识。

四 活动安排

整个实施过程包含三个阶段。一是准备阶段,教师将提前发布活动计划和具体要求,学生根据兴趣和时间自愿报名参加。教师将准备好必要的器材和场地,并对学生进行安全教育。二是实施阶段,教师将引导学生进行观察、实验和调查等任务。学生将按照计划和要求完成任务,并记录实验数据和观察结果,教师将在现场进行指导和解答疑问。三是总结阶段,活动结束后,教师将根据学生的表现和任务完成情况进行评价和总结。学生也将对自己的表现和收获进行反思和总结。

本学期的生物学学科跨学科实践活动主要有如下安排。

1. 校园植物调查。参与者将在校园范围内进行植物特征与分布的观察和记录,以此提升对植物多样性的理解和认识。通过这一活动,学生将有机会近距离观察和了解校园内的各种植物,提升他们对植物的认识。

2. 大山陂水库研学活动。带领学生观察和了解地形与水文的特点,深入了解水库周围生态系统的组成特点。学生们将有机会亲近大自然,观察和理解水库的生态环境,进一步提升他们的生态学知识。

3. 湿地公园研学活动。帮助学生了解湿地的生态功能和保护意义,并观察湿地的动植物种类和生态特点,重点是观鸟,了解动物行为习性。通过这次活动,学生们将更加深入地了解湿地的重要性以及其独特的生态特点。

4. 大万世居客家文化探源。活动中,学生将探索大万世居门前"风水池"的生态与水质情况,了解它是如何保持其生态稳定的,重点探究池水中的微生物。同时,通过研究客家文化的历史和传承,增强学生们对家乡文化的认同感和自豪感。

5. 中心公园绘制植物地图活动。学生们将在中心公园学习绘制简单植物地图的基本技能和方法,提高地理学知识在实际中的应用能力。通过实践活动,他们将更好地理解和应用地理知识。

6. 燕子岭公园研习。学生观察和研究燕子岭公园的动植物种类和生态特点,了解自然环境的多样性和复杂性。燕子岭公园的丰富生物多样性将为学生们提供一个极佳的研究对象。

7. 参观碧岭现代农业园。带领学生了解现代农业的发展方向和特点,了解农业科技的应用和实践。通过参观学习,学生们将更加深入地了解现代农业的发展和应用。

8. 儿童公园探索。在儿童公园,学生们将探寻生物群落与儿童游玩设施的分布及其内在的科学合理性。同时,通过寓学于玩乐的方式,体验童真之美,增强身心健康和社交能力。这次活动将是一个综合性的体验,旨在培养学生的综合素质。

9. 坪山河探源。探索坪山河的发源地——马峦山瀑布群的地理环境和生态环境,感受家乡山水之美,燃起热爱家乡、热爱祖国的情感,形成保护生态环境人人有责的生态保护意识和责任感。通过这次活动,学生们将对家乡的山水有更深的了解和情感连接。

10. 制作叶脉书签和叶花标本。学生通过动手实践,学习生物知识和化学知识,同时提高艺术美工技能和艺术欣赏水平。这是一次实践性的学习活动,旨在通过动手制作来提升学生的知识和技能。

11. 赴金龟露营小镇作物栽培园实践学习。走进栽培园,让学生们亲临其境,感受真实的社会自然环境,在体验中深入思考学业、专业以及职业的关系,更好地进行未来学习的生涯规划。

五 项目成效

本活动要求参与学生具有一定的生物学和相关学科基础知识,并具备一定的观察能力和探究能力。同时,学校将提供必要的器材和场地,包括植物图谱、地图、测量仪器等。本活动主要包括观察、探究、实践、交流分享等多个环节。具体要求包括但不限于:学生需按时参加活动并遵守纪律;需认真观察和研究自然环境中的现象和问题;需完成相关任务和作业;需与小组成员合作交流等。

在每次活动结束后,教师们会根据学生的表现和任务完成情况作出详尽的评价,同时也会对活动的组织、实施和效果进行深入反思,为未来的实践活动提供经验和借鉴。

通过这次跨学科实践活动的开展,学生们在生物学和其他学科领域的知识和技能得到了显著提高和拓展。他们不仅深入了解了植物、动物和生态系统的知识,还学会了如何运用所学知识去解决实际问题。同时,通过小组合作和交流分享,学生们增强了团队合作能力和社交技巧,提高了自信心和创造力。

在活动过程中,学生们展现出了极高的热情和积极性,他们认真观察、详细记录并进行实践,提出了许多有价值的想法和建议。例如,在校园植物调查中,学生们不仅记录了植物的形态特征,还通过查阅资料和请教老师,了解了植物的生长习性和分布情况,从而加深了对植物多样性的认识。

此外,在大山陂水库研学活动中,学生们通过实地观察和测量,了解了水库的地形和水文特点,并收集了水样进行分析,提高了实践操作能力和科学探究能力。在湿地公园研学活动中,学生们认识到湿地对环境和生态的重要性,并提出了保护湿地的建议和方法,体现了他们对环境保护的关注和意识。

可以说,"贯通性学习无界化"是一种全新的教育理念和教育模式,它打破了传统学科之间的界限,通过整合不同学科的知识和资源,构建一个开放、动态的学习环境,从而促进学生综合素质的提升。

(撰稿人:深圳市坪山中学　杨俊环、王金丽)

模态 06
社会性问题参与化

　　社会性问题参与化,是直面问题解决的一种重要方式。它不仅关乎个人的成长与发展,更与社会的稳定、公平和发展息息相关。作为社会的一分子,我们都有责任和义务去关注并参与解决社会性问题。在这个过程中,我们不仅需要关注问题的存在,更应积极采取行动,推动问题的解决。只有这样,我们才能共同创造一个更加美好、和谐的社会。社会性问题参与化是一种力量,它让我们明白,每个人都可以成为改变的力量,为社会的进步和发展贡献自己的力量。

一　社会性问题参与化

（一）社会性问题

社会性问题是指涉及整个社会或社群的、具有广泛影响和重要意义的问题。社会性问题的种类繁多，包括贫困、失业、社会排斥、歧视、犯罪、环境污染、健康问题、教育质量、战争和冲突等。这些问题涉及政治、经济、文化、环境等多个领域。

在处理社会性问题时，需要政府、社会团体、专业机构、个人等各方合作，通过制定政策、改革制度、推动社会公平正义、提升人们的素质意识等方式来解决问题，以促进社会的进步和发展。

（二）社会性问题参与化

社会性问题参与化是指将社会性问题纳入到关注的范围之中，并采取积极的行动去解决或改善这些问题。它意味着个人、团体或社会对社会性问题给予足够的重视和关注，从而引发行动和变革。

随着社会的发展和进步，人们越来越关注社会性问题的存在和影响，愿意积极参与解决这些问题。在我国，社会性问题参与化的发展也得到了广泛的关注和支持。政府积极倾听民意，引导公众参与问题的讨论和决策。同时，政府也加大了在教育、医疗、环境保护等领域的投入，以解决社会性问题所面临的挑战。

社会性问题参与化促使社会对问题的认知和重视程度的提升，进而推动解决问题所需的行动。这是一个积极的现象，有助于推动社会的发展和进步。

二　社会性问题参与化在初中地理学科中实践的必要性

（一）丰富课程内容和教学方法

社会性问题涉及地理学科中环境、经济、人口等各个方面，通过引入这些问题，初中地理课程内容可以得到更广泛的拓展。解决社会性问题时，往往需要运用小组讨论、角色扮演、案例研究、实地考察等方法，这使得初中地理教学方法更丰富。

（二）增强地理学科的现实性和实践性

通过引入与社会相关的问题，地理学科能更好地与学生的日常生活和社会发展相联系，使其更具现实意义；地理课程可以提供更多实践机会和应用场景，让学生在实际操作能力中运用地理知识和技能。

（三）培养学生的社会责任感和公民意识

地理学科涉及自然和人文环境，与许多社会性问题存在密切联系。社会性问题参与化可以帮助教师引导学生关注社会问题，使他们意识到自己是社会的一员，要为社会的发展和改善作出贡献，通过了解问题、思考问题并参与解决问题，引导他们成为积极的社会参与者。

（四）培养学生的综合素养和批判思维

通过学习和探讨社会性问题，学生能够全面理解地理知识与社会现实之间的联系，他们将不仅仅关注地理学科本身，还会认识到地理与经济、政治、环境等各个领域的紧密关联。这种综合的学习方式能够培养学生综合分析和综合应用知识的能力，增强他们对多学科知识的理解和应用。社会性问题的探讨需要学生思考问题的根源、影响和解决方法，学生不仅需要获取和运用相关知识，还要具备批判性思维能力，能够客观、深入地分析问题，并提出合理的观点和解决方案。

（五）培养学生的实践能力和创新思维

学生通过实地考察、调查研究，能够将地理知识应用到实际情境中，实际操作能力和解决问题的能力得到提升。同时，这样的实践活动也能够培养学生的创新思维，激发他们对于问题的主动探索和创造性解决问题的能力。

（六）培养学生的团队合作和社会交往能力

社会性问题参与化通常需要学生进行合作研究和讨论，这有助于培养他们的团队合作能力和社会交往能力，学生将通过与他人合作，共同解决问题，并学会尊重他人的观点和意见。

三 社会性问题参与化在初中地理学科中实践的途径

在初中地理学科中，可以通过以下几种方式将社会性问题参与化纳入教学。

(一) 教学内容设置

在教学内容中融入与社会性问题相关的地理知识,例如城市化、环境问题、气候变化、资源利用、灾害管理等。

(二) 辩论和讨论

组织辩论和讨论活动,鼓励学生就特定的社会性问题展开讨论并表达个人观点。学生可以分成小组,收集信息、分析数据,并开展辩论。这样的活动可以帮助学生培养批判性思维能力和辩论技巧,同时提高他们的表达和沟通能力。

(三) 社会性问题探究

引导学生选择一个感兴趣的社会性问题进行探究,他们可以选择一个具体的地理问题,了解该问题的背景、影响和解决方案,并通过调查、采访、数据分析等方法进行深入研究。通过这样的探究,能提高学生的问题识别、信息收集和分析能力。

(四) 实地考察和社会实践

组织学生进行实地考察和社会实践活动,学生可以参观相关地理环境,例如城市规划区、环境保护区、农村地区等,并与当地居民、专家进行交流。通过实地考察和社会实践,学生将更好地理解社会性问题的现实情况,并探究可行的解决方案。

(五) 综合项目学习

设计综合项目学习任务,要求学生团队合作,选择一个社会性问题,从提出问题、收集资料、分析数据、提出解决方案等环节进行全面探究。这样的项目学习可以提高学生的综合能力,并培养他们对社会性问题的综合性思考。

实践智慧 01 ｜ 坪山区旅游资源探究

旅游业作为一个综合性的产业体系，包括旅游服务、旅游交通、旅游住宿、旅游餐饮、旅游购物等多个领域，旅游业的发展能够带动相关产业的发展，为当地增加就业机会和税收收入，同时旅游业也能促进不同地区之间的交流，丰富人们的文化生活。然而，伴随着旅游业的发展，也引发了一些社会性问题，如一些地区过度开发旅游资源导致资源过度消耗、环境污染、基础设施压力增大，并引发垃圾处理、交通、公共秩序等问题。

坪山区位于广东省深圳市东北部，区内自然、人文旅游资源丰富。深圳市坪山中学的学生成长于坪山这片土地，对于坪山区的旅游资源，学生们有一定的认识基础。在与学生的日常交流中，学生们提出了坪山的大多景点存在比较严重的随意丢弃垃圾的问题，同时也表露出这样的想法：如果没有垃圾，坪山的环境会更美好，也会吸引更多的人前来旅游。

基于以上分析，坪山区旅游资源探究可以成为社会性问题参与化在初中地理学科中实践的典型案例之一。

一 探究目的

1. 通过查阅资料，对坪山区旅游资源进行统计、分类。
2. 通过实地考察，发现坪山区旅游资源开发中出现的问题。
3. 通过研讨、参观访问，对坪山区旅游资源的开发提出合理的建议。
4. 通过实际行动，为坪山区旅游资源的保护贡献自己的力量。

二 探究方式

1. 查阅资料、组内研讨。
2. 实地考察。
3. 参观访问。

三 探究准备

1. 与学校、相关单位沟通,确保实地考察活动的开展。
2. 申报开设校本课程《脚尖下的坪山》,成立探究小组。

四 探究过程

(一) 组内研讨

1. 明确探究目的

通过组内讨论确定此次探究的目的:(1)查阅资料,对坪山区旅游资源进行统计、分类,确定实地考察点;(2)实地考察,观察各考察点在开发中出现的普遍问题;(3)组内研讨,对坪山区旅游资源的开发给出自己的建议;(4)采取行动,通过实际行动为坪山旅游资源的保护贡献自己的力量。

2. 明确任务分工

依据探究目的,在自主选择的基础上,明确任务分工。

(二) 查阅资料

通过查阅资料,了解坪山区有"一山一河"——马峦山、坪山河等为代表的自然风光,有东江纵队纪念馆、曾生故居等为代表的革命传统文化教育基地,有大万世居、盘龙世居等为代表的客家典型围屋建筑,有坪山麒麟舞、大万祭祖等非物质文化遗产保护项目。

(三) 实地考察

通过组内研讨,选定马峦山郊野公园(含庚子首义旧址)、燕子岭公园、聚龙山公园、东江纵队纪念馆、大万世居为实地考察点。依据考察方案,利用校本课程时间,师生依次对各考察点进行实地考察,学生对每次考察活动进行记录。

通过实地考察,学生们发现坪山区各旅游景点在开发过程中普遍存在随意丢弃垃圾的问题,且这些垃圾多为生活垃圾。

(四) 参观访问

为了深入了解生活垃圾对环境的破坏及处理办法,老师们组织学生参观了聚龙山垃圾处理厂,技术人员带领学生参观并讲解了生活垃圾的分类、危害及处理。

(五) 成果汇总

1. 生成游记集

汇总学生们的考察游记,其中部分游记发表于坪山中学校刊《马峦山》上。

2. 生成探究报告

班级代表整理了同学们的考察、参观访问记录,完成了探究报告《山美水美坪山美》。

3. 开展活动

为了用自己的实际行动倡导区内居民和游客不乱丢弃垃圾,探究组的同学们开展了以下活动:(1)开展"微公益·环保在行动"活动。探究组的同学们和坪山中学学生义工团在马峦山郊野公园联合开展了"微公益·环保在行动"活动,同学们身穿红马甲,一起走进马峦山,共同动手清理马峦山郊野公园的垃圾,同时呼吁游客共同守护马峦山的洁净。(2)开展"大手拉小手,绿色伴我行"活动。探究组的同学们和坪山中学家长义工团在燕子岭公园联合开展了"大手拉小手,绿色伴我行"活动,同学们和家长义工团一起向周围居民和游客发放宣传单,讲解生活垃圾对环境的破坏,号召大家共同守护我们的生活环境。

通过校本课程——脚尖下的坪山的开设以及探究组一系列活动的开展,越来越多的学生开始关注坪山区旅游资源的开发,并希望参与到坪山旅游资源的探索和保护中,基于此,我们决定将该校本课程延续下去。

(撰稿人:深圳市坪山中学　张玉琦、潘日林)

实践智慧02 ｜ 坪山区食品安全探究

食品安全是指确保食品在生产、加工、储存、运输和销售的全过程中不会对消费者的健康造成危害。为了解决食品安全问题，政府和相关机构应加强监管和检测，制定严格的食品安全标准和法规，并采取有效措施确保其执行。在解决食品安全问题中，企业应负起主体责任，建立完善的食品安全管理体系和质量控制措施。同时，消费者也应提高食品安全意识，选择信誉好、符合标准的食品进行购买和消费，正确储存和处理食物，避免食品安全风险。

路边摊是指在街头、路边或其他公共场所摆摊经营的小型商贩。路边摊由于价格实惠、选择多样化、简便快捷、具有地方特色、互动体验强以及新鲜现场制作等特点，成为旅游者和当地居民都喜欢的购物和用餐选择。对初中生而言，路边摊也同样具有很强的吸引力。但是，路边摊又普遍存在一些问题，包括食品安全、环境污染、公共卫生、公共秩序等。

基于以上分析，以路边摊为关注点的坪山区食品安全探究可以成为社会性问题参与化在初中地理学科中实践的典型案例之一。

一 探究目的

1. 通过查阅资料、采访居民，了解坪山饮食文化，记录坪山饮食的发展变化。

2. 通过实地考察、品尝，感受坪山饮食的魅力，并在品尝的过程中发现路边摊存在的食品安全问题。

3. 通过查阅资料、讨论，整理坪山区路边摊普遍存在的食品安全问题。

4. 通过开展活动，和同学们共同感受坪山饮食的魅力，为同学们讲解部分路边摊存在的食品安全问题，呼吁同学们享受美食的同时也要重视食品安全问题。

二 探究方式

1. 查阅资料、组内研讨。
2. 采访记录。
3. 实地考察。

三 探究过程

（一）组内研讨

1. 明确探究目的：通过组内讨论确定此次探究的目的：查阅资料、采访居民，了解坪山饮食文化及其发展变化；实地考察、组内研讨，观察、整理坪山区路边摊普遍存在的食品安全问题；举办班级美食节，向同学们宣传部分路边摊存在的食品安全问题，呼吁同学们健康饮食。

2. 明确任务分工：依据探究目的，在自主选择的基础上，明确任务分工。

（二）采访记录

通过查阅资料，同学们了解到坪山的饮食深受广东菜系的影响，同时又与邻近地区有所融合，形成了自身的特色。紧接着，同学们面向坪山不同年龄段的居民，开展了"你对坪山饮食变化的印象"的采访。通过采访，同学们了解到了坪山居民饮食的巨大变化，从过去"一个鸡蛋掰成两半，和着粗糙的饭；一个橄榄，先将其捶碎，分成两半，蘸点酱油，和着几乎不见米粒的粥；肉平时是吃不上的，逢年过节才能吃到"到现在的多元饮食文化。

（三）实地考察

坪山"牛人街"以美食和特色小吃而闻名，这里聚集了各种各样的餐饮店铺，提供了丰富多样的美食。同学们在这里品尝了各色美食，同时记录了一些路边摊的周边环境、食材存储加工条件等。

（四）成果汇总

1. 生成探究报告

同学们整理探究组同学们的访问、实地考察记录，完成了探究报告《饕餮盛宴，珍馐坪山》。

2. 开展活动

探究组的同学们提议并协助老师在各班开展了班级美食节活动。探究组的同学们号召同学们在父母的帮助下亲手制作一道美食，并带来学校与同学们分享。同学们在享用完各色美食之后，探究组的同学们向大家展示了坪山饮食文化及其发展变化，部分路边摊存在的食品安全问题，最后，探究组的同学们呼吁大家今后在食用路边摊的时候要有选择地购买。

五 总结反思

路边摊因其价格实惠、选择多样化、简便快捷、具有地方特色、互动体验强以及新鲜现场制作等特点，吸引着众多的初中生，但由于部分路边摊的不规范经营，导致其存在着严重的食品安全问题，学校各部门也在齐力提高学生的食品安全意识，引导学生有选择地进行购买。基于此，探究组的同学们可以协同学校相关部门，开展更多、影响面更广的相关活动。

（撰稿人：深圳市坪山中学　张玉琦、潘日林）

模态 07
验证性实验操作化

验证性实验操作化是一种重要的教学方法,不仅是对所学科学原理的实证过程,更是培养学生科学思维、实践能力与创新精神的关键环节,是对个人成长与发展的一次全面锻炼。它要求学生将理论知识与实际操作相结合,从而锻炼其思维能力,培养其坚韧不拔的品质。通过实验操作来验证所学科学原理,学生得以深化对原理的理解,进而学会如何应用,为他们的终身发展奠定坚实的科学素养基础。与此同时,学生的团队协作与沟通能力也得以锻炼,对学生综合能力的培养与提升,具有深远的意义。

化学是一门以实验为基础的科学，实验教学对学生思维方式的培养、学生学习习惯的养成和动手能力的培养都发挥着非常重要的作用。化学实验可以分为验证实验和探究实验，其中通过实验来验证所学科学原理的验证实验，能够加深学生对原理的理解与应用，从而发展学生的科学思维、实践能力与创新精神，养成良好的科学态度和社会责任，为学生的终身发展奠定科学素养基础。

一 验证性实验操作化的必要性

（一）人才培养要求

21世纪对人才的需求是创新型人才，所以学校在传授知识的同时应更注重学生能力和思维的培养，而不是知识的灌输。化学作为一门实验性很强的学科，同时初中化学作为学生学习化学的入门阶段，他们很容易形成只接收不深入分析的思维方式，不仅对于所学习的化学原理理解不透彻，同时也导致思维品质上的一大缺陷。如此既没能培养学生对于现象本质的求知欲望，也没能体现出化学学科的特点，弱化了实验教学，忽略了对学生实验探索能力的培养。因此在化学教学中，教师应避免直接将原理给到学生，从而让学生陷入机械识记、死记硬背、不懂分析的学习误区。因此在化学原理的学习中开展原理的验证实验就显得尤为重要，同时这也能够培养学生的创新能力、批判性思维和团队协作能力，使学生能够更好地适应社会发展的需要。

（二）初中化学课程标准要求

义务教育化学课程标准（2022年版）（以下简称"新课标"）中提出"义务教育化学课程围绕核心素养，体现课程性质，反映课程理念，确立课程目标"。

新课标中提出的化学四大核心素养包括：化学观念、科学思维、科学探究与实践、科学态度与责任。立德树人是我国义务教育中化学教育的根本任务。实现这一根本任务需要通过实现具体的课程目标才能完成，为此确定的课标要求为：

1. 形成化学观念，解决实际问题

认识化学原理的过程中，形成化学观念，并能与实际问题结合在一起，提升学生解决问题的能力。

2. 发展科学思维,强化创新意识

学生在学习的过程中,学会利用科学方法进行证据推理,掌握对化学原理的验证实验,能够更加深入地理解所学化学原理,同时能够对不同的观点和方案提出自己的见解,发展创新思维能力。

3. 经历科学探究,增强实践能力

实验是科学探究的基础,科学探究需要一定的知识储备,而对实验原理进行验证性实验,既能让学生理解相应化学原理,又能在探究实验时发现新知识,产生新疑问,碰撞出新创意,能够全方面培养学生的能力。

4. 养成科学态度,具有责任担当

不少学校在关于化学原理的教学中,仍存在让学生照着实验报告做实验的教学模式,忽略了化学原理实验验证过程的重要性,学生只是一味地模仿,照方抓药,机械地学习,实验思维得不到锻炼,更得不出更加精确的结果。随着科技的进步,实验仪器也越来越先进,越来越精确,现代教学可以将信息技术引入到实验中,可以利用相应技术得出更加精确的实验结果。例如,人教版九年级化学在讲"测定空气中氧气含量"这一实验时,我们在验证空气中氧气含量是否占空气体积的五分之一时,可将氧气传感器引入实验中,这样一来,不仅实验数据清晰直观,同时也能够得到更加精确的实验结果,可以培养学生严谨的科学态度。

(三) 验证性实验操作化的意义

1. 对学生能力的影响

初中化学是初三学生新接触的一门学科,对学生学习方法、思维能力的培养都需要经历一个较长的时间,我们虽然鼓励学生进行探究性实验,但是探究性实验的开展需要一定的知识水平和能力储备。因此教师在讲解化学原理时,采用验证性实验,让学生参与验证实验中,在验证化学原理科学性的同时,也能够培养学生的实验技能以及思维方式,并且能够更好地应用该理论解决实际问题,同时也可以为学生进行自主探究实验夯实基础。

2. 对课堂教学的影响

对化学原理进行科学的实验验证,能够让原本枯燥的化学原理变得灵动起来,能够激发学生的学习热情,让化学课堂更加有活力,学生也能够更深入地理解所学知识,提高课堂教学的效率。

二 验证性实验操作化的内涵

化学原理是指运用化学概念作出的基本判断和推理,化学的基本定律、基本规律以及基本观点都属于化学原理,也称之为化学基本理论。初三化学中涉及很多化学原理,例如:质量守恒定律,金属活动性顺序,物质由微观粒子构成,物质的结构决定性质,性质决定用途等等。

验证性实验是指对研究对象有了一定了解,并形成了一定认识或提出了某种假说,为验证这种认识或假说是否正确而进行的一种实验。验证性实验强调演示和证明科学内容的活动,科学知识和科学过程分离。

三 落实验证性实验操作化的实践策略

在杜威看来,儿童在参与有教育意义和充满趣味的学习活动中,能有所收获,这有助于儿童的生长和发展。"从做中学"理论,在初三化学的学习中也是非常重要的。学生通过活动来获得新知识,不仅能够对所学知识理解得更加透彻,同时也有助于学生思维方式、动手能力等各方面的发展。从学生的身心发展来看,初三学生正处于由形象思维到抽象思维发展的过渡阶段,化学又是一门以实验为基础的科学,因此在学习化学原理时,为了让学生更好地理解化学原理,对原理进行验证性实验就显得更加重要。

1. 重视化学第一课,利用首因效应,通过"轰动"的化学实验来激发学生的学习兴趣。传统教学方式以教师讲授为主,忽略了学生作为学习主体的学习主动性。为了激发学生学习化学的主动性,教师可以将实验现象显著且充满趣味性的化学实验更多地加入到日常的教学中来。例如在化学第一课中,教师可以准备酸碱指示剂的显色实验、呼出气体使澄清石灰水变浑浊又变澄清的实验、铁丝在氧气中火星四溅的燃烧实验、氧气使带火星的小木条复燃的实验等,利用这些现象明显且生活中不易见到的实验来获得学生们的注意力,从而激起学生对解释实验现象的好奇心和对学习化学的兴趣。好奇心强大且愿意动手实践的学生甚至会因此上网购买一套实验器材,自己在家动手做实验。学生一旦有了兴趣,就不怕学不好化学。

2. 增加课堂做验证性实验的次数,日积月累提高学生的化学学科素养。有部分教师为了赶课,直接"讲"实验,忽略和忽视了课堂实验的重要性和必要性,学生会错误地认为化学是一门以记背概念和现象的"文科",从而感受不到物质变化时的魅力和科学性,更谈不上培养自己的科学思维和实验能力。所以教师应合理设计教学计划和教学内容,重视课堂实验对学生素养提升的重要性和必要性。直观且生动的实验现象有利于学生深层次理解和记忆实验的相关内容,而不是机械记忆。比如在讲到实验室制备二氧化碳一课时,如何验证装置气密性良好,有的老师可能只是简单讲解,并让学生记好笔记就结束了,学生很容易就死记硬背知识点,而不知其所以然。如果教师准备了装置,并使用红墨水来可视化这个液柱变化的过程,不仅课堂上学生学习的积极性被大大激发,教学质量和课堂效率也会大大提高。

3. 借助多种媒体,改变验证性实验的单一形式。教学形式的多样化有利于实验教学过程生动化,除电脑外,教学时,教师还可以加入可移动摄像头、平板同屏技术、数码摄影技术等,来同步和记录验证实验的情况,使得教学实验过程更加生动,验证实验现象更加直观,课堂氛围更加活跃。教师在课堂上进行演示验证实验时使用同屏技术展示实验后,学生表示坐在哪里都可以看清实验的现象,真正有了课堂的参与感,从而激发学生学习化学的兴趣。教师还可以利用摄影技术将轰动但瞬间的现象录制下来,比如在课堂上进行铁丝燃烧验证实验时,学生们会非常喜欢这个实验的现象而想要教师重复实验,如果能利用视频录像技术,那么就可以直接重复播放实验的现象。包括将仿真实验引入课堂,让学生利用鼠标拖动仪器来组装实验和模拟实验,学生对此都展现了浓厚的兴趣。

4. 改进教材验证实验,提高验证实验的有效性。教师可以充分发挥创新实验的优势来改进教材实验,从而提高验证实验的有效性和可操作性。例如在质量守恒定律的验证实验中,书本实验对学生如何比较反应前后质量的变化,是通过记录两次称量质量的数值来比较的。但在实际操作中会发现,每次称量调节托盘天平十分麻烦,也容易产生误差。可以通过改变比较方式使结果更加直观,将二次称量的步骤改为,在保持第一次读数的基础上,将反应后的装置直接放回左盘,此时观察指针的偏转是否不变,来判断反应物和生成物的总质量是否发生变化。或者利用更便捷的电子天平来读数。在盐酸和碳酸钠粉末反应前后质量的测定实验中,如何改进课本实验让天平平衡,这也是一个启发学生思考关于有气体参与的反应,以及容器的密闭性对结果的影响。借助可以挤压的软塑料水瓶来体现气体生成而产生的压强变化以及创造可伸缩的密闭容器来验证该实验是符合质量守恒定律的,从而引导学生一步步顺着实验现象,总结变化的规律和原理的本质。

  坚持验证性实验操作化在化学教学中的实践有利于教师和学生的发展。验证性实验的教学环节和先进的实验技术手段大大提高了课堂效率,同时激发了师生间更多的互动,让课堂活跃起来,从而促使教师思考如何将验证性实验更有效地引入教学过程中,提升教师的教学专业能力。对学生而言,不仅能够更深入地理解所学的原理,同时可以锻炼学生的动手能力,发展学生的思维,真正培养出全面发展的人才。因此,我们在教学过程中,要坚持对原理进行科学性的实验验证,以生为本,让学生在我们的课堂中有最大的收获。

实践智慧 01 ❘ 验证金属活动性顺序

金属活动性顺序这一化学原理的学习是在掌握金属的化学性质基础之上对验证实验的现象进行观察和对比总结而引出的。本案例介绍了"金属化学性质"的教学设计过程,通过先学习掌握金属的化学性质,再引导学生验证金属活动性顺序,最后基于建构主义理论和科学原理的验证得出金属活动性顺序及利用相应的金属化学性质解决生活中的实际问题。案例展示了主要教学环节和典型教学片段,并对教学设计和教学实施过程进行了深入思考。

一 案例实施背景

化学是一门以实验为基础的科学,实验教学对学生思维方式的形成、学习习惯的养成和实践能力的培养都发挥着非常重要的作用。化学原理是指运用化学概念作出的基本判断和推理,化学的基本定律、基本规律以及基本观点都属于化学原理,也称之为化学基本理论。初三化学中涉及很多化学原理,例如:质量守恒定律,金属活动性顺序,物质由微观粒子构成,物质的结构决定性质,性质决定用途等等。对于化学原理的学习,应该让学生通过自主探索去发现、去证实、去总结,而不是根据书本给出的结论直接使用。本节课要学习的化学原理是"金属活动性顺序",教学中希望学生通过对金属化学性质的学习来感受金属的活动性顺序,而不是直接机械记忆书中给出的金属活动顺序表。教师应鼓励学生敢于质疑直接给出的原理或结论,激发学生对原理科学性进行实验验证,发展学生的科学思维、创新精神与实践能力,养成科学态度和社会责任,为学生的终身发展奠定基础。

生活中处处有化学,学到的知识要能够应用到日常生活中,才更能体现其价值。因此,"金属的化学性质"这一节课的设计则是创设情境让学生化身小侦探,去设计实验,了解金属的化学性质,同时对金属活动性顺序进行总结,并利用所学进行科学探究活动,解决生活中的问题,以此激发对化学学习的浓厚兴趣,初步形成科学探究能力。课堂上,教师设计实验问题,让学生通过自主合作交流展示,优化实验方案,增强应用所学知识解决问题的意识;让学生感受化学与生活的联系,培养学生化学核心素养。整节课学生与学生、学生与教师之间以"对话""讨论"为出发点,以合作、展示为手段,以解决问题为目的,让学生在一个较为轻松的环境中体验化学学习的乐趣,既让学生掌握了金属的化学性质,又落实了对金属活动性顺序这一化学原理的验证。在学习的过程中不仅锻炼了学生的动手能力,也培养了学生的思维。

二 课标分析

本案例在《义务教育化学课程标准(2022年版)》中有如下表述。

(一) 内容要求

1. 通过实验探究等活动认识常见金属的主要化学性质及金属活动性顺序。

2. 了解观察、实验,以及对事物进行归纳、分析解释等认识物质性质的基本方法。

(二) 学业要求

1. 能够利用常见物质的性质,分析、解释一些简单的化学现象和事实。

2. 能运用研究物质性质的一般思路与方法,依据金属活动性顺序,设计实验方案,分析、解释有关的实验现象,进行证据推理,得出合理的结论;

3. 能基于真实问题情境,依据常见物质的性质,初步分析和解决相关的综合问题。

三 案例教学目标

1. 掌握金属的化学性质。

2. 通过对金属化学性质的学习,验证金属活动性顺序。

3. 能运用观察、比较、分析、归纳等科学方法对获取信息进行加工。

4. 能形成合作意识、探索精神以及解决实际问题能力的科学素养。

四 案例设计思路

《金属的化学性质》是人教版九年级化学(下册)第八单元课题二的内容。在本节课中,掌握金属的活动性顺序是本节课的重点内容,而如何利用化学实验来验证金属活动性顺序也是本节的难点。由于学生只是初步了解金属及合金的特点,对全面了解金属的化学性质还有点难度,在第二单元讲解氧气的化学性质时,涉及了金属可以与氧气反应;在讲解实验室制取氢气时,介绍了金属锌和稀硫酸反应;第五单元讲解质量守恒定律时,学生做过铁和硫酸铜溶液(金属化合物溶液)反应的实验。因而这节课准备采用迁移教学法以及对比学习法,即在温习旧知识的基础上将大多数金属可以与氧气、稀盐酸、稀硫酸、金属化合物溶液发生反应进行对照总结,让学生通过实验,在验证的过程中感受并总结出金属活动性强弱的判断、置换反应的特点。为了提高学生的兴趣和探究欲,创设情境设计了真假黄金的鉴别(纯金和黄铜)作为引入;安排了教师演示实验:镁条燃烧、加热铜片以及金链子等活动;安排学生实验:金属的"吹气球比赛"来探究金属与酸的反应;安排"金属换装"等情境学习金属与盐溶液的反应,来比较金属活动性顺序。最后又回归到对真假黄金的判断,让学生讨论生活中辨别真假黄金的方法,把所学知识运用于日常生活中,达到学以致用的目的。

美国教育心理学家奥苏贝尔曾说:影响学习的最主要原因是学生已经知道了什么,我们应当根据学生原有的知识状况去进行教学。对于金属活动性顺序这一化学原理,学生在预习的时候已经在书中看到并且部分同学已经记忆,为了避免学生机械地进行记忆学习,我们在教学中更应该加强对这一化学原理的验证,验证的同时帮助学生掌握金属的化学性质,了解金属活动性顺序得来的依据。同时,现阶段的学生已经具备基本的化学学科思维能力,具有观察并描述现象以及初步的猜想、分析、归纳、总结规律的科学探究思维能力。

五 教学环节展示

(一) 教学环节片段1

1. **创设情境**：老师在市场上买了一条金链子，但最近看到一条《真假黄金》的新闻，单纯从颜色、外形上看，黄铜(铜、锌合金)与黄金极为相似，所以很难区分，我们可以通过哪些方法来鉴别真假黄金呢？

图片展示：金项链与黄铜项链

2. **学生讨论**：此时学生积极性特别高，从物理化学等多角度提出不同方法。测密度：通过查阅资料了解金的密度，利用仪器测定项链的密度，进而确定项链真假。用牙齿咬：纯金没有合金那么坚硬。很坚硬的是假的项链。

3. **老师总结**：老师肯定学生积极思考的习惯，学生讨论的方法虽然可行，但还有哪些方法可以鉴别真假黄金呢？

4. **设计意图**：通过情景设置，激发学生的学习兴趣，引发学生思考，调动学生求知的欲望。既让学生感受到生活中处处有化学，化学在生活中有很多用途，也能够鼓励学生利用所学知识解决生活中的实际问题。

(二) 教学环节片段2

1. **创设情境**：铝制品广泛应用于生活中，为什么铝制品这么耐腐蚀呢？冬天的时候大家喜欢吃铜火锅，但是大家有没有发现锅上面会出现黑色？

图片展示：不同的铝制品

2. 学生分析：学生分析原因，常温下铝可以与空气中的氧气反应生成致密的保护膜。

3. 老师演示实验：做镁条燃烧实验(燃烧前需打磨)，用酒精灯加热铜片和金项链，同屏演示实验。

4. 学生观察分析：不同金属与氧气反应的难易程度和剧烈程度不同。

5. 学生感悟与总结：(1)大多数金属都能够与氧气反应；(2)掌握了判断金属活动性顺序的方法之一：比较金属与氧气反应的难易程度和剧烈程度。

6. 设计意图：联系生活，激发兴趣，通过分析现象和原因找规律，得结论；培养学生观察实验现象和分析问题的能力。通过实验不仅让学生学习了金属的化学性质，并使学生掌握了验证金属活动性顺序的方法。

（三）教学环节片段3

1. 创设情境：回忆实验室制取氢气的方法，得知金属可以与酸反应生成氢气，由此设计"金属吹气球比赛"。分别取等量的镁、锌、铁、铜和等量的稀盐酸或稀硫酸进行反应，试管上方套有气球进行吹气球比赛，通过气球大小来判断金属与酸反应的情况。

2. 小组实验：进行实验，通过观察现象，展示交流实验过程和结论。老师利用同屏技术抓拍。

3. 教师提问：通过小组实验，能否总结出金属的化学性质以及金属活动性顺序的验证方法？

4. 学生感悟与总结：(1)金属与稀盐酸或者稀硫酸反应可以生成氢气，但反应的剧烈程度不同；(2)掌握了判断金属活动性顺序的方法之二：比较金属与酸反应的剧烈程度。

5. 设计意图：金属吹气球比赛情境的引入，能够激发学生的实验热情，通过实验亲自感受金属的化学性质，并通过实验现象比较金属的活动性顺序，也是对金属活动顺序这一原理的科学性验证，不仅让学生记忆深刻，更能让学生掌握验证方法，对所学知识理解得更加深入，同时也能培养学生表达与交流及根据实验现象总结规律的能力。

(四) 教学环节片段4

1. 化学史引用：早在西汉时期就有"曾青得铁则化为铜"的记载，2 000多年前就发明了"湿法炼铜"，其中的化学原理就是$Fe+CuSO_4 = FeSO_4+Cu$，这个实验能否得出铁和铜的金属活动性顺序呢？

2. 学生讨论：铁的活动性更强。

3. 创设情境：设计节日里金属们的联欢活动——"金属换装"的情境，利用给出的实验药品(Al、Cu、$CuSO_4$溶液、$AgNO_3$溶液、$Al_2(SO_4)_3$溶液)设计实验，验证铝、铜、银三种金属的活动性。

4. 学生确定方案并进行小组实验：学生进行小组讨论并确定好实验方案，通过实验现象验证本组猜想，并讨论交流。老师同屏抓拍学生实验过程。

5. 教师提问：大家能够根据刚才所做的实验总结出金属还有哪些化学性质？还有什么方法来判断金属的活动性呢？

6. 学生感悟与总结：(1)较活泼的金属可以将较弱的金属从它的金属化合物溶液中置换出来；(2)掌握了判断金属活动性顺序的方法之三：通过实验金属甲能否与金属乙的化合物溶液反应来进行判断。

7. 设计意图：化学史的引入让学生温故知新，并能感受古人的智慧。通过"金属换装"这一情境的引入，让学生进行小组讨论，确定实验方案，能够激发学生的求知欲，同时设计实验并进行实验的过程也让学生学习到了新的金属的化学性质，并通过实验的开展，让学生掌握了验证金属活动性顺序的新方法。

(五) 教学环节片段5

1. 学生感悟与教师总结：通过以上实验，学生能够掌握金属的三条化学性质以及金属活动性顺序的判断方法。(1)金属与氧气反应:金属与氧气反应的难易程度和剧烈程度;(2)金属与酸反应:金属与稀盐酸或稀硫酸反应的剧烈程度;(3)金属与金属化合物溶液反应:通过反应能否发生来判断金属活动性顺序。

2. 设计意图:通过小结三组实验,让学生将零碎的知识点串联起来,更有助于学生归纳和总结,并且能够帮助学生建立比较金属活动性顺序的模型认知——从个性问题到共性问题到规律总结,从系列实验到大量实验,最终可确定金属活动性顺序,同时也可以对书本上给出的金属活动性顺序表进行科学的实验验证,验证的过程能够加深对知识的理解与运用。

(六) 教学环节片段 6

1. 首尾呼应:通过本节课的学习,大家还能提出哪些方法来鉴别老师买的项链是否是真黄金呢?

2. 学生讨论:可以利用今天所学习的三条金属的化学性质来鉴别。(1)可以用火烧,让它与氧气反应,如果变黑了,就是假黄金。(2)可以放到稀盐酸中,如果有气泡就是假黄金。(3)可以放到硝酸银溶液中,如果有银白色物质生成,就是假黄金。

3. 设计意图:首尾呼应,鉴别真假黄金的情境引入,激发学生灵活运用新学习的知识,用化学知识解决生活中的问题,让学生感受学习化学的意义,真正做到学以致用。

七 案例评析

(一) 重视利用情境进行验证性实验

化学源于生活,也应回归于生活。教学中大胆创设情境,让学生大胆地想、充分地问、多方位地交流,教学活动中教师从一个知识的传播者转变为与学生一起发现问题、探讨问题、解决问题的组织者、引导者、合作者。如:新闻引入《真假黄金案》,黄金饰品中的假货常常鱼目混珠,社会上有些不法分子常以黄铜冒充黄金,进行诈骗活动。因为单纯从颜色、外形上看,黄铜(铜锌合金)与黄金极为相似,所以很难区分,课堂中创设情境"真假金链子",让学生大胆猜测真假并提出鉴定方案,能调动学生的积极性,活跃课堂气氛,抓住学生眼球。又在本节末尾重现鉴定问题,不仅做到首尾呼应,同时也能考查学生对知识点的掌握情况。在教学过程中又设计"金属吹气球比赛""金属换装"等情境，并结合学生动手实验，让学生在实验的过程中学习金属的化学性质，同时感知金属的活动性顺序，对于金属活动性顺序这一化学原理也进行了科学的实验验证，培养了学生严谨求实的科学态度，以及勇于质疑、团结协作、攻坚克难的品格。

(二) 现代教育技术的引入，提高课堂效率

同屏教育技术的使用可以丰富课堂教学形成，小组实验在展示环节，可以利用即时还原技术使得实验现象不再是转瞬即逝，避免了实验中热闹，实验后全忘记的情况，全班可以一起讨论实验过程中的现象，反复刺激学生的大脑，不断促使其思考。

(三) 学生从"我要学"到"我会学"的转变

本案例以学生为主体，课堂上充分调动学生的积极性，让学生的角色从学会转变为会学，由跟老师学转变为自主去学。本节课中学生不再是被动地停留在作为观众看老师实验，而是站在研究者的角度自己设计实验方案，在各种教学环节中体验到了化学学习的乐趣。

总之，化学的神奇在于它可以激发学生获取知识的热情，对于化学原理的学习，可以通过创设情境，鼓励学生进行实验验证，使其能够真正理解并运用化学原理，学以致用，提高学生科学素养的同时能够创造出更多的可能，更好地建设我们的未来。

（撰稿人：深圳市坪山中学　姜程程）

实践智慧 02 ┃ 质量守恒定律的验证实验

验证性实验操作化课堂关注学生在实验中对化学原理认知的体验和构建。本文以初中化学原理"质量守恒定律"教学为研究案例,利用建构主义理论和验证性实验操作化来设计教学过程,进行以核心素养为培养内涵的教学探索和实践。

一 课程背景

"质量守恒定律"是"物质的化学变化"学习主题中的重要化学观念,通过前四个单元的学习,学生初步发展了"科学探究与化学实验"的科学实验素养和从宏观观察与微观分析"物质的性质与应用"和"物质的化学变化"的基本化学观念,基本具备了能够对事实进行分析解释、归纳概括等认识物质性质的基本方法,掌握了科学探究的一般过程和基本方法,培养了通过观察来收集证据对实验现象作出科学解释的研究能力和科学态度,以及初步掌握了对物质的研究由定性向定量研究的知识基础和实验技能。该内容的素养发展功能在于引导学生深入建构有关化学反应的定量关系,使化学学习从"生成何种物质"的问题向"生成多少质量的物质"发展,即从定性向定量发展,同时建立从微观角度理解化学变化本质的化学观。

二 案例教学目标

1. 通过认识质量守恒定律,能用微观的观点解释质量守恒定律,能应用质量守恒定律解决一些相关问题。

2. 通过拉瓦锡定量研究物质变化时质量之间的关系这段化学史,初步了解科学家建立质量守恒定律的过程、方法和化学思维,了解人类对物质的变化探索是不断发展的。

3. 通过设计课本实验的验证环节,来提高学生的观察能力,培养学生的实验技能,利用现象与定律的冲突来培养学生实事求是的严谨科学态度以及引导学生深入理解质量守恒定律的内容,并在此基础上进行实验的改进探讨,提升学生设计实验和改进实验的思维和能力。

三 教学环节展示

引入:提出质量观的问题。

李商隐的《无题》写道:春蚕到死丝方尽,蜡炬成灰泪始干。是否物质的变化最终是消失不见?在化学变化中物质的质量是如何变化的,反应前后物质的总质量是不变、减少、增加? 同学们,你的猜想是什么?

设计意图:创设情境,利用熟悉的诗词场景引起学生的注意和思考,诗词中"消失的物质"与学生现有的化学基础所推断出的"质量不变"产生矛盾,激发学生的学习兴趣,推动他们思考如何收集证据来解释矛盾。

学习任务1:通过验证实验收集质量守恒定律成立的证据。

实验一:红磷的燃烧反应

教师:演示实验。(改托盘天平为电子天平)

学生:阅读书本p92,了解实验所需药品和用品以及操作过程,观察和记录现象。

实验方案	红磷燃烧反应
实验现象	①红磷燃烧,产生_____火焰,②生成_____,③_____("放热"或"吸热"),④反应前和反应后相比,电子天平测量数据_____("不变"或"变大"或"变小")。
小结	反应物总质量_____生成物总质量("<"、">"或"=")
化学反应表达式	

学生:小组讨论并分享展示记录。

教师:整个过程中你观察到气球的体积如何变化?分析一下原因。

学生:分析讨论,分享观点。

实验二：铁钉与硫酸铜溶液反应

教师：大家仔细阅读课本 p93 方案二的操作，小组成员动手实验。由于本实验反应时间较长，反应开始后我们先将装置放在一边等待继续反应。

学生：动手实验。

实验步骤：(1)称量装有硫酸铜溶液和铁钉的烧杯，读数；(2)将铁钉浸入硫酸铜溶液，观察实验现象并记录；(3)待溶液颜色改变后，观察天平指针偏转情况，记录。

教师：大家看一看铁钉与硫酸铜溶液的反应容器，观察现象然后再次称量，记录现象。

学生：观察并描述实验现象。

实验方案	铁钉与硫酸铜溶液反应
实验现象	①铁钉表面出现_____固体，②溶液由蓝色变_____色，③反应前和反应后相比，电子天平测量数据_____（"不变"或"变大"或"变小"）。
小结	反应物总质量_____生成物总质量（"<"、">"或"="）
化学反应表达式	

设计意图：教师演示红磷燃烧实验，学生通过观察了解正确的实验操作，形成对实验现象的描述，然后学生自己动手实践，验证硫酸铜与铁钉反应的实验现象，观察电子天平的数据。

学习任务 2：利用模型演示化学变化之水的分解过程，建立从微观和宏观角度理解定律的桥梁；了解定量研究与质量守恒定律的发现与发展，体会探究过程的曲折，发展定性到定量的科学观。

教师：请大家利用五角、一元硬币，分别摆出"水分子"、"氢分子"、"氧分子"，然后用这些分子将水的电解前、中、后的过程微观示意展示出来，并思考和讨论分析，变化的过程中分子与原子的种类和数量如何改变。

学生：讨论并展示分析。

教师：小结两次实验的结果，进行总结，给出质量守恒定律的内容。

多模态学科实践

教师:为什么物质在发生化学变化前后,各物质的质量总和相等呢?结合水的电解微观示意图,进行分析和讨论,并完成下表。

化学反应前后	微观	宏观
一定不改变	原子种类不变	
	原子数目不变	
	原子质量不变	
一定改变		

教师:阅读课本 p95 资料卡片和 p94 拉瓦锡定量实验的内容,思考化学家们是如何一步一步形成正确的质量守恒定律的,你有什么感悟?

设计意图:从微观分子模型入手,引导学生逐步分析出化学变化的微观实质,利用建模把抽象的过程具体化、可视化,从定性的角度向定量的角度去发展,对微粒的数量进行比较和总结,从而得出质量守恒定律的内容,以及能从微观角度理解和解释质量守恒定律。

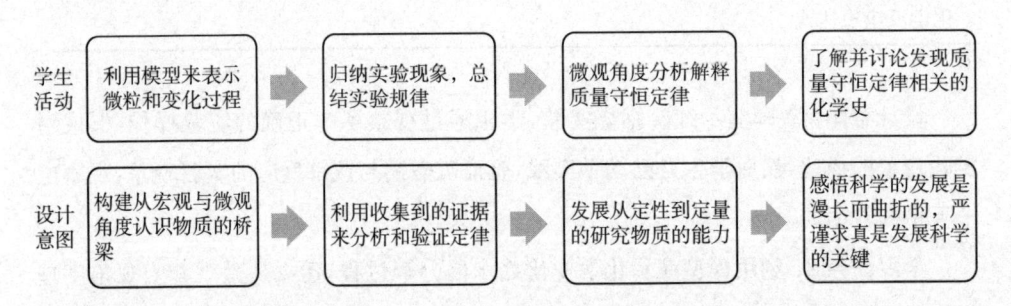

学生活动:利用模型来表示微粒和变化过程 → 归纳实验现象,总结实验规律 → 微观角度分析解释质量守恒定律 → 了解并讨论发现质量守恒定律相关的化学史

设计意图:构建从宏观与微观角度认识物质的桥梁 → 利用收集到的证据来分析和验证定律 → 发展从定性到定量的研究物质的能力 → 感悟科学的发展是漫长而曲折的,严谨求真是发展科学的关键

学习任务 3:分析化学反应前后质量不相等的现象的实验,并改进实验,对化学实验中"密闭体系"有所了解和思考。

实验三:碳酸钠与稀盐酸反应

教师:请大家观察桌面的药品:碳酸钠和稀盐酸,描述药品的性质,然后根据讲学稿中的实验操作进行实验(一半学生验证书本碳酸钠和盐酸的实验操作,另一半根据实验报告来操作)。

学生:观察并描述碳酸钠和盐酸的性质;动手实验;发现电子天平数据变化的

异常。

实验步骤：

A组(1—5组)

(1) 称量盛有稀盐酸的小试管和盛有碳酸钠粉末的小烧杯，读数；

(2) 取下小烧杯并将其倾斜，使小试管内稀盐酸进入小烧杯；

(3) 反应结束后，再把小烧杯放在天平上，观察天平指针的变化。

B组(6—9组)

(1) 称量盛有碳酸钠粉末的软塑料瓶(盖好盖子并进行挤压)和装有稀盐酸的小试管(小试管竖立于塑料瓶中)，读数；

(2) 倒转塑料瓶，使小试管内盐酸进入塑料瓶；

(3) 反应结束后，再把塑料瓶放在天平上，观察天平指针的变化。

实验方案	碳酸钠与盐酸反应
实验现象	①白色粉末＿＿＿＿，②有＿＿＿＿产生，塑料瓶＿＿＿＿。③指针＿＿＿＿("相左"、"向右"或"不")偏转。
结论	反应物总质量＿＿＿＿生成物总质量("＜"、"＞"或"＝")
化学反应表达式	

学生活动：A、B组分别代表发言，分享看到的现象及结论。

教师：为什么使用相同的药品，最终两组同学的结论却不同呢？对于有气体生成的反应，如何选择仪器呢？

学生活动：小组讨论发言。

教师：红磷燃烧与碳酸钠和盐酸的实验说明了无论什么化学反应，只要不忽略任何反应物或生成物，尤其是气态的物质，参加化学反应的各物质的质量总和，一定等于反应后生成的各物质的质量总和，这样的规律就叫质量守恒定律。

设计意图：通过有目的地设计实验使之出现不同的实验结果和结论，利用这样的冲突来激发学生思考质量守恒定律到底如何理解和应用，引导学生深入了解定律。

学习任务4：利用习题练习加深学生对质量守恒定律的理解与应用。

① 2克的氢气和8克氧气充分反应后,剩余的氢气为1克,那么生成的水应该是_____克。

② 2克的液态水蒸发成2克的水蒸气,这个变化符合质量守恒定律,对吗?

③ 小明在家用电线中的铜进行加热验证质量守恒定律,但是他发现加热后铜丝的质量增加了,所以他认为该反应不符合质量守恒定律,对吗?

④ 根据质量守恒定律,2L氢气和1L氧气反应能生成3L水,对吗?

五 案例反思

(一) 注重验证实验在课堂上实践的重要性

化学是一门以实验为基础的科学,形成化学观念的过程也要注重科学探究能力的培养。初中阶段的学生实验以验证性实验和探究性实验为主要形式,其中验证性实验有助于学生形成正确严谨的实验技能,对实验现象形成直观感性的认识,从而培养学生的实验素养。

(二) 注重化学史在培养学生科学态度的重要性

利用真实史料让学生感受、了解科学家对新发现的研究过程并不是一帆风顺的,学习科学家敢于质疑、严谨求真的科学态度,并从中挖掘出实验验证质量守恒定律的思路和方法,形成推理证实或证据证实的科学观念,培养学生科学精神、社会责任感和证据推理等化学学科核心素养。

(三) 注重对比实验和改进实验对培养学生探究实验能力的重要性

通过设计"等"和"不等"的对比实验,让学生明确设计适当的密闭体系对验证定量实验的重要性,以帮助学生建立解决实际问题的思维框架,培养学生基于证据分析作出推理判断和解决问题的能力。

(四) 注重微观模型帮助学生理解化学观念和定律的重要性

学生形成化学基本观念的过程就是培养学生化学核心素养的过程。通过解析电解水的微观实质,从定性和定量角度分别分析化学反应的本质,帮助学生构建宏观辨析与微观探析的学科素养。

(撰稿人:深圳市坪山中学　成思雨)

模态 08
原理性知识情境化

原理性知识情境化是一种将抽象理论知识与具体情境相结合的学习方法,用原理性知识创设相对完整的、开放的情境,将抽象的、理论化的知识嵌入到具体、生动的情境中,以便学生更好地理解和应用。通过原理性知识情境化学习,学习者能够在真实或模拟的情境中探索原理,感受知识的实用性和意义。这种学习方法能够为学生搭建情境,利于学生自主参与,促进高阶复杂心智的发展,有助于将理论与实践相结合,推动知识的有效转化和应用。

原理性知识是从具体事物和实践经验中提取出来的,是事物的原理和本质,反映出物理学科的物理概念和物理规律。如果教师在课堂教学过程中,对物理概念、规律的教学不够重视,方法不够得当,讲解不够清晰,就会造成学生对物理概念的理解不透彻,对物理规律的"来龙去脉"不清楚,只是死记硬背概念、公式,而不理解其物理意义。

物理是一门从生活走向物理,从物理走向社会的学科,所以物理原理性知识一定是生活情境化的。建立在有感染力的真实事件或真实问题基础上的教学称为情境性教学,情境化教学满足了新课标指导下对物理教学的要求。2022版物理新课程标准指出,物理学是自然科学领域研究物质的基本结构、相互作用和运动规律的一门基础学科,物理学是人类文明和社会进步的基石。我们将通过原理性知识情境化帮助学生从物理学视角认识自然,解决相关实际问题,初步形成科学的自然观。

一 原理性知识情境化拟解决的问题

初中物理是一门考查学生数学计算、抽象推理、公式推演等综合能力的复杂学科,其既是小学科学的提升,又是高中物理的基础。诚然物理学科有其现实性、功用性等重要价值,但在实际教学中依旧存在一些问题。初中物理课程难度虽不及高中,但高中知识基础全部来自初中。物理学科的研究集中于物质构成及物体运动一般规律,因此物理学科与现实生活关联密切,实际应用也极为广泛。如何均衡物理概念和规律及应用间的关系,便是教师需要解决的问题。

(一) 挖掘物理的"生活资源"

物理来源于生活,但很长一段时间里,物理课程和教学都与现实脱轨。实际课程和教学中确实存在枯燥、唯分数论、远离生活实际等问题。改革开放40多年,物理教科书的编写经历了先是经验理性向理论理性的演进,后由学科本位向学生本位的演进,现在由关注物理知识转向关注科学素养。每次变革都有着深厚的时代背景和现实原因,每个理念的构建和落地都是顺应时代,是解决主要矛盾的产物。2022版新课标指出:"从生活走向物理,从物理走向社会",并且在课程内容的五大主题中把"跨学科实践"作为一级主题。新版课标还指出跨学科实践主题要与日常生活、工程实践及社会热点问题密切相关,贴近生活有真实情境的物理课程才是有生命力的课程。物理原理性知识情境化是历史的演进,是课标的指引,是现实的需要。

(二) 学生学习热情欠缺

学生是课堂教学的主体,亦是原理性知识的探究者。情境可以有效刺激学生,不仅使学习过程成为学习的需求,更会让学生产生情感的共鸣。物理学科在教学安排中涵盖大量实践,如摸喉咙感受声音的振动和观察光在生活中的反射规律,学生会对这类生活现象抱有兴趣。但抽象的物理知识极易磨灭学生的新鲜感,进而影响物理教学效果。初中生自尊心较强,对教师的依赖感开始减弱,对教师存在畏惧心理,对自身存有疑惑之处缺乏提问的勇气,对教师讲解偏差之处亦缺乏质疑的勇气,学生的学习热情也会随着学习困难而逐渐减弱。我们将原理性知识结合我们生活中的电子贺卡来解决枯燥乏味的电学基本概念和规律的应用,激发他们的学习激情。物理课本除去公式原理介绍外,还有不少物理学家的名人轶事和民族情感的渗透,教师授课往往忽视了这些故事对学生的启发、激励作用。因此,学生情感及价值取向培养并不到位。例如,二十四节气的物态变化,当我们只是搜集资料分析节气物态变化,学生可能会觉得无趣,如果涉及诗词里的物态变化立刻就有新意,再涉及中国古代二十四节气对中国农耕的指导意义,课程瞬间就有了升华。现实课程实施过程中,一个贴近生活的问题,往往可以调动各个层次的学生,而且会挖掘到平时看不到的闪光点。

(三) 学生关键能力的培养

现实的实例情境化中,解决真实的问题,才能激发兴趣,真正落实核心素养。我们所做的一切活动,最终目的都是培养提升学生的综合能力。在物理学习过程中既要重视学生获取知识的思维过程的建立,更要重视培养、提高学生的能力。学生在学习探索知识的过程中要重视概念和规律的建立,要重在理解和应用。学好物理,要切实提高理解能力,这是基础的一环。这个基础薄弱,其他方面的能力,诸如推理能力、分析综合能力等也就失去了依据。要花时间养成严谨认真的科学素质,否则在学过物理学后,只是死记住一些定义和公式。学生碰到具体问题时,就难以用科学的物理眼光去分析问题,不能把普遍公式与具体情境联系起来,或者不管条件乱套公式,看不清问题的实质。

学生探索学习过程中要贯彻因材施教的原则,注意研究学生的学习基础、实际水平、心理特征和认知规律。在教学过程中,老师要从学生的实际水平出发,设法提高他们的自信心和学习物理的兴趣，调动学生学习物理的积极性和主动性，使他们能够积极地、主动地获得知识和提高能力。

二 原理性知识情境化的实施策略

人类社会对世界进行探索、认知、改造，早期的活动受生活因素、人文因素、社会因素、技艺因素与科学因素等共同制约，因此人类早期是没有泾渭分明的学科之分的。随着社会的发展，分工的细化，人们探究世界的目的、对象、方法与视角出现差别，开始对知识进行分类、归纳和整理，细化的学科分类出现。学科的出现使知识得以很好地传承与发展。21世纪以来，科技高速发展，网络囊括了几乎人类文明的所有知识体系。网络这个载体成为了最渊博的存在，知识的学习已经不限于教室，知识已没有边界，没有时间和空间的限制，我们可以根据自己的兴趣爱好去获取知识，学习的策略也变得多样化。

（一）明确物理新课程标准

现实中的真实问题是复杂的、综合的、多维的，往往涉及多个学科知识。学生在遇到问题时常常从单一角度去思考，难以找到有效的解决方法。针对此现象，物理新课程标准新增一级主题"跨学科实践"，包含"物理学与社会发展""物理学与工程实践""物理学与社会发展"。"跨学科实践"结合学生能感悟的现实问题学习物理知识，渗透核心素养目标，而不是以知识点为中心，讲知识、记知识、套知识、练知识。物理新课标将跨学科实践提升到非常重要的地位，跨学科实践有效落实了物理课程理念中的育人价值导向，关注物理学科与现实世界的联系。跨学科实践在知识上相互渗透，将物理课程内容进行整合，聚合多种学科知识，驱动学生对所学知识进行建构，跨学科实践是社会发展的必然趋势。

（二）联系生活，包装情境

情境是"有我"而在，是主观与客观交互的存在，情境是为了激发思考和情感的存在，情境是可以人为创设的。情境学习是在现实生活情境中进行学习，在情境学习中获得生活经验。生活经验包括事物表象、原始概念、生活技能、观点看法、人生信念、认知图式等。

学生在学习一个难懂的新知时,要寻找与之相似的生活经验,利用学生熟知的生活经验来理解新知。生活经验就是学习新知的催化剂,生活经验是我们学习新知的肥沃土壤,要联系生活,创设情境。

(三) 营造氛围,提高兴趣

在学习的过程中,日复一日年复一年的重复练习是枯燥的,常常会让人产生厌倦。都说兴趣是最好的老师,那么培养兴趣的路上,营造氛围是学习的驱动力,能提高学生的学习兴趣,让学生享受其中。好的情境氛围会给人向往的感觉,把枯燥变成一种乐趣。

营造学习氛围要理解尊重学生的情感,让学生经常有成功的体验。成功的体验会使学生萌发兴趣,增强自信心,激发学生的内在学习驱动力,大大增强学习效果,鼓舞学生自主学习。

(四) 评价多元化

在物理教学中,评价方式也是非常重要的一环。多元化的评价,可以增强学生的学习信心。评价过程可以分为形成性评价和综合性评价,对学生进行多方面的素养考查。形成性评价是指在学习过程中,对小组合作中表现出来的合作能力和思维深度进行评价,从而及时调整安排学习活动,以便更好地促进学生的全面发展。综合性评价是指在教育教学过程中,对学生的学习成果、学习态度、学习能力、综合素质等方面进行全面、客观、科学的评价,它是一种多元化的评价方式,可以更好地反映学生的全面发展情况。

原理性知识情境化通过跨学科的学习模式,以学生为中心,培养会独立思考的发展中的人。原理性知识情境化有助于解决学习脱离目标、难度设置不当、评价时效性差等诸多难题,有助于学生在学习活动中产生愉悦的学习体验,有助于提高学生学习活动中的质量和效果,促进教师的专业发展。

实践智慧 01 ｜ 玩转创意纸电路

一 课程简介

"玩转创意纸电路"不用焊接，不用胶水，材质安全，使用导电胶带和电子元件进行趣味电路创作，以安全、便捷、寓教于乐的方式实现各种奇思妙想。电路知识是纸电路的核心，玩转创意纸电路课程采用了认识元件、掌握原理、设计创新、创意解说四个步骤来实施教学，着重强调电学基础和创新意识的培养，让学生在熟知电路原理后，进行空间想象，设计并制作出立体的纸电路作品。

创意纸电路课程不仅能充分锻炼孩子的动手能力和思考能力，而且能启发学生的想象，培养学生的想象力和创造力。它让枯燥的声学、光学、电学、磁学原理变得其乐无穷，让孩子们在愉快的课程体验中轻松学习，进入奥妙无穷的电子世界。在纸电路系列课程中，学生将会探索不同电子元件的作用和性质。通过实验理解串联电路与并联电路的特性，学生综合运用科学、技术、工程、数学和艺术的学科知识，小组合作设计、制作创意的纸电路作品。在动手制作的过程中将物理知识应用于实际生活，培养学生物理科学思维，激发学生对物理世界的兴趣，利用绘画、故事创作、分享引导大家展开联想，激发学生的创造性思维。

二 背景分析

创造能力、沟通能力、写作能力、思辨及问题解决的能力是 21 世纪人才必备的四项能力，为培养未来社会发展所需人才指明了方向。跨学科学习将原理性知识情境化，是将课堂学科知识与应用紧密相连的纽带。

在教育部印发的《关于全面深化课程改革 落实立德树人根本任务的意见》中，"核心素养"被置于深化课程改革、落实立德树人目标的基础地位。多学科融合教育，淡化分科的界限，旨在促进学生的核心素养发展，促进各个学生的融合使用，培养学生的多方面学习能力。

玩转创意纸电路将在坪山中学的八年级和九年级进行课程实施，八年级学生由于缺乏电学知识，我们将在STEAM课程中实施跨学科学习，九年级则在学习电学内容的过程中拓展课外作业，应用物理，进行学科融合。

三 课程目标

（一）学习者前序要求

1. 了解电路的基本结构：电源、用电器、开关和导线。
2. 能够辨认电源和LED小灯的正负极。
3. 了解串联、并联的电路结构，能够利用纸电路完成串联和并联的电路结构。
4. 了解电路短路、断路的特征，并能够利用短路和断路的知识点分析自己的纸电路的电路故障。对于生活中的电路故障能够有基本的判断和认识。
5. 有一定的合作和制作经验。

（二）STEAM 技能要求

S-科学：1. 认识简单电路的构成。
　　　　2. 解决在实际电路中的电路故障。
　　　　3. 了解科学实验的设计、记录、方法。

T-技术：能够在纸上平整地铺设铜箔、胶带、安装LED小灯和电源。

E-工程：1. 能够绘制纸电路设计图，确定不同零件的安装位置，巧妙设计电路图。
　　　　2. 根据设计图，完成纸电路作品的制作。

A-艺术：根据生活观察和想象力进行艺术创作，对纸电路进行美化和完善。

M-数学：通过用欧姆表测量出电压和电流，算出LED灯的实际电功率和电阻。

（三）学习目标制定

电学的基本知识，学生在小学阶段已有初步认识，在美术课上学生已学会设计贺卡,制作贺卡。随着学生思维能力的发展,初中更注重提高学生的设计和创新能力。本节课前学生已经掌握了电学的基本知识,会判断电路的电路故障,已经绘画好纸质的贺卡,会在纸上铺垫铜箔。本节课根据学生的最近发展区,确定如下学习目标:

重难点:1. 纽扣电池、二极管和灯珠的使用。

2. 串联并联电路转成纸质电路。

3. 巧妙地设计开关的位置,实现电路的通断。

学习目标:1. 观察纽扣电池的正负极,学会使用纽扣电池。

2. 学习二极管和灯珠的使用方法。

3. 设计开关的位置,巧妙实现贺卡的通路和断路状态。

4. 优化贺卡。

完成情况:1. 学生在学习中能够通过之前学的串联并联电路设计出纸质版的电路,大部分学生能够顺利承接知识。

2. 设计电路的开关中会出现电路故障,需要学生去判断电路故障,并学会修正电路,所以在设计开关位置时会出现一定难度,在本节课中共有 2/3 的小组完成开关的设计。

四 课程实施流程

环节	教师活动	学生活动	设计意图
欣赏导入	展示简单的纸电路,回顾电路的构成,复习回顾串联电路和并联电路特点。	联系生活中常见的电路,对实验室常见的器材进行迁移应用,认识简单的电路后,小组讨论电路特点。	类比迁移知识,让物理走进生活,做好学习物理知识的铺垫。
任务一	观察 LED 灯特点,回顾 LED 二极管的连接。以小组为单位,完成学习任务一。请学生介绍二极管的特性。	LED 灯是一个可以发光的电子元件,它有两个电极,一个正极、一个负极。它有一个重要的特性,只能单向导通,就是它的正极必须与电源的正极相连,负极必须与电源的负极相连,才能点亮。	通过回忆 LED 灯的特点,进一步加深学生对 LED 灯特性的理解,为下一步制作多个 LED 灯的纸电路作品做好铺垫。

(续表)

环节	教师活动	学生活动	设计意图
任务二	观察纽扣电池的正负极。	通过观察认识纽扣电池的正负极,学习如何连接纽扣电池。	通过类比迁移常用的电池的连接方式,发现纽扣电池的正确连接方式。
任务三	在纸上平整地铺设铜箔、胶带。	学习如何在纸上铺设电路并熟练应用。	为后续的学习做好技术上的支持。
任务四	教师分享有趣的纸电路作品,供学生参考,引发学生的思考。 教师布置小组任务,以小组为单位,讨论确定设计主题,分工协作,发挥各自特长,制作出有创意的多光源纸电路作品。 具体要求: 层次一:制作有多个LED灯的纸电路。 层次二:有创意,结合绘画、手工让作品充满艺术感。 层次三:有情节,让纸电路作品富有故事性。	小组合作探究设计电路,学生明确任务,确定分工,协商确定主题,为完成作品打下基础。 小组合作完成设计的电路图,动手制作设计纸电路。	发挥每个学生在小组中的特点,因材施教。以小组为单位合作完成纸电路作品,不仅可以提高制作效率,提升作品的完成度,还能培养学生分工协作的能力,发挥学生特长,提升学生自信心。
优化分析	请学生分享自己纸电路的设计理念和特色。	小组分享。 学生之间相互提意见。	学生在分享过程中学会表达,相互了解,相互学习。

五 评价反馈

(一)小组评价

维度	标准1(1分—4分)	标准2(4分—6分)	标准3(7分—10分)	得分
参与度	服从安排,认真活动	是活动中的积极分子	在活动中积极帮助他人	

(续表)

维度	标准1(1分—4分)	标准2(4分—6分)	标准3(7分—10分)	得分
贡献度	完成基础任务	参与攻克本活动的难点	引导并帮助团队完成设计图	
成长度	在活动中掌握了多门学科的相关知识	能运用相关知识解决活动实际问题	积极思考，合作创新。能准确评价自己团队和其他团队的成果	

（二）自我评价

学生根据自我评价表，对自己课堂学习的积极性，平时作业完成的质量，对课程理解力、实践能力，对深入学习的兴趣等方面进行评价。描述性评价总结课程学习的收获、困难和深入学习计划。学生的自我描述性评价可以让学生对学习效果有一个理性的认识。

在本节课中需要学生之间的互帮互助，小组之间要有一定的合作基础。在小组评价量表中，会出现小组之间的评价标准不同，教师小组的成员要有一定的了解。

在本节课中大部分的时间，学生是在进行小组合作探究设计贺卡，有一部分学生喜欢依照视频的设计去设计，设计优化的能力不强。在本节课中需要搭建一个合适的平台，即设计合理的探究活动。一个好的探究活动首先需要学生明确自己的学习任务，借助小组的力量，教师作为辅导进行设计活动，才能有效激发学生的思维。

六 教学收获

灯是生活中能普遍见到的，能在纸上点亮一盏灯，特别是自己动手设计、制作可点亮多盏灯的纸电路作品，让学生充满了浓厚的兴趣。通过纸电路的设计，融合学生电学中所学的基本电路知识，轻松突破本课难点，体现了跨学科的特点。本课通过小组成员密切配合，发挥各自特长，采用"理解原理—确定主题—规划作品—设计制作—展示评价"的流程，贴近生活实际，将艺术、手工、技术和工程等学科有机地交叉融合，渗透工程设计的思想，有助于学生学会设计、学会思考，形成良好的思维习惯和行为习惯。在本节课中，学生能够通过合作的方式解决问题，动脑思考电路的设计和开关位置的设计,培养学生的创新意识。玩转创意纸电路不仅仅是产品的制作,而是引导学生应用所学的内容对产品进行设计,体现学生的思维,引导学生的创新改造,从而实现真正培养人的目的。

  在课程中我们采用了导电胶布,相比铜箔不容易断路。贴片灯珠的使用,使电路更好地隐藏在贺卡中,同时灯珠的电功率较大,发光效果更好,通过对比灯珠亮度的区别为电功率的学习埋下伏笔。在纸电路系列课程中,学生将会探索不同电子元件的作用和性质。通过实验理解串联电路与并联电路的特性,学生综合运用科学、技术、工程、数学和艺术的学科知识,小组合作设计、制作创意的纸电路作品。在动手制作的过程中将物理知识应用于实际生活,培养学生的物理思维,激发学生对物理世界的兴趣,利用绘画、故事创作、分享引导大家展开联想,激发学生的创造性思维。

(撰稿人:深圳市坪山中学 赖洁璇)

实践智慧02 ┃ 二十四节气中物态变化的多情境分析

对二十四节气中物态变化进行多情境分析很好地贯彻了物理知识情境化这一要求。昼夜轮转，寒暑易节，四季交替，学生有切身体会，在二十四节气物态变化多情境分析中，学生不仅可以对物态变化内容有深刻的理解，还可以帮助学生深度挖掘二十四节气这一非物质文化遗产的价值，同时有效落实物理课程理念中的育人价值导向，关注物理学科与现实世界的联系。

一 课程背景

2022年4月，教育部正式颁布了《义务教育物理课程标准（2022年版）》（以下简称新课标），其中指出课程教材要发挥培根铸魂、启智增慧的作用。新课标在课程性质、课程理念、课程目标、课程内容、学业质量、课程实施方面给予了指导和建议。新课标在课程内容方面把"跨学科实践"作为一级主题提出，并在附录里给出了两个跨学科实践案例。本文一定意义上也是跨学科实践案例探究，旨在实际案例实施中促进学生核心素养落地。

现实中的真实问题往往是复杂的、综合的、多维的，涉及多种情境，因此多情境分析课程能够有效落实物理课程理念中的育人价值导向，帮助学生关注物理学科与现实世界的联系。多情境分析在知识上相互渗透，将物理课程内容进行整合，聚合多种学科知识，驱动学生对所学知识进行重新建构。多情境分析发现和思考问题，生成方案，行动反思，再生成，都是有效落实个人核心素养的途径，也是物理课程理念对学科育人导向的价值关切。

"物态变化"是八年级上册第三章的内容，二十四节气中涵盖了物态变化的全部内容，包括熔化、凝固、汽化、液化、升华、凝华，有很强的综合性，可以培养学生利用物理知识分析和解决实际问题的能力。多种情境分析二十四节气的物态变化，也有助于培养学生的知识运用能力、多角度思考问题和解决问题能力,培养学生热爱生活、敢于表达、敢于质疑的精神。

二 课程目标

本课程以《义务教育物理课程标准(2022 年版)》为指引,制定课程目标,旨在落实物理核心素养。具体课程目标如下。

1. 通过总结归纳二十四节气的物态变化,使学生了解生活中物态变化的知识,培养学生运用物理知识解释生活现象的能力。通过做各种物态变化实验,培养学生动手操作能力,养成唯物主义科学观。

2. 通过对二十四节气物态变化多情境分析,培养学生辩证思维,激发学生学习物理的兴趣。本课程通过学生小组合作搜索材料制作汇报方案,培养学生自主探究能力、团队协作能力、提升学生表达能力。

三 课程内容

本课程以二十四节气的物态变化为核心,探索二十四节气在中国历史上对于农耕指导的重要作用。二十四节气是世界非物质文化遗产,同时在地理、生物、文学、科技、美学等方面有着广泛的应用。在本课学习过程中,学生能知道二十四节气内容,了解中国南、北方二十四节气气候特点以及其中显著的物态变化,能搜索资料总结二十四节气物态变化在视觉设计、美术、诗词、农耕方面等方面的应用。

(一)收集并总结二十四节气的主要物态变化

春季节气:立春、雨水、惊蛰、春分、清明、谷雨。立春,一般来说立春的十五天分为三候:"一候东风解冻,二候蛰虫始振,三候鱼陟负冰",说的是东风送暖,大地开始解冻(熔化)。气温回升、冰雪融化(熔化)、降水(汽化、液化)增多。整个春季的六个节气里,全国的大部分地区冰雪渐渐消融,主要的物态变化是熔化、汽化、液化。

夏季节气:立夏、小满、芒种、夏至、小暑、大暑。从立夏开始气温回升加快,暑热程度逐渐增强,"小暑大暑,上蒸下煮"(汽化)。大部分地区降雨(液化)逐渐上升。这个季节主要的物态变化是汽化、液化。

秋季节气:立秋、处暑、白露、秋分、寒露、霜降。立秋,天气转冷。白露、秋分和寒露时节早上会许多露珠(液化),上午消失(汽化)。霜降表示天气更冷了,露气凝结成霜(凝华)。这个季节里主要的物态变化有汽化、液化、凝华。

冬季节气:立冬、小雪、大雪、冬至、小寒、大寒。立冬,"水始冰,水面初凝,未至于坚也"(凝固)。中国北方气温较低,逐渐降到开始降雪、结冰(凝固、凝华)。冰雪消融,这个过程的物态变化有熔化和升华。这个季节的主要物态变化是凝固、凝华、熔化、升华。

(二) 利用生活日用品设计各种物态变化的小实验

液化和汽化:向烧杯中倒入热水,会看到"白气",是液化现象,用玻璃片盖住烧杯,玻璃片上有水珠生成,也是液化。取下小玻璃片,一段时间后,水珠消失,汽化现象。

凝固和熔化:把水放在冰箱冷冻室会变成冰,凝固现象。将冰拿出会消融,熔化现象。

升华和凝华:利用干冰在教室里制造"仙境",干冰放在可乐罐子里,可乐罐子外围会有冰晶出现,凝华现象。碘粒加热后消失,升华现象。

(三) 收集各地区二十四节气指导农业耕种的谚语,结合物态变化说明其理由

不同地区会根据各自气候特点,利用二十四节气指导其农业生产。由中国农业博物馆编著的科普性工具书《二十四节气农谚大全》共收集了全国各地两万多条农谚,例如,北方"清明前后,点瓜种豆"和"植树造林,莫过清明",长江流域"栽秧割麦两头忙",华北地区"收麦种豆不让晌"和"小满不满,麦有一险"等。

(四) 收集并赏析有关二十四节诗词,感受古人智慧

关于二十四节气的诗词非常多,这些诗词不仅体现了古人的智慧,更浸润我们的心灵,例如,欧阳修《小满》、左河水《霜降》等。

四 课程实施

本课程的实施需要小组合作提前收集资料并制作展示作品,班级学生将分为四组,确定组长后,具体实施如下。

(一) 布置任务,组长负责分配任务(预计收集完成时间:2 周)

第一组:收集并总结二十四节气的主要物态变化;第二组:利用生活日用品设计各种物态变化的小实验;第三组:收集各地区二十四节气指导农业耕种的谚语,结合物态变化说明其理由;第四组:收集并赏析有关二十四节诗词。

收集完成后,每组结合任务内容特点设计并完成作品。

(二) 汇报展示(预计课时:2 课时)

每组根据各自任务内容以及整理的资料设计环节进行汇报展示,展示时间为 15 分钟,展示从五个维度进行:台风自然度、表达清晰度、讲解有效度、时间控制度、行为规范度。通过在展示交流质疑思辨中学会物理观念,发展科学思维,学会科学探究,形成良好的科学态度与责任,使学生学科核心素养得到发展。

(三) 学生反馈评价

设置不同维度的评价:自我评价、小组评价、合作评价、效果评价。通过评价去引导学生体会到自主学习、合作学习的重要性,让学生在评价中找到提升自己的方向,增强学生课程的获得感。

(四) 设置多种奖项进行表彰

奖项设置:优秀小组奖、优秀个人奖、最佳组织奖、最佳创新奖、最佳进步奖等,以上的奖项都由学生自己选出。

五 课程评价

本实践案例与新课标吻合度高,面向全体学生,培养核心素养。二十四节气和物态变化内容贴近学生日常生活,二者相结合可以激发学生的兴趣,通过本案例的实施,学生能从中得到收获。他们通过搜索有关二十四节气资料,实地调查家乡中二十四节气的相关应用,整理总结再建构,最后内化指导生活,真正做到从生活走向物理,从物理走向生活。本案例中通过收集分析二十四节气中的物态变化,不仅能够让学生学习物态变化内容,而且能够帮助学生挖掘二十四节气中的文化价值、科技价值、美学价值等。本案例的整体构思已经突破了课堂教学,也跳出了物理教学,同时设置了多样化的评价方式,有效增强学生的获得感。本案例的实施更加突出了合作互助,活动涉生生互助、亲子互动、师生互进,是师生、生生共进共学的动态过程,促进了学生的交流能力,同时在潜移默化中陶冶情操。

　　本案例通过对二十四节气的多情境分析,旨在落实物理核心素养。整个过程有任务分配、小组合作探究、多方位展示、多维度评价。通过本案例的实施,学生不仅加深了对物态变化内容的理解,还能够帮助学生挖掘传统文化的内涵,感受到物理的生活之美。小组合作探究能提升学生交流沟通和协作能力,展示交流可以提升学生对资料的整合能力、分析能力、表达能力,这也是建立兴趣,增加自信的关键。表彰是对学生努力的肯定,增进学生对自我的肯定。

(撰稿人:深圳市坪山中学　范曼)

模态 09
情境性体验感知化

　　情境性体验感知化是一种将个体置身于具体情境中，通过感知和体验来深化理解和认知的方式。在音乐学习中，情境性体验感知化显得尤为重要。通过置身于音乐的情境中，学生能够更深入地感受音符的起伏、旋律的流转，以及背后所蕴含的情感和文化内涵。这种感知化的体验方式不仅丰富了他们的内心世界，也拓宽了他们的文化视野。情境性体验感知化让音乐学习变得更加生动、有趣，激发了学生的创造力和表达欲望。在音乐的情境中，学生们可以自由地感受和表达，用音符编织出属于他们自己的故事，让心灵与旋律共舞。

音乐教育对于青少年健康成长而言极为重要，在我国素质教育理念深入的背景下，需要注重在教学中渗透学科核心素养，而情境性体验教学就是让学生通过欣赏、参与、品评的方式来学习音乐，培养学生的音乐感知能力、理解能力和表现能力，同时增强学生的文化理解。通过创造音乐情境、引导情感、投入利用多媒体、互动体验等手段，形成多样化的音乐情境性体验感知。在实施过程中，教师需要根据音乐作品的主题和情感特点，选择合适的手段和方式，以最大程度地激发学生的感知和情感共鸣，让学生可以从音乐角度对各项作品开展深入分析，领悟其中正面积极的能量。教师在教学过程中需要基于核心素养创新教学体系，为学生开展深度学习提供相应的保障。

一 情境性体验感知化在音乐教学中的必要性

随着现代化教育理念的深入，有关学生基础教育工作要求逐渐提高，教育部也提出了一系列的教学方针，推进五育并举，将培养学生的综合能力作为新型的教学理念，希望以此从根源上解决现阶段教育过程中的问题，帮助教师明确教学方向，让教师能够掌握教学的大方针，培育出实战所需的新型人才。初中音乐作为义务教育环节中必不可少的一项学科，该学科与其余学科相比，具有较强的特殊性，更加关注学生的情感需求。

在音乐学科核心素养中也明确指出，教师需要以全方位为入手点，转变传统的教学形式以及努力实现系统化教学体系，为学生创造实践平台，让学生通过参与体验式课堂感受音乐的韵律美、节奏美，学会用音乐调整调节情绪，用音乐调动情绪。随着国家对"国民幸福指数"的关注，音乐教学不仅作为给学生渗透文化素养，培养学生艺术水平的常规方式之一，更重要的是通过音乐来传达精神文明，传承中华传统文化，用音乐带领学生了解世界文化体系，感受世界文化特色。

二 初中音乐教学情境性体验感知化的主要内容

（一）提高学生鉴赏能力

音乐鉴赏能力是音乐学科必不可少的核心素养之一，在音乐学科教学实践过程中，音乐鉴赏能力主要是指学生在学习和欣赏音乐作品时能够感受音乐中所蕴含的情感，而这项能力对于学生后续发展有着较为深远的影响，将会直接决定学生的音乐学习水平。教师需要通过构建情境性体验平台，让学生参与到音乐表达活动中，通过真实活动提高学生的音乐鉴赏能力，让学生能够通过感官的真实体验去了解音乐背后所蕴含的情感，分析不同音乐的风格。教师在开展鉴赏教学时可以通过不同方式刺激学生的多种感官，让学生能够发现音乐的魅力，进而逐步提高学生的音乐鉴赏能力，让学生能够有欲望对相应歌曲进行分析，逐步提高自身的学习质量。

(二) 培养学生创造能力

现代化教育主要是从素质方面入手，让学生能够成为时代所需的新型人才，而创造力正是现阶段我国社会发展所需要的重要能力。初中音乐教师要以核心素养为依据，对传统教学方式开展优化与创新，可以在一定程度上提高学生的创造能力。不同音乐所带来的感官体验不尽相同，并且每一位学生对其理解与感受也会有所差异。教师创新其教学方式能够为学生创造良好的教学氛围，刺激学生的多重感官，让学生能够获取到心理与情感上的需求，锻炼学生的创造能力。在核心素养教育理念下，初中音乐课程不仅仅是对理论知识的传授，更是对学生的实践能力与创造能力进行培养。教师需要发挥自身的作用，通过指导与引导的方式让学生将乐理知识与实践活动相结合，对其作品进行创作，增加相应的音乐元素，逐步锻炼学生对于美的创造力。

三 初中音乐教学情境性体验感知化的实践策略

(一) 结合影视作品实现情境性体验环境

在生活实践中，我们可以发现电影配乐能够更好地诠释影片要表达的情感，其主要原因就是通过情境和氛围的烘托，营造仿真的感知体验环境，让观影者设身处地地感受音乐的特点。为此，在教学活动中，教师可以引入电影配乐，结合影片片段，给学生构建良好的情境性体验环境，让学生在故事情节的带动下，倾听音乐，感受音乐中传达的情感、力量、精神等。

例如，在欣赏电影《泰坦尼克号》的主题曲《我心永恒》时，教师可以给学生播放《泰坦尼克号》中沉船的片段，在配乐声响起的时候，引导学生感受此刻自己的心境，分析音乐在这个部分中起到的重要意义。① 通过交流,有的学生表示在听到音乐的那一刻,感受到了悲悯、悲壮和心痛。其中悲悯是因为本次海难导致1500余人丧生。悲壮是船长、乐队以及那些将逃生机会让给他人的无私奉献的人,心痛是因为人为的疏忽导致了本次悲剧的产生。结合学生的反馈,可以发现学生能够精准地感受到音乐中传达的情感。由此可见,通过构建体验式音乐学习环境,能够让学生更加清晰地感受到音乐中传达的情感,同时能够更加精准地展现音乐的情感调动价值和情绪缓解价值。

(二) 赏析经典名曲感知音乐乐感

经典名曲是在时间的洗礼中流传下来的优秀音乐作品,因此在初中音乐教学中,引入经典古典音乐可以帮助学生培养良好的学习习惯和审美情趣。它可以帮助学生缓解情绪、激发情感、提高音乐素养、促进思维发展以及培养良好习惯和促进人际交往。因此在音乐教学中,教师可以充分利用经典名曲的意境,结合信息技术和现有教学环境为学生营造音乐感知体验环境,让学生在特定的环境中体会音乐的音律和节奏给人带来的舒缓和紧张的情感。

如巴赫的《G弦上的咏叹调》其曲风高低起伏,第一段旋律悠远流长,曲调平缓,如行云流水般。其第二段犹如波涛汹涌般层层递进,曲调又层层攀升,犹如平静的海面上逐渐掀起了狂风巨浪。因此在带领学生品味这首曲调的时候,教师可以通过VR或者电子显示屏,以海面为背景,让海浪随着音乐旋律的高低起伏而波动,给学生带来听觉和视觉双感官体验,让学生感知音乐的节奏与韵律带来的情感。通过引入经典古典音乐,可以帮助学生培养良好的学习习惯和审美情趣,提高他们的综合素质和文化素养。

(三) 随乐舞动构建音乐情境性体验环境

舞蹈是用肢体动作表达音乐,展现个人对音乐的理解和感悟。因此在音乐情境性体验中,需要注重舞蹈动作的有效应用。② 通过观察学生的舞蹈动作,能够协助教师了解学生是否理解音乐中传达的情感。

---

① 毛婷.以优秀影视作品音乐有机融入初中音乐教学的策略探析[J].考试周刊,2022(41):149—152.
② 薛洁.核心素养视域下初中学生音乐审美感知培养路径刍议[J].华夏教师,2022(4):90—92.

如在《我和我的祖国》这首乐曲的学习和表达中，教师给学生讲解了乐曲特色，教会学生唱歌之后，可以要求学生从座位上站起来，然后播放乐曲《我和我的祖国》，让同学们根据乐曲的旋律、节奏和歌词为乐曲配舞。教师通过观察学生的舞蹈动作，能够感知到学生对乐曲的理解。在乐曲播放完后，教师采访学生，了解学生的动作设计理念。如在播放"你用你那母亲的温情和我诉说"这句歌词时，大部分同学都是用手捧着嘴巴，有一位同学是静静地站着，深情地看着天空。教师采访时，该学生表示："我在认真倾听祖国母亲的寄语。"不同学生对乐曲的理解和感知不同，通过构建情境性体验实践活动，能够让学生更加自由地表达个人的理解，有利于推进艺术创新。

音乐，作为我们生活中的重要元素，具有显著的调节和引导功能，能显著提升人民的幸福指数，是众多人的精神支柱。在初中音乐教学中，教师应根据学生的个性特点，巧妙设计情境性体验活动，使学生以独特的方式表达自己对音乐的理解，从而深化音乐的艺术内涵，激发学生的创新思维，让音乐教育的价值得以充分展现。

实践智慧 01 | 经典古典音乐对城乡结合部初中学生的习性影响

一 活动背景

坪山区地处在深圳较为边缘的地区，城乡结合性质较为明显，学生以及家庭教育都较为不均衡，音乐素养以及习性教育不均衡性尤为突出。古典音乐有着深厚的文化底蕴，我们努力让精选的古典音乐走入初中生的课外生活，让学生了解其作品精髓，探究其中的美好；让这种美好滋养他们的心灵，陶冶他们的情操，从而影响他们的习性。但我校学生的音乐感知能力较为薄弱，要想通过音乐影响到学生习性也比较困难，因此计划在我校的最低年级七年级进行一次经典古典音乐对城乡结合部初中段学生习性影响探究活动，为学生构建良好的感知环境，让学生品味音乐，感受音乐。由于习性教育不是一蹴而就，所以我们预设了一年的活动时间。

二 活动目标

该活动旨在陶冶学生的情操，从而影响学生的习性。通过接触古典音乐，多维度地感知这一音乐范畴，以长时间的古典音乐的熏陶强化古典音乐的文化内涵，同时把古典音乐融入到学生的实际生活中，增强初中生对人类音乐文化的传承意识。活动选择用经典的古典音乐，是因为这些经典的古典音乐，经过时间的洗礼依旧屹立不倒流芳百世，它们是依旧璀璨的人类精神文明的重要组成部分，能让学生学会静下来欣赏、懂得去欣赏，从而影响甚至改变部分学生浮躁的学习习惯或是生活状态。

三 活动安排

为培养学生的音乐感知能力、理解能力和表现力，同时增强学生的文化理解，通过感知体验教学让学生可以从多角度去深入学习，在一年的时间周期里，我们先利用1个月时间，在七年级成立活动小组，并设定本次活动的目标主要围绕以下问题展开：了解什么是古典音乐，古典音乐好在哪里，为什么能够得到几百年的传承，古典音乐是怎么影响初中阶段学生的习性的，我们要如何传承这种文化？音乐教师指导开展相关培训以及研究资料的收集工作。由于学生收集资料需要花费他们课余的时间，为了保证质量，活动将继续花费2个月时间让学生收集有关古典音乐知识体系的资料，整理并制定完整的考察方案。接着4个月时间，学生按计划在本校七年级开展调查、组织参观访问深圳音乐厅等演出场所体验古典音乐，到深圳图书馆等地进行实践活动。最后2个月时间，由活动小组学生整理材料，进行小组讨论，汇总材料完成《经典古典音乐对城乡结合部初中学段学生习性影响探究》活动小结并开展研讨会。在七年级学期结束之前，音乐科组会邀请专家指导研讨相关活动成果，分析不足。

四 活动方式

学生的自主性学习以及多维度融合能帮助他们进一步了解人类音乐文明，在活动中学生通过多样性的学习达到传递文化、传承文化并影响自身向上的目的，让他们更了解世界文化体系，感受世界文化特色。

1. 通过互联网、图书、报纸等途径查询收集相关资料，了解古典音乐的特点。
2. 课外调查、欣赏，学习拍照，做笔记，写欣赏后记和感受，不定期进行研讨。
3. 到音乐厅、图书馆、古典音乐文化中心等演出现场进行学习或观摩相关演出。
4. 学生展演、师生合作开设相应讲座以及课程。

五 活动进程

(一) 团队建设

团队建设不仅能够提高活动效率,更是学生提升能力的一种方式,他们可以通过互相分工、帮助、交流、思想碰撞等让自己在活动中收获满满。活动中组织并成立活动核心成员小组,学生通过自己报名、教师推荐等形式来组织这一队伍,核心成员在十人左右,这样易于组织和落实活动。确定人员之后就召开活动会议,会议上让核心小组成员进行分工,核心小组成员探讨本次活动内容,明确此次的活动目标和任务。

(二) 收集资料整理并制定完整的活动方案

核心小组成员需到图书馆借阅图书、资料学习,从拓展知识面入手,每一位成员都先根据自己的思路去学校或者区图书馆进行资料的查询,并根据每个人对课题的理解做好相应的知识点概括汇总。在课余时间,他们保持最少一周一次的探讨,研究把握好该活动的内容和方向,并把自己的学习心得在讨论会上提出来分享。这种学习方式可以延伸到日后其他学科的学习当中,为他们后续各类学科发展提供参考,学生之间的思维碰撞最能激发起他们进一步探索的兴趣。

成员们在研讨后对活动推进做好准备,让成员们分工做好相应的课件以及筛选有代表性的经典古典音乐作品。大家在研讨后选择了几个作品作为推广内容,当中包括贝多芬的《命运交响曲》、约翰·施特劳斯的《蓝色多瑙河》、莫扎特的《小步舞曲》和《小星星变奏曲》以及海顿的《告别交响曲》等,方便在日后进行全年级宣传推广。

(三) 活动问卷调研

为使活动更有效地进行,我们在七年级的12个班级内抽选50名学生进行问卷调查,真实记录调查内容,并在后续进行分析。根据收集回来的问卷内容,统计后完成《经典古典音乐对城乡结合部初中学段学生习性影响探究活动问卷调查分析报告》,具体如下。

第一题,只有两人没有听过"古典音乐"这个名词,占4%,其余96%的同学都听说过。

第二题,有十一位同学从来没有听过古典音乐,占22%,其余78%的同学曾经听过古典音乐。

第三题,关于古典音乐的代表人物,三个选项中选择贝多芬的有四十六人,占比92%,选猫王的有一人,占比2%,选王菲的有三人,占比6%。

第四题,关于古典音乐对我们生活是否有影响的选择,选择第一个答案觉得有的有三十六人,占比72%,选择没影响的一人,占比2%,选择不知道的有十一人,占比22%。

第五题,选择听过音乐会的有三十六人,占比72%,选择没有的十四人,占比28%。

第六题,认为古典音乐能影响人的习性的有四十二人,占比84%,选择没有影响的有十一人,占比22%。

第七题,关于自己印象深刻的古典音乐作品,没有写任何答案的学生有二十五人,占比50%。填写了一个至四个答案的有25人,占比50%,写有答案的部分学生中,有的写的是中国作品,有的写了古典时期作品,全部都写了古典时期作品的只有一人,占比2%。

根据问卷结果分析可知,七年级同学们对古典音乐的概念比较模糊,在以前的学习体验中没有分清楚哪一些是古典音乐,对狭义的古典音乐时期的代表人物,同学们也不了解,他们对于古典与现代的区别,古典音乐这些概念都比较模糊,还有占比一半的同学对古典作品没有深刻印象,有个别还误以为中国的作品也是古典作品。所以做这个课题的探究很有必要,我们活动组成员希望更多的美好音乐能够走入同学们的心中。

(四)古典音乐知识普及

针对学生的短板问题,结合小组成员汇总的古典音乐资料,大家合力完成《古典音乐概况》《为什么听音乐会要讲规矩》的课件制作,并邀请指导老师邹觉志在日常音乐课堂中给七年级的所有同学们传递古典音乐的知识内容。

(五)走进音乐会

活动成员选择一天到深圳市大剧院欣赏音乐会,在一个半小时的音乐会中,亲身感受到了许多书本知识无法代替的体验,流动的音乐让每个在场的成员心潮澎湃,他们从海顿、莫扎特、贝多芬等多个作曲家的交响乐作品中得到非常多的鼓舞,如果不是亲身经历,学生很难理解到这些在他们生命中的意义,古典音乐真的是非常美妙。

(六) 发挥特长,宣传活动

我们学校有自己的管乐社团,社团学生都会学习演奏乐器。在推广古典音乐方面,学校也不遗余力,乐团会选择一些有趣的曲目进行研究,重要的是学校还邀请了乐团指导老师给予该活动很多的意见,让管乐社团在年级的音乐会以及学校开放日演出等活动中将经典的古典作品作为宣传内容,让更多的学生和家长们接触和体会古典音乐的魅力。

(七) 展开研讨

常态化的学生研讨加上教师辅导、专家辅导研讨等方式让活动更加有趣,大大促进了活动的进程。渐渐地,学生会一起学习研究,甚至周末会邀请指导老师一起到书堆中寻找资料。学生能在讨论中不断完善知识架构,在音乐课堂上更为积极地探讨音乐方面的问题,而且不仅仅停留在古典音乐,其他的音乐范畴他们都有兴趣去探索。当学校邀请专家们来指导时,学生都认真听取指导意见。

六 活动后的反思

在该活动的实施过程中,参与人员更深刻地了解到成长期的孩子,其个人习性与他们接触到的生活日常息息相关,当我们把音乐从书本里抽离出来,生动地通过各种方式呈现出它有趣的一面时,能让学生更多地了解音乐内涵,让每个人都能参与其中,细心聆听,敢于探索思考,并不断地提升自身素养。随着该活动的顺利推进,音乐的充分感知对他们养成良好的习性起到积极的作用,但是由于条件有限,所以还存在一些值得思考的地方。

(一) 成果分析

1. 学生能通过这次活动拓展视野,从比较直观的方式了解古典音乐,系统性地去认识古典音乐,并在欣赏音乐、筛选音乐中提升自身的音乐修养。

2. 学生通过音乐赏析以及教师授课的方式,改变了以往欣赏古典音乐的看法和习惯,也对观影等场合的礼仪有了比较正确的认知。

3. 在成员的宣传中，通过学校管乐团结合学校活动进行的音乐欣赏展演，让更多的同伴以及家长群体对高雅的古典音乐有了全新的认识，对学生良好习性的培养起到潜移默化的作用。

4. 课题让学生们通过不断探索，对古典音乐作品触类旁通，举一反三，丰富了他们的校园生活，从知道到了解，学生不断成长，并在其中渐渐建立自信。

(二) 存在问题

1. 由于活动的时间短，对于古典音乐这个庞大的知识体系而言，不论是时间，还是空间，学生研究的范围有一定的局限性，我们发现这个课题如果能通过更长时间的践行，培养学生良好习性的效果会比现在明显，也期待在日后孩子们能继续探索。

2. 由于坪山地区生源音乐素养参差不齐，以至于学生之间各类基础知识水平有很大的差距，在问卷以及实际课程探究过程中，他们对课题的理解和吸收都有很大差距。

3. 由于此次活动未能做到全校普及，日后有待进一步扩大活动范围以及影响力。

(三) 提出建议

该活动结束后，大家也思考了如何在日后工作中做好延伸和应用，核心小组成员提出以下建议。

1. 在日常教育教学课程中倡议班级以及学校开展相应的活动，在音乐课堂上，教师进行关于古典音乐方面内容的渗透，在课后的拓展方向上也可以有所侧重。

2. 开展校本课程的时候，可以增加"古典音乐赏析"的课程项目，让有兴趣的老师和学生都参与进来，并成为古典音乐的代言人，传递美好。

3. 通过日常阅读的校刊、校报、音乐科组宣传栏、广播站、学校电视台等多渠道传递古典音乐的好处以及相应的作品，让全校范围内师生更好地接触到古典音乐。

4. 进一步利用学生管乐社团的力量，多排练出经典的曲目让学生在校级、区级平台上更多地接触到古典音乐，培养高雅情操以及良好的习性。

5. 多为学生们提供相关资讯服务，利用市、区的文体资源，或者周边兄弟学校的资源，丰富拓展学生的眼界。如深圳市音乐厅、深圳大剧院、坪山大剧院、龙岗文体中心、坪山区音乐图书馆、古典音乐沙龙等等。

综上所述，我们认为经典古典音乐对城乡结合部初中学段学生的习性影响是具有一定积极性的,不仅体现在学习上的优秀,生活上的适应,还有个人修养的优良,个人目标的树立与追求。

(撰稿人:深圳市坪山中学　林可欣、邹觉志)

实践智慧 02 丨 电影片段配乐的鉴赏与创编实践

一 活动背景

一次音乐课,给学生播放著名音乐剧《音乐之声》的片段。没想到教室的音响突然罢工了,学生只能观看"默片",他们觉得没了配乐根本无法欣赏,结果草率结束。等到下次音乐课音响修好了,随后再次将这个"未完成"的片段播放出来,有了音乐对故事情节的渲染,大家瞬间就被吸引住了,悠扬的歌曲配乐一下子把大家的情绪带入到情景中。学生才知道电影中的配乐有着这么重要的作用,那他们能不能也尝试着给喜欢的电影片段配乐呢?一定很有意思吧!于是电影片段配乐的鉴赏和创编实践活动就正式拉开帷幕。坪山中学有着优秀的合唱与管乐特色社团,该社团的日常训练中,老师也会选择一些大家熟悉的电影配乐作品,让团员演唱与演奏。经过长期系统的专业学习与训练,随着演唱、演奏的作品越来越多,学生实践的经验也越来越丰富。这两个社团的学生都具备了一定的音乐表演能力,也掌握了基本的乐理知识,对音乐的创编也有相关的知识理论支持。在有了一定的艺术积累后,学生对电影配乐有了更深的理解与感悟,相信他们有能力尝试去对电影片段进行简单的创编配乐实践。

二 活动目的

学生通过观看电影的方式对其中的配乐作品进行多维深度鉴赏,激发他们的艺术学习兴趣。利用视听感觉结合的有趣方式将平时所学音乐知识运用到创作实践当中去,提高自身的艺术表演力,懂得一些创编技法。

三 活动设计

(一) 活动方向

为了让加入的学生最终能创编简易小作品,活动设置了一些需要解决的问题:

1. 电影配乐的作用是什么?
2. 不同题材电影的配乐分别有什么特点?
3. 创编技巧与方法有哪些?
4. 如何给电影片段创编一段简单的配乐?

(二) 活动手段

1. 组织团队

活动的团队是学校的合唱社团和管乐社团,先采用集体培训的方式,后面由学生根据自身情况选择创编的方式(单独创编或者团队创编)。

2. 电影鉴赏

音乐是以感官体验为基础的学科,因此,我们广泛组织学生观摩拥有经典配乐作品的电影,采用结合教材以及教材外互为补充的方法,和学生一起观赏了《音乐之声》《悲惨世界》《歌剧魅影》《大鱼海棠》《寻梦环游记》《马戏之王》等一系列电影作品。对于一些得过多项奥斯卡奖的电影音乐作品或格莱美奖音乐作品和各类音乐剧作品等,学生会针对片段进行分析与讨论,展开深度鉴赏,如《Do Re Mi》《云中的城堡》《Remember me》等著名的配乐曲目,从中了解不同题材电影的配乐要求,从实际中感知电影音乐的魅力。

3. 现场观摩

到音乐厅、文化中心等演出现场学习观摩,并且尽可能地参与到演出中,获得亲身的实践心得,如观看《宫崎骏》电影配乐音乐会,观看电影《大鱼海棠》,在校际艺术节演出电影《你好,李焕英》的主题曲《萱草花》等。

4. 资料查阅

通过上网搜查,到坪山图书馆借阅书籍、文献、期刊等查询相关资料,了解电影配乐的发展历程、音乐特点及创作手法。

5. 调查研究

针对活动的特点,提出客观的问题让同学们作答,更好地理解初中生心目中的电影音乐扮演了什么角色以及他们对电影音乐了解的程度与喜爱程度,总结出同学们心中 10 首最佳的电影配乐作品,并简述原因。

6. 交流讨论

学生在观摩与实践中记录自己的心得体会,形成文字,组内成员定时进行交流学习,列举出自己阶段性观摩到的电影配乐作品的特点,分析其创作内涵,分享自我心得,为后面的创编成果打好牢固基础。

7. 教师引导

在探究过程中,学生多次向老师请教,老师针对大家提出的相关问题开展了多次专业知识的培训会,帮助学生初步掌握乐曲创编的方法与技巧,支撑研究的顺利进行。

8. 创作实践

学生选取了五个不同的电影片段,根据其故事背景脉络、人事物特征等,为其创编简单的乐曲或者选配合适的作品,再进行演唱或者演奏实践。

(三)活动过程

1. 专题专讲

本校音乐社团的班级定期进行专题为《电影片段配乐的鉴赏》的系列活动,让参与活动的学生了解什么是电影音乐,通过学习去了解这类型音乐的特点,并自己概括出来。

2. 问卷调查以及数据分析

在开展活动的最初阶段,因实际需要在八年级展开了一次"电影配乐"内容相关的问卷调查,针对活动的特点,提出客观的问题让同学们作答,目的是更好地理解初中生心目中的电影音乐扮演了什么角色以及他们对电影音乐了解的程度与喜爱程度。调查共一百人参与,我们对数据进行分析后,发现同学们对于电影音乐并不陌生,对近几年出现的一些著名电影里的音乐非常熟悉并且喜欢,只是同学们都不知道如何用更好的方式去欣赏鉴赏相关的电影音乐,所以出现了认知断层的问题。像单选题第三题,大部分同学都知道电影配乐对电影情节发展的重要性,并且在单选题第四题中体现出大约有 26% 的同学去音乐厅听过电影相关的音乐会。这些数据让学生活动小组的成员在刚开始研究的时候有些惊讶,尤其是在单选题第二题中呈现了50%的同学都觉得自己挺了解电影配乐的,不过从另一个侧面说明了大家已经越来越了解音乐对电影的作用,这也是本次活动要展开研究最重要的一部分。

3. 实践与观摩

为了以更开阔的方式体验本次活动,学生们走进深圳大剧院聆听《宫崎骏》电影配乐音乐会,到坪山中影电影院观看影片《大鱼海棠》,到坪山图书馆借阅书籍等,进行了一系列实践活动,过程中大家记录心得体会,彼此进行讨论交流。实践活动后,每个人基于对课题的理解做好相应的知识点汇总。在课余时间,学生们一起学习探讨研究的内容和方向,并把自己的学习心得在讨论会上提出来分享。此外,项目组利用学校的资源,邀请指导老师林可欣、田径队课题组成员作知识教授与创编手法的运用教学,同时教师也在日常音乐课堂中给广大的同学们传递古典音乐的知识内容。

4. 创编与实践

许许多多的前期铺垫,不仅仅拓展了学生的知识面,更重要的是在实践中学生的实践能力得到提升。学生选取了五个不同的电影片段,根据其故事背景脉络、人事物特征等,为其创编简单的乐曲或者选配合适的作品,从而进行演唱或者演奏实践。整个过程中,学生们不断地推倒重来,最终得出大家都满意的作品。学生也尝试根据自己的艺术特长(如各类乐器特长、歌唱特长、乐理特长等)为其进行配乐创编,大家组内分工协作、及时分享成果,最终进行成果展示。

(1) 作品一:《白蛇·缘起》

电影《白蛇·缘起》是一部动画电影,这部电影是在中国民间传说"白蛇传"基础上的创新,讲述了白素贞在五百年前与许仙的前身阿宣之间的一段刻骨铭心的爱情故事。观看了电影后,大家对男主阿宣与女主小白在西湖桥上重逢的片段印象深刻。

了解了电影背景与选定了片段后,大家对配乐所需的乐器进行了讨论。有些同学建议使用中国传统乐器古筝与笛子,而有些同学则认为用作为"乐器之王"的钢琴来演奏一定十分动听。学生进行了不同乐器合作的尝试:"钢琴+古筝""钢琴+笛子""古筝+笛子"。经过了一番讨论与投票,最终大家认为古筝与笛子的演奏最符合电影古风的韵味。在录制成品的时候,还加上了打击乐器三角铁,丰富了整体的音效。

通过这个活动的探究,学生认识到了电影的配乐要符合电影的风格,这将决定配乐的乐器选择。另外,只要大胆创新与尝试,就会得到很好的效果。

(2)作品二:《猫和老鼠》

电影《猫和老鼠》围绕着一对常见的家猫汤姆和老鼠杰瑞而展开,是一部老少皆宜的动画片。其中在《小雪人喜欢我》这集中,老鼠杰瑞在奶酪上跳舞时的优美舞姿吸引了同学,看得他们都想跟着一起跳起来。

有着钢琴基础的唐叮当同学想尝试用钢琴为电影片段配乐,杰瑞跳的是三拍子的华尔兹,所以唐叮当同学也选用了同样为三拍子的圆舞曲。钢琴优美的音色,配合她灵动的手指,欢快的旋律与杰瑞的舞蹈一起轻盈跳跃,真是一场视听享受。

(3)作品三:《雪绒花》

著名音乐电影《音乐之声》中有许多大家耳熟能详的歌曲,例如《Do Re Mi》《雪绒花》《孤独的牧羊人》等。其中《雪绒花》这首歌曲通过赞美奥地利国花,表达了上校一家对祖国的热爱之情。学生选取了电影最后上校一家翻山越岭逃离奥地利的片段,通过人声无伴奏合唱的方式来进行配乐。为了配合画面中群山的空旷,学生特意去了体育馆,大家分散站在看台两边,每个人中间的间隔很远,这样合唱的音效听起来更加空灵,让听众产生环绕的听觉。

歌曲演唱的速度也比较缓慢坚定,体现出上校一家翻山越岭虽然很艰苦,但是丝毫没有影响他们对祖国的热爱。

(4)作品四:《摇啊摇》

歌曲《摇啊摇》选用的视频片段来自一首儿童歌曲。画面呈现了一个宁静的夜晚,猫头鹰眨着眼睛,与小星星在天空中遨游飞翔,让学生感受到了温馨与宁静,特别适合编配一首摇篮曲来为这个片段进行配乐。由于乐理知识与记谱能力有限,学生一起构思旋律,过程中请林可欣老师指导和声如何编配,在不断的修改与创作中形成了二声部旋律,最后再请老师帮忙进行了记谱与修改。在田老师的钢琴伴奏下,大家为影片录制了动人的歌曲《摇啊摇》。

(5)作品五:《萱草花》

近年来有一部叫做《你好,李焕英》的电影十分热门,学生看了这部电影后,无不被影片中妈妈无私的爱所打动,于是大家决定要用合唱的方式为影片进行配乐。在老师的指导下,学生学习了简单的合唱编创技巧,了解到一般高声部演唱的是主旋律,中声部与低声部演唱和声,也可以让旋律在三个声部直接穿插交替进行,这样在听觉效果上更有层次感。在录制歌曲时,学生用气息支撑着每句旋律。在主旋律交替的时候采用了鱼咬尾的技巧,让乐句听起来更加连贯优美,这样更能打动观众,引起共鸣。通过这个案例的研究,学生也希望能把自己对母亲的爱,借助为电影配乐的方式表达出来!

四 活动小结

在活动过程中,学生发现,电影配乐是一门很深奥的音乐类别,如果感兴趣,应该再深入研究下去,继续提高自身的音乐鉴赏能力,掌握更丰富的音乐理论和乐理知识,从而挖掘更多的创编可能性。在实践中,他们会根据电影的风格与类型,决定配乐的音乐基本要素,例如速度、力度、音色等,最后,选用合适的创编技法创编出旋律,再选取合适的表达方式来演绎。他们还能在博览作品、不断积累学习的过程中探究如何为电影片段进行简单配乐,利用视听感觉结合的有趣方式将平时所学音乐知识运用到创作实践当中去,将对故事的理解与情感表达以乐章的方式呈现出来,从而有效培养自己的音乐创编能力。

(撰稿人:深圳市坪山中学　林可欣、邹觉志)

模态 10
创新性传承操作化

创新性传承操作化，即将传统文化与现代审美相融合，在保持传统文化内核的同时，巧妙地融入当代审美观念和先进技术，从而创作出既蕴含传统魅力又彰显时代风采的艺术佳作。以往，传统艺术受限于地域文化和手工技艺，审美标准相对单一且缺乏多元性，材料和技艺亦显得单调，束缚了创作者的想象力。然而，随着互联网的崛起，文化的多样性重塑了多元审美观念，评判标准变得更为开放和包容。多种文化元素的交融使得艺术作品展现出多元文化的魅力，同时现代科技的引入也逐步打破了传统美术手工的局限。这种文化的多元性和科技的丰富性，为提升学生的审美和培养学生的创造力开辟了广阔的新天地。

传统文化艺术是中华民族五千年文明史的精髓,是中华民族的瑰宝。初中美术教学作为学生艺术教育的重要途径之一,应当承担起传承和弘扬传统文化艺术的责任。通过在初中美术教学中融入传统文化艺术,可以引导学生了解和认识传统文化艺术,提高学生的审美能力和文化素养,同时也可以促进传统文化艺术的传承和发展。本文旨在探讨传统文化艺术在初中美术教学中的实践,以期为相关教育工作者提供参考和借鉴。

一 创新性传承操作化的缘起

(一) 传统文化艺术在初中美术教育中存在的问题

传统文化是文明演化而汇集成的一种反映民族特质和风貌的文化,是各民族历史上各种思想文化、观念形态的总体表现。中华民族传统文化源远流长,博大精深。初中教学引入传统文化传承,往往会出现无所适从的情况,如何取舍,选取哪些内容,成为迫切需要面对的问题。

其次,因受到地域保护、行业垄断、无人传承等,很多传统文化艺术面临技艺传承模糊不全,核心关键技艺缺失等情况,严重影响了传统文化艺术的传承。

再次,由于时代变迁,时移事迁,有些传统文化失去了原生土壤,学生的共情缺乏基质,给传统文化在美术教学中的实施造成困难,学生对传统艺术的兴趣不高,认为其与现代生活脱节,缺乏实用价值。这使得他们在学习中缺乏主动性和积极性,对传统艺术的了解和掌握程度有限,难以获得全面和深入的学习体验。

(二) 传统文化艺术在初中美术教学中的重要性

1. 传承和弘扬传统文化艺术。初中美术教学是传承和弘扬传统文化艺术的重要途径之一。通过课堂教学和社会实践等活动,可以让学生了解和认识传统文化艺术,激发学生对传统文化的热爱和尊重,从而促进传统文化的传承和发展。

2. 提高学生的审美能力和文化素养。传统文化艺术具有独特的艺术魅力和文化内涵,是提高学生审美能力和文化素养的重要素材。通过欣赏、实践和创作传统文化艺术作品,可以让学生深入了解传统文化的内涵和精神,提高学生的艺术鉴赏能力和文化素养。

3. 培养学生的创新思维。传统文化艺术具有多样性和创造性，通过学习传统文化艺术，学生可以激发创新思维，创造出更具个性和特色的艺术作品。

4. 丰富美术教学内容和形式。传统文化艺术具有丰富的教学内容和形式，可以为美术教学提供大量的素材和资源。通过融入传统文化艺术，可以丰富美术教学内容和形式，提高学生的学习兴趣和参与度。

二 创新性传承操作化在初中美术教学中的实践

传统文化艺术在初中美术教育中的实践是指通过美术教育的方式，将传统文化艺术融入初中美术教学课程中，以达到增强学生的文化自信和民族自豪感，培养学生的审美能力、文化素养和创造力的目的。

首先，传统文化艺术在中小学美术教学中的应用和价值已经得到了广泛关注。许多学者和研究人员通过实证研究和案例分析等方法，探讨了传统文化艺术在中小学美术教学中的作用和意义。

其次，传统文化艺术在中小学美术教学中的应用现状得到了广泛的关注。传统文化艺术在中小学美术教学中的课时量逐渐增加，学生有更多的机会了解和学习传统文化艺术。

最后，中小学美术教学的发展趋势也呈现出注重传统文化艺术的趋势。随着新课程改革的推进和教育理念的不断更新，中小学美术教学逐渐注重中国传统文化的传承和发展。一些学校和教师开始尝试将传统文化艺术融入教学中，以丰富教学内容，培养学生的综合素质和文化素养。同时，传统文化艺术的传承和发展也得到了政府和社会各界的支持，为中小学美术教学中传统文化艺术的应用提供了更好的环境和条件。

目前深圳市学校教育传统文化艺术传承也出现了欣欣向荣的情景。比如深圳市坪山区第二外国语学校的《创意皮影》课程，将水墨艺术与数字媒体艺术结合，既可以寻求传统文化与现代艺术的平衡，又可以在相互融合、相互影响的过程中更好地促进和发展传统文化与现代艺术，既是传承传统文化，也是丰富当代艺术形式的文化内涵。同时通过综合学习和探究学习，引导学生在具体情境中探究与发现，找到不同知识之间的关联，培养学生的创新意识与解决问题的能力。像《当京剧角色遇上衍纸艺术》等课程,都能将传统艺术融合时代元素,创造出学生能够接受和理解的艺术形式,通过技法创新、情景激趣等教学手段不断将传统文化融入学校的教学实践当中。

三 创新性传承操作化的行动

(一) 开设相关的课程

例如开设中国画、书法、剪纸等中国传统文化艺术课程,让学生有机会学习和体验传统文化艺术,提高学生的实践能力和文化素养。

(二) 设计教学方式和方法

1. 欣赏传统艺术作品,深入了解传统文化艺术。在传统文化艺术课程教学中,可以通过欣赏传统艺术作品,让学生深入了解传统文化艺术的魅力和内涵。例如,可以引导学生欣赏中国画、书法、剪纸等传统艺术作品,让学生了解传统文化艺术的风格和特点,提高学生的艺术鉴赏能力。

2. 开展社会实践活动,感受传统文化艺术的现实意义。社会实践活动是感受传统文化艺术现实意义的重要途径之一。初中美术教学中,可以组织学生参观博物馆、艺术馆等文化场所,参加传统文化的社会实践活动,例如参加书法比赛、剪纸比赛等活动,让学生感受到传统文化艺术在现实生活中的意义和价值。

3. 结合现代社会发展,创新传统文化艺术的教学方式。加强传统文化艺术与现代社会的联系,可以为传统文化艺术的教学提供新的方式和手段。

就目前学校的剪纸课程来讲,将剪纸艺术融合平面动画制作,加入声乐效果,可有效促进学生对剪纸艺术的深入理解;通过创作一定主题的剪纸作品或具有实用功能的剪纸装饰作品等,来自同学的赞美和亲人的鼓励,可以让学生获得情感上的满足感。将剪纸艺术和客家文化相结合,所创作的作品在相关的客家文化节上的作品展示,将剪纸作品和红色文化相结合,在相关的革命文化展览中展示,同样可以让学生获得宝贵的成就感。

传统文化艺术要更加注重学生的参与过程,侧重对学生兴趣的激励,探索评价指导的多元性,将学生个人评价和小组评价相结合,经验分享与改善对策相结合,创作构思和技法表现相结合。可以概括为三个方面:一是课堂学习、实践创作评价;二是课外材料收集、记录、整理评价;三是学期末的"创意之星""探索之星"等荣誉称号的评选,以评促教。

中国传统文化艺术在初中美术教学实践中具有重要的意义和作用。学校应进一步加强传统文化艺术的宣传和推广,建立传统文化艺术课程体系,开展更多样化的教学活动,进一步推动传统文化艺术的传承与发展。

实践智慧 01 ｜ 校本剪纸课程的探索与实践

中国传统文化源远流长,剪纸艺术作为其中的重要组成部分,具有独特的历史和文化价值。随着社会的发展和外来文化的冲击,许多传统文化面临着传承危机。为了保护和传承剪纸艺术,越来越多的学校开始将剪纸纳入校本课程,成为学生综合素质教育的一部分。本文以坪山中学剪纸工作坊为例,探讨剪纸校本课程在中学教育中的实践与探索。

一 背景与理念

剪纸艺术是中国最具代表性的民间传统艺术之一,具有悠久的历史和独特的艺术价值。然而,随着社会的发展和外来文化的冲击,许多传统文化的传承面临着危机。为了保护和传承剪纸艺术,坪山中学开设了剪纸工作坊,并以此为基础开发了剪纸校本课程。

剪纸艺术教育的理念是弘扬中华民族优秀的传统文化艺术,提高学生的审美能力和动手能力。通过学习剪纸艺术,让学生了解中国传统文化的内涵和精髓,增强文化自信和民族自豪感。同时,剪纸艺术教育还可以培养学生的创新思维和实践能力,提高学生的综合素质。

二 目标与价值

剪纸校本课程的目标是让学生掌握剪纸的基本技能和知识,了解中国传统文化的内涵和精髓,提高学生的审美能力和动手能力。同时,通过学习剪纸艺术,让学生了解中国传统文化的多样性和丰富性,培养学生的文化自信和民族自豪感。

剪纸课程的价值在于其独特的文化内涵和艺术价值。剪纸艺术是中国传统文化的重要组成部分,具有深厚的历史底蕴和独特的艺术风格。通过学习剪纸艺术,可以让学生了解中国传统文化的精髓和特点,增强学生的文化自信和民族自豪感。同时,剪纸艺术还可以培养学生的审美能力和动手能力,提高学生的综合素质和文化素养。

三 框架与内容

坪山中学剪纸校本课程主要包括以下几个方面:(1)基础知识:包括剪纸的历史、发展和基本技能等。(2)临摹练习:通过临摹大师作品,学习基本的剪纸技巧和方法。(3)创作实践:根据主题创作剪纸作品,培养学生的创新和实践能力。(4)作品展示:展示学生的作品,增强学生的自信心和成就感。具体内容如下:

初级阶段:学习剪纸的基本技能和知识,包括折纸、画样、剪刻等步骤。同时,通过欣赏大师作品和临摹练习,让学生了解不同风格的剪纸特点和技巧。

中级阶段:在初级阶段的基础上,通过创作实践和作品展示等活动,培养学生的创新和实践能力。同时,通过讲解中国传统文化的内涵和精髓,让学生了解中国传统文化的多样性和丰富性。

高级阶段:进一步提高学生的创新和实践能力,通过参加比赛、展览等活动展示学生的作品。

我校校本剪纸课程分为四个板块:蔚县剪纸、剪纸基础练习、剪纸进阶练习以及结业设计,学时1学年,共56课时,课程安排如下。

1. 蔚县剪纸。在这个板块中,学生们将了解中国民间剪纸艺术的起源和发展,以及蔚县剪纸的文化、风格和特点。他们将学习使用蔚县剪纸的工具,包括蜡板和刻刀,并掌握其使用技巧和步骤。这个板块需要2课时。

2. 剪纸基础练习。在这个板块中,学生们将认识和了解各种剪纸符号,并熟练掌握剪纸的方法和技巧。他们将能够完整临摹基础的剪纸作品,并学习了解剪纸符号在作品中的运用,刻刀及蜡板的正确使用方法,十二生肖、动物、花鸟的临摹练习以及剪纸作品的装裱。这个板块需要22课时。

3. 剪纸进阶练习。在这个板块中,学生们将能够完整临摹更复杂的剪纸作品,并学习设计和绘画剪纸底稿。他们将掌握简单套色剪纸的方法,并学习如何运用所学的剪纸符号来设计画出剪纸底稿。这个板块需要 20 课时。

4. 结业设计。在这个板块中，学生们将独立或分组完成主题性的剪纸作品。他们将设计和创作底稿，并完成剪纸作品的创作。最后，他们的作品将被展示出来。这个板块需要 12 课时。

通过这个课程，学生们将能够全面了解和学习剪纸艺术，掌握剪纸的基本方法和技巧，并能够创作出自己的剪纸作品。他们将有机会展示自己的作品，并与同学和老师分享自己的学习成果。

四 教学策略

剪纸教学可以采用三种基本策略：教师主导的教学策略、师生互动的教学策略、学生自主探究的教学策略。

（一）教师主导的教学策略

教师主导的教学策略主要是教师向学生传授教学内容，包括讲解法、演示法、呈现法等。在这种策略中，教师起着主导作用，主要表现在以下几个方面。

1. 讲解法。教师系统地讲解蔚县剪纸的历史与发展，分析优秀剪纸作品的特点，使学生对剪纸艺术有更深入的了解。

2. 演示法。教师通过演示剪纸作品，让学生直观地了解剪纸艺术的技巧和手法，增强学生对剪纸艺术的感性认识。

3. 呈现法。教师通过呈现优秀的剪纸作品，引导学生欣赏和分析，提高学生的审美能力和艺术素养。

（二）师生互动的教学策略

师生互动的教学策略主要是借助师生对话交流，共同思考、共同操作、共同解决问题，高效地获得知识和技能。这种策略需要学生掌握一定的基础知识并具备一定的判断分析能力，或具备一定基本技能及相应的操作能力，可以采用以下方法。

1. 情境法。通过创设情境，如播放民俗活动视频或展示民俗文化故事，激发学生对剪纸艺术的兴趣和想象力。

2. 参观法。组织学生参观剪纸艺术展览或民俗活动，让学生亲身感受剪纸艺术的魅力,加深对剪纸艺术的理解和认识。

(三) 学生自主探究的教学策略

学生自主探究的教学策略主要是通过小组合作的方式让学生自主探究学习。在这种策略中,学生是学习的主体,教师主要起到引导和辅助的作用。具体方法如下。

1. 小组合作。将学生分成小组,让他们合作完成一幅剪纸作品。在这个过程中,学生可以互相学习、互相帮助,提高学习效率和合作精神。

2. 自主探究。让学生自主选择感兴趣的主题,运用已学的知识和技能创作剪纸作品,这样可以培养学生的创新能力和自主学习能力。

五 评价与效果

在剪纸教学中,评价是非常重要的一部分。通过评价,可以验证剪纸课程实施的可行性和有效性,以及教育价值;教师可以掌握教学计划与目标的实现情况,作为改进教学的依据;学生可以及时了解自己的能力和水平,认识自我,促进学习。在评价中,我们需要注意以下几个方面。

1. 评价的全面性。评价不仅包括学生的剪纸技能和作品质量,还要考虑学生的学习态度、合作精神、创新能力等方面。

2. 评价方式的多样性。可以采用多种评价方式,如课堂表现、作业批改、课外展示和比赛活动等。这样可以让学生从多个角度了解自己的学习情况和进步。

3. 激励性评价。对于学生的作品和表现,要及时给予肯定和鼓励,增强学生的自信心和学习动力。同时也要指出不足之处,帮助学生改进和提高。

4. 建立成长记录。通过建立学生的成长记录,可以让学生看到自己的成长过程和进步,同时也可以为今后的学习和教学提供参考。

通过以上方法和策略的实施,我们相信剪纸教学可以取得良好的效果,具体表现在以下几个方面。

第一,提高学生的学习兴趣和积极性。通过多样化的教学方式和策略,可以让学生更加深入地了解剪纸艺术,并产生浓厚的学习兴趣和积极性。

第二,提高学生的审美能力和创新能力。通过教师的引导和学生的自主探究,可以提高学生的审美能力和创新能力,让学生创造出更加精美和独特的剪纸作品。

  第三,增强学生的合作精神和沟通能力。通过小组合作和师生互动等方式,可以增强学生的合作精神和沟通能力,让学生更好地适应集体学习和生活。

(撰稿人:深圳市坪山中学 张阳、柳汝军)

实践智慧 02 ǀ 我为客家文化代言

一　问题的缘起

有一次,坪山中学的"剪纸兴趣班"来了一个新学生,在自我介绍中说他来自梅州,是客家人。有一个同学说"我也是客家人,我们都是新客家人",结果大家哄堂大笑。我就问大家,怎么定义"客家人"和"新客家人"？大家七嘴八舌,不得要领。后期我们学校接触到项目式学习的方法,我又想起了这个事情。我想既然项目式学习是以问题为驱动,不如以"如何创作一批客家文化的主题作品"作为问题驱动,做一个项目式的学习,于是就有了这一次的真实案例。

二　课程设计

此次项目式学习是在初二年级"剪纸实验班"进行的,每周1课时,计划课例的实施为一学期。本年级学生已有剪纸的基础,所以最初的想法是调查了解客家的分布情况、民系民俗特征、性格特点,并以作品展览的形式向大众宣讲,继而起到继承和发扬客家文化的作用。在获得了大部分老师的肯定后,我开始了解和思考课程的设计规划。

要开展这一主题教学,首先要确定课程研究的思路。通过初步了解客家民系的产生,我想首先让学生收集整理客家文化知识,包含：(1)客家先民迁徙线路考究；(2)客家先民人口分布考究；(3)坪山地区客家民居考究；(4)坪山地区客家民俗考究。在完成初期的文化理解之后,学生构思需要展览的作品,并根据构思最终完成物化的成果。

课程评价：为了更好地推进项目的开展,促进学员的分工协作,我们结合物化结果,制定量化评价指标。

三 课程实施

(一) 课程的实施与启动

首先我通过PPT给大家简单介绍了客家民系的形成,和大家一起回忆了客家人的一些生活习惯,然后结合课题的计划,进行了小组分工。为了让大家对这次项目最初的目的有一个思考,我安排了一个活动,就是大家讨论本次课程的名字。课程名字的设计,目的是想通过这样一个活动,让大家重新审视关于这次活动最初的目的。在我把课程的思路告诉大家之后,学生以自然组选择自己的研究项目之后,开始思考本次课题的名字。我让大家先充分讨论,然后每人写下自己觉得最好的名字,每小组推荐3个,然后全班投票。孩子们的思路新颖,提出了不少想法,如:"寻根之旅""客家情缘""新客家人""客家之谜""迁徙之痛"……在感慨孩子们的思路活跃之余,也引起了我的进一步思考,最后大家确定了本次项目式学习的名字为"我为客家人代言"。

(二) 调查与思考

坪山传统上是客家人重要的居住地,坪山有名字的老围屋就有二十五处之多。2018年3月的某个周六,我带领剪纸班的孩子们开展了为期一天的校外实践活动。这次活动让我们更加体会到了古时客家人居住的气息。我们走进社区,了解坪山新区客家老围屋的分布,探究建筑结构及布局特点,为进一步的学习研究积累了第一手资料,同时对身边的同学和邻居做了相关调查,具体内容如下。

序号	问题	选项
1	你是客家人吗?	○是 ○否
2	你知道"客家"是什么意思吗?	○知道 ○不知道
3	你会讲客家话?	○会 ○不会
4	你周围的客家人和非客家人生活习惯有明显区别吗?	○有 ○无

（续表）

序号	问题	选项
5	你对客家的民居感兴趣吗？	○是　○否
6	如果有了解客家文化的机会，你感兴趣吗？	○有　○无
7	你觉得哪一种客家精神在坪山客家人中最能体现（可多选）？	○硬颈精神　○吃苦耐劳 ○勇于开拓　○崇文重教 ○精诚团结　○民族意识
8	请问你对客家文化哪一方面比较感兴趣（可多选）？	○客家话　○客家美食 ○客家精神　○客家建筑 ○客家迁徙历史
9	下列哪些习俗属于客家人的？	○麒麟舞　○捡骨葬 ○大盆菜　○娘酒
10	写出您最喜欢的一道客家菜。	

经过查阅资料和调查之后，同学们自发组成3个自然组，并给自己小组取名为纸艺空间、后来"居"上、言而有"信"。大家逐渐明确了自己的研究分目标和任务。

组别	物化目标	活动内容	理论目标
纸艺空间	制作剪纸作品	制作客家主题剪纸作品。	撰写调查报告
后来"居"上	制作民居模型	以"龙田世居"为原型，按150∶1制作。涉及知识：安防、排水、微缩模型知识。	
言而有"信"	制作明信片	以客家文化常识为基础梳理出"客家八大样"作为代表性的常识，进行设计创作，并作一些风俗文化的知识梳理。	

（三）实施与操作

项目式学习主要是在纸艺社团中开展。剪纸艺术是中国的传统艺术，也是社团重点讲授的知识版块。由于脱离了其历史土壤，剪纸这一传统的艺术形式变得衰落。但

165

是作为中国传统文化,我们首先要有继承和发扬的心。而新时代的各类艺术元素,也必定给剪纸带来新的风貌。对于剪纸,很多人也只是停留在"窗花"这一概念当中。这次项目式学习把剪纸和主题创作融合,创作具有文化符号的作品,这对于提高学生美术创作能力、审美表达能力、文化理解力具有非常重要的作用。复杂的纹样,精巧的构思,细致的操作,无不考验着同学们的耐心。

创作学习的过程是非常愉快的,由于孩子们每次活动课都有自己的任务,所以每节课他们都觉得时间过得很快,下课后也是迟迟不愿离开。经过两个学期的努力,孩子们也陆陆续续完成了自己的作品。

在模型创作组,大家觉得要体现出客家围屋的建筑特点,平面的剪纸很难反映全貌,于是提议做纸雕立体模型,通过剪裁和拼贴制作3D微缩模型。纸艺创作形式多样,纸张的样式、制作手段也非常丰富。学生们通过实地的测量和记录,得到了龙田世居的原始数据,按照150∶1的比例精心设计。在设计的过程中,学生进一步了解了客家民居在排水系统的独特设计以及在防御和防盗方面的工事卓越之处。

在系列民俗明信片创作小组的项目活动中,孩子们整理出了别具代表性的客家的民俗特征——"客家八样",包括民族迁徙、麒麟舞、大碗菜、客家新年、祭祖、娘酒等八项文化基因。

学生在学习和制作中,表现出了极高的热情。课堂时间不够用,大家利用周末的时间来学校完成作品。学生们完全沉浸在创作作品的愉悦心境当中,因为目标明确,大家都积极投入其中。随着学习的深入,学生逐渐了解了更多关于客家的民俗知识和美术创作技巧。

之后,我带领孩子们将部分作品拿出来参加坪山区2018年首届学生手工工作坊展览,最后不负众望取得了坪山区手工工作坊第一名的好成绩。

一年的学习时光很短暂,我将一些作品制作成复印件精心装裱留给孩子们作为礼物。这一年的学习,孩子们掌握了一些小小"手艺",而且走进了地域文化。在整个过程中,他们学会了收集资料,学会了创作的基本方法,学会了如何把小小一张红纸经过他们不懈的努力变成可供欣赏的"作品",学会了如何将一些生活的元素融入作品,也体验了客家人不屈的创业精神。作为老师,看到孩子们学有所成,还有什么比这个更令人兴奋的呢?

四 成果与汇报

经过两个学期的努力,同学们达成了预期目标,对客家文化的知识作了梳理,并完成了自己小组的作品。最后的课上,大家完成了汇报任务。

五 思考与提升

本次课程的开发与实施,始终坚持在真实的学习情境中培养孩子们的美术核心素养,在目标的达成过程中,让学习自然发生,具体做法如下。

(一) 以问题为驱动,让学习成为自我需要

教师在整个学习过程中,将知识的传授隐藏于任务当中,结合一定的主题,使学生善学、乐学。在教学中,学生有新的发现,我总是大加赞赏,同时鼓励学生既要有大的模块的概念,又有层层剖析的精神。

(二) 确定学生在学习中的主体地位,追求知识成自我成全

在教学过程中,教师要找准学生认知的起点,引导学生逐渐树立以传承客家文化的责任为驱动,以主题探索为方向,以创新思维的培养为切入点,让学生自主观察,主动思考。比如,在任务的完成过程中,学生们不断挖掘客家的相关知识,将学习被动变为主动就是很好的印证。在参观龙田世居时,有的同学就好奇这个围龙屋四面围合,内外两三层,广东雷雨天气较多,水是怎么排出去的呢? 是不是和门口的水塘有关系呢? 水塘的水会不会倒灌呢? 后来,在一次暴雨的天气,他还专门跑到一处客家老宅查看院子里的走水情况。这些一系列的问题,学生如果没有身处情境之中,很难探究得如此细致。

(三) 美来源于生活,要经得起普通人民的审视

美是在生活中起源和发生的,学生必须在生活实践中注重感性积累。孩子们完成的作品初稿,我让他们在自我审视的同时,让他们多和同学、邻居沟通,让他们提出具体的意见。在主题选材、作品形式上,不能脱离了大众的认知和生活经验。让学生能充分感受到美与生活的密切联系,与大众审美的密切联系,从而体会到学习的价值。

（四）以美育智，以美育德

在教学过程中，强调传承传统艺术、传统文化的同时，更加注重创新能力和文化责任的培养。比如，在剪纸的制作过程中，同学们第一次做这种大型的主题剪纸，动辄一米以上的画幅样稿，画起来很费劲，有的同学采用了先绘制铅笔小稿，再进行局部放大，将 A4 样稿，扩大到一米以上的制作图上，局部放大拼贴，分几次完成，创意地解决了创作的技术难题。在教学的过程中，及时发现学生的亮点，固化优点，鼓励学生主动发现问题的能力，鼓励学生注重自我要求，鼓励学生精益求精的工匠精神，鼓励学生学习过程中表选出的合作和坚韧，鼓励学生发现传统文化中美的符号，注重传统文化潜移默化的熏陶，使孩子们逐渐树立传承传统文化的责任。

（撰稿人：深圳市坪山中学　柳汝军、张阳）

模态 11
智能性技术生活化

　　智能性技术生活化,代表着科技与日常的无缝衔接,将科技的智慧深深植入生活的每个角落。这一过程并非单纯地用工具替代,而是人与技术的深度融合,共同创造新的生活体验。它告诉我们,技术并非遥不可及,而是与我们息息相关,可以感知、可以触摸、可以互动。智能性技术生活化的过程中,我们学会了倾听技术的声音,理解技术的语言,掌握技术的脉搏。这种互动与理解,让我们在享受技术带来的便捷与舒适的同时,也培养了我们的创新思维与解决问题的能力。智能性技术生活化,是一种全新的学习方式,让我们在生活的实践中,感受科技的魅力,体验科技的力量。

近年来，创客教育、人工智能（Artificial Intelligence，简称"AI"）教育在教育领域持续热门，受到社会高度关注。教育部也对创客教育、STEAM 教育、人工智能等创新型教育给予了充分肯定，并出台了相应的政策予以支持。

本文以《义务教育信息科技课程标准（2022年版）》为依据，以深圳市人工智能课程纲要为指导，以核心素养为导向，以创新教育为驱动，以具体实践案例为载体，通过课堂教学、实践操作、项目研究等多种形式，引导学生了解人工智能技术的原理和应用，培养他们的创新思维和实践能力。同时，我们还将注重培养学生的团队协作能力和跨学科思维能力，为他们未来的发展奠定坚实的基础。通过"感知、体验、实践、探究"的方式，实现智能技术的教学目标，切实落实人工智能教育教学。

一　人工智能教学进课堂

当今信息社会，在中小学生中开展人工智能教学是重要且必要的。

中小学生通过科学知识的学习，培养和提升了兴趣，知道科学知识的重要性，从而提高认识科学、向往科学的热情。通过人工智能应用场景的学习，孩子们认清楚时代的发展趋势，抓住机遇努力学习、不负青春，成为建设祖国的优秀接班人。

（一）政策背景

自 2017 年以来，中国政府对人工智能和编程教育的重视日益凸显。在国务院发布的《新一代人工智能发展规划》中，提出了利用智能技术推动人才培养模式和教学方法的改革，构建新型教育体系，其中包括智能学习和交互式学习；要求我国中小学阶段设置人工智能、编程教育等课程，完善相关课程体系。

在 2018 年 4 月 13 日，教育部印发的《教育信息化 2.0 行动计划》中，再次强调了完善课程方案和课程标准，充实适应信息时代、智能时代发展需要的人工智能和编程课程内容，推动落实各级各类学校的信息技术课程，并将信息技术纳入初、高中学业水平考试。

（二）现实背景

在当今数字化时代，人工智能作为一项日益重要的技术，正在为我们的生活、工作、娱乐等方方面面带来更多智能化的可能。随着智能化设备的普及，我们的生活变得更加便捷和舒适。从智能家居到智能配送、智能驾驶、智能穿戴等,它们已经深入到我们生活的各个角落,并持续不断地优化和升级。

智能化设备为我们带来了诸多优势,包括提高效率、降低成本、提升安全性、提供便利、节约时间以及增强娱乐性等。可以预见,未来这些设备将会变得更加智能化和普及化。

《义务教育信息科技课程标准(2022年版)》强调了创新导向的重要性,注重课程的综合性和实践性,着重发展学生的核心素养。该标准从信息科技实践应用出发,强调理解人工智能与现实社会的联系,教导学生认识信息科技对人类社会的贡献和挑战,体现了"科"与"技"并重的理念。

综上所述,在智能化时代,人们的生活与工作已经与智能产品密不可分。因此,掌握智能产品的应用、理解智能产品的工作原理以及学习人工智能技术已经成为每一位公民必备的知识与技能。作为未来的主人,中小学生也需要具备一定的人工智能素养和能力,以适应智能化的社会和环境,同时为自己的学习和未来发展打下坚实的基础。

二 智能技术生活化:让生活更智能

智能技术已逐渐渗透到我们的日常生活中,从家电到数码产品,再到智能穿戴设备,都与智能技术紧密相连。这些智能产品不仅改变了我们的生活方式,还让我们的生活更加便捷、高效、个性化。

智能产品利用人工智能、物联网、大数据等先进技术,将普通产品提升为具有更高价值和更广泛应用的产品。它们能够更好地适应用户的需求,提供更便捷、更高效、更个性化的服务。随着技术的不断发展和创新,智能产品也在不断地更新迭代,让我们的生活进入智能化时代。

(一) 生活中的智能技术

1. 智能门锁

智能门锁是智能家居领域中的一种产品,它通过密码、指纹、刷卡、人脸识别等多种方式实现开门操作。这种智能化的门锁提高了安全性,降低了钥匙被盗或遗失的风险。同时,智能门锁还具有远程控制、访客管理等功能,让我们的生活更加便捷和安全。

2. 智能手机

如今,智能手机已经普及到每个成人甚至小孩手中。这些设备内置了各种人工智能技术,如语音助手、智能照相、人脸识别等。除了基本的通讯功能,智能手机还能用于工作、学习、健身、娱乐等多个方面。通过物联网技术,智能手机还能与其他设备进行互通,实现更多功能。

3. 智能家电

智能家电是指通过智能算法控制家电的工作状态,实现智能化操作和控制。例如,智能空调可以根据室内温度自动调节冷暖风,智能热水器可以根据用户的习惯自动调节热水温度,智能冰箱可以通过智能算法判断食材的保质期并进行冷冻保鲜。这些智能家电不仅提高了生活的舒适度和便利性,还为用电安全和节能提供了更好的保障。

(二)智能产品的技术解析

智能产品能够实现智能化,主要是由传感器技术、数据处理与分析技术和智能算法三部分组成,下面将详细介绍这些组成部分。

1. 传感器技术

传感器技术是智能产品不可或缺的重要部分。它能够感知周围环境的变化,并将这些环境信息转化为电信号输出,为后续的数据处理和算法分析提供基础。

例如,在智能垃圾桶的设计中,传感器技术就发挥了重要作用。超声测距传感器能够检测到距离数据并将其转化为电信号,再通过数据处理和智能算法的控制,实现垃圾桶的智能化运行,完成无接触、自动翻盖、定时合盖等功能。

2. 数据处理与分析技术

数据处理与分析技术是智能产品的核心。由于传感器采集到的数据量巨大,因此必须借助数据处理技术对数据进行清洗、分类和预处理等操作,为设备的智能化运行提供支持。

例如,在智能无人驾驶汽车中,摄像头会采集到大量的周围环境照片。通过机器学习、大数据分析和深度学习算法的处理,这些照片可以转化为对车辆行驶有价值的情报。经过算法的训练和学习,车辆能够自主学习和决策,最终实现自动驾驶的智能化目标。

3. 智能算法

智能算法是智能产品意识和决策的核心。在数据处理与分析之后,智能算法能够将分析和处理过的数据进一步数字化。这使得产品能够对大量数据进行训练和学习,从而实现智能化的应用控制和优化。

以人脸识别技术为例,首先会对摄像头采集到的数据进行预处理,如裁剪、灰度化、缩放等操作,使数据更加干净、纯粹。随后进行特征提取,将处理过的数据数字化。最后,通过智能算法对数字化信息进行训练和学习,实现人脸识别技术。

三 实施"智能性技术生活化"学科实践模态的路径

1. 确定目标。明确实践模态的目标,例如提高学生的智能性技术应用能力,促进智能技术的生活化应用等。人工智能教学应致力于培养学生的核心素养,包括形成人工智能意识,发展人工智能思维,履行人工智能社会责任,以及积极适应和融入人工智能社会。课程设计应遵循学生发展规律,符合教育教学原理,引导学生保持好奇心与求知欲,形成良好的学习习惯,主动发现身边的智能设备;同时乐于提问,敢于质疑,学会在真实情境中发现问题、解决问题,具有探究能力和创新精神,发展计算思维。在生活中,面对各种层出不穷的智能化设备,能积极主动迎合适应。

2. 学科融合。《深圳市义务教育人工智能课程纲要》的实施建议中提到要积极创设跨学科教学。AI 是一个涉及多学科领域的综合性领域,包括计算机科学、数学、生物学、神经科学、认知科学、脑科学、心理学、社会学、哲学等。将这些领域的知识融入到活动中,可以形成多维度多层次的人工智能课程体系。例如,结合思政课,可以探讨人工智能给社会带来的利与弊;在音乐课上,可以利用 AI 歌词创作软件、AI 作曲软件、智能音箱等人工智能知识完成简单的创作;在美术课上,可以利用人工智能进行 AI 作画等等。

3. 设计实践项目。在日常生活中,智能设备的应用越来越广泛,学生们对此并不陌生。因此,引导学生观察生活,关注身边的智能设备及其使用情况,结合所学的 AI 知识,分析其工作流程和工作原理,是实施"智能性技术生活化"学科实践模态的重要步骤。根据《深圳市义务教育人工智能课程纲要》的要求,对于5—6年级的学生,应能够描述智能设备的优点和缺点,并提出改进方案;对于7—8年级的学生,应能够设计制作简单的智能设备,实现人机交互的简单应用。在人工智能教学中,学生不仅要掌握其工作原理,还要能利用所学知识,设计一些简单的智能设备,如智能垃圾桶、智能语音播放、自动楼道感应灯等。

4. 创新实践。鼓励学生进行创新实践,例如设计和开发新型的智能技术产品,探索智能技术在生活化应用中的新模式。

5. 合作交流。组织学生参加校内外各种科技竞赛、技术交流等活动,促进他们之间的合作与交流,同时也可以借此机会与其他学科的学生进行互动。由于人工智能应用通常涉及跨学科、多模态的综合项目,需要多人分工合作才能完成。例如,一些同学可能负责搭建机器人,一些同学可能负责编写程序,一些同学可能负责展示演讲。因此,在实施过程中,应设立小组协同机制,让同学们在完成任务的过程中相互配合、分工合作,提升基本的合作能力、团队精神。这样不仅有助于项目的顺利进行,还能培养学生的团队协作能力和沟通技巧。

6. 持续学习。鼓励学生持续学习,掌握智能技术的最新动态,了解最新的技术发展趋势和应用场景。

7. 项目实施。根据具体实践项目的需求,制定详细的项目实施计划,包括项目目标、实施步骤、时间安排等。

8. 反馈与调整。在项目实施过程中,及时收集反馈信息,对实践模态进行必要的调整和优化,以确保达到预期的目标。

9. 成果展示。在项目完成后,组织学生进行成果展示,分享他们的实践经验和成果。这不仅可以增强学生的自信心和成就感,还可以为其他学生提供参考和借鉴。

10. 总结与反思。在实践模态结束后,进行总结和反思,总结经验教训,为以后的实践提供参考。

通过以上步骤的实施,"智能性技术生活化"学科实践模态将得以顺利推进,学生的智能技术应用能力也将得到有效提升。在科技日新月异的时代背景下,智能化技术已经深入到我们生活的每个角落。智能设备如智能家居、智能扫地机器人、智能垃圾桶、智能手环、智能导购等已经普遍存在于我们的日常生活之中。

实践智慧 01 | "最后一公里"智能配送

一 案例背景

随着计算机技术、互联网技术、物联网技术等高科技的发展,全球兴起了网购潮流。据统计,2010 年中国网络购物市场交易规模接近 5 000 亿,达 4 980.0 亿元,占到社会消费品零售总额的 3.2%;同时,网络购物用户规模达到 1.48 亿,在网民中的渗透率达 30.8%;随着互联网的成熟与普及,网络购物的优点更加突出,日益成为一种重要的购物形式。人们热衷于电子商务带来的足不出户的方便快捷,中国的整体网民规模增长进入平台期。

物流行业原本是关于货物运输的,但是强大的顾客需求和市场需求是促进物流行业发展和进步的强心剂。随着数字化和智能技术的不断发展,物流和配送行业也正经历着革命性的变革。传统的物流模式正逐渐演变为智能物流,通过引入创新的架构和技术,从而提高交付效率和可靠性。科技的发展为物流行业提供智能化技术支持,在提供方便快捷的同时,还降低了运营成本。

总之,科技的发展,促进电商时代的发展;电子商务的发展冲击传统物流,促进物流行业的智能化发展,引领物流行业的变革。"最后一公里"智能配送,方便快捷,是人工智能在生活的应用。

二 智能配送系统分析

(一) 智能配送的概念

1. 物流与配送

在中国国家标准《物流术语》的定义中指出:物流是物品从供应地到接收地的实体

流动过程,根据实际需要,将运输、储存、装卸、搬运、包装、流通加工、配送、回收、信息处理等基本功能实施有机的结合。配送是物流的一个缩影或在某小范围中物流全部活动的体现。由此理解,配送是指在一定区域范围内,对物品进行拣选、加工、包装、分割、组配等作业,并按时送达指定地点的物流活动,主要是针对同城内小范围内的运输,属于物流的一种形式,更偏向于短途运输。这种运输更加快捷,更能解决现如今许多消费者的需求。

2. 智能配送

智能配送系统是指利用系统集成技术,使物流系统模仿人的智能,具有思维感知、学习、推理判断和自行解决物流经营问题的能力,从而使物流系统高效安全地处理复杂问题,为客户提供方便快捷的服务。本案例的智能配送,指的是在一个园区内的物流。

(二)智能配送技术分析

智能配送系统的技术支持:将物流技术、人工智能技术、计算机网络技术及其他相关技术(自动识别技术、传感器技术、通信技术、自动分拣系统)用系统工程方法有机地结合起来。本案例主要用到以下技术。

1. 自动识别技术

随着人类社会步入信息时代,人们所获取和处理的信息量不断加大。传统的信息采集输入是通过人工手段录入的,不仅劳动强度大,而且数据误码率高。之后,以计算机和通信技术为基础的自动识别技术得到发展并发挥着重要作用。自动识别技术(Automatic Identification and Data Capture)就是应用一定的识别装置,通过被识别物品和识别装置之间的接近活动,自动地获取被识别物品的相关信息,并提供给后台的计算机处理系统来完成相关后续处理的一种技术。

本案例用的识别装置是虚拟摄像头,通过扫描货物上的条形码,利用机器感知的相关技术,实现自动识别出货物上的信息,并根据信息结果,把货物运送到相对应的楼宇"快递堆放区"。

2. 传感器技术

传感器技术是一种能够将物理量转化为电信量的技术。它通过感知周围环境的变化,并将这些变化转换为可以被电子设备识别和处理的信号。在现代社会中,传感器技术已变得越来越重要。传感器技术的本质是实现信息的感知、搜集和转换,因此,它在多个领域都有广泛的应用,如工业自动化、智能家居、健康监测等。

灰度传感器是一种常用的光电传感器,可以用来测量物体表面的光强,从而得到物体表面灰度值。灰度传感器的原理主要是基于光电效应和光敏电阻效应。为了实现园区内无人驾驶的货物运输,本案例采用了四个灰度传感器。利用这四个灰度传感器,可以实现小车的掉头、左转、右转、巡线等功能。

3. 智能算法技术

智能算法是智能化技术的核心,是对数据分析结果的抽象和归纳。智能算法可以通过机器学习、深度学习、模式识别等技术对大量数据进行训练和学习,从而实现智能化的应用控制和优化。

三 育人目标分析

(一)聚焦核心素养

信息科技课程核心素养,主要包括信息意识、计算思维、数字化学习与创新、信息社会责任。这四个维度有各自的特征,同时又互相支持、互相渗透,能够共同促进学生数字素养与技能的提升。

1. 在本案例中,通过观看智能配送的视频,了解智能配送的过程,感受、探究、理解互联网对社会各领域的影响;体验互联网交互方式,感受互联网和物联网给人们的学习、生活和工作方式带来的改变。

2. 通过学习 3D One AI 人工智能三维软件(平台),熟悉网络平台中的技术工具、软件系统的功能与应用;能根据需求,设计和搭建简单的物联系统模型,体验其中数据处理和应用的方法与过程。

3. 通过编程,培养学生自主动手解决问题、掌握核心技术的意识;培养学生的计算思维,尝试模拟、仿真、验证解决问题的过程,反思、优化解决问题的方案,并将其迁移运用于解决其他问题。

(二)落实人工智能课程纲要

《深圳市义务教育人工智能课程纲要》中对 7—8 年级学生的学业要求是初步掌

握运用人工智能解决问题的过程与方法。本项目借助 3D One AI 人工智能教学平台,通过实验、模拟、仿真等方式,学生能设计智能配送的解决方案,学会用计算思维解决实际问题。

四 "智能配送"实施过程

(一) 具体任务描述

"智能配送"是为了解决智能物流中的"最后一公里"问题,借助 3D One AI 软件,在 3D 虚拟环境下编程、仿真,实现社区(园区)内货物的智能配送。本案例通过启动四个虚拟摄像头,用图像识别技术检测货物中编好的二维码信息。根据识别到的信息结果,调用"机械臂"夹取该货物并装载到智能小车上,通过巡线技术,把货物送到相应楼宇指定的"快递堆放区",再原路或按指定路线返回。

(二) 模块设计

根据人工智能教学的特点,本案例拆分成几个模块。

1. 机器感知模块。通过虚拟摄像头,使用"图像识别"模块,识别货物上的条形码信息。

2. 机械控制模块。软件提供"机器臂"模块,机械臂分肩关节、大臂、小臂,通过调用机械臂的模块,调整大臂小臂的角度、机械臂的高度等参数来控制货物的夹取。

3. 智能控制模块。通过对伺服电机、舵机、真空吸盘等电子件的控制,实现货物转动、小车翻斗、货物自动夹取等智能化功能。

4. 巡线模块(掉头、直行、左转、右转)。启动灰度传感器检测智能小车的位置,实现小车自动巡线的功能。

(三) 知识目标

1. 了解智能配送的概念和应用。

2. 虚拟仿真运行"智能配送"场景,初步体验人工智能在生活中的应用。

3. 通过仿真场景的演示,感受 3D 立体场景,加强空间思维的提升。

4. 掌握 3D One AI 模块化编程的相关工具,培养计算思维。

5. 了解机器臂、电子件、控制等模块的使用。

6. 学会"自上而下,逐步细化"的程序设计思路。

(四) 教学重点

学会"自上而下,逐步细化"的程序设计思路。

(五) 教学难点

掌握 3D One AI 模块化编程的相关工具,培养计算思维。

(六) 程序拆解,分步落实

根据程序设计的"自上而下,逐步细化"的思路,本案例从上到下,拆分成若干个任务:

1. 任务一:完成识别货物,夹取和装载货物的程序。

实现功能:识别货物上的条码信息。

使用模块:"图形识别"模块的虚拟摄像头启动,启动条码识别。

积木编程:

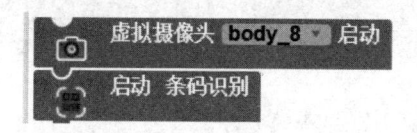

实现功能:判断识别到的条码信息。

使用模块:"逻辑"模块的"如果……执行……"语句。

积木编程:

实现功能:机械臂夹取货物。

使用模块:"机械臂"模块。

积木编程:

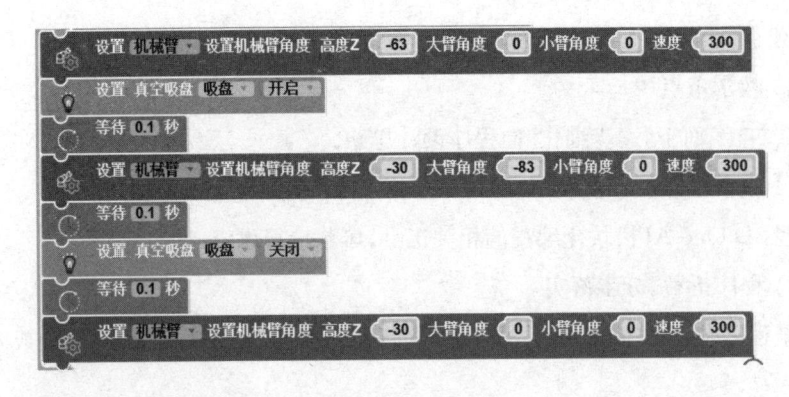

```
设置 机械臂▼ 设置机械臂角度 高度Z -63 大臂角度 0 小臂角度 0 速度 300
   设置 真空吸盘 吸盘▼ 开启▼
   等待 0.1 秒
设置 机械臂▼ 设置机械臂角度 高度Z -30 大臂角度 -83 小臂角度 0 速度 300
   等待 0.1 秒
   设置 真空吸盘 吸盘▼ 关闭▼
   等待 0.1 秒
设置 机械臂▼ 设置机械臂角度 高度Z -30 大臂角度 0 小臂角度 0 速度 300
```

2. 任务二：完成转盘转动的程序。

实现功能：货物自动转动到虚拟摄像头正面(假设转盘上有 10 个货物)。

使用模块："伺服电机"模块。

积木编程：

```
设置 伺服电机 转盘▼ 速度 0.5 旋转 36 角度
```

3. 任务三：完成智能小车掉头的程序。

实现功能：智能小车掉头。

使用模块："电子件"的马达、"虚拟传感器"的检测结果、"循环"直到型循环。

积木编程：

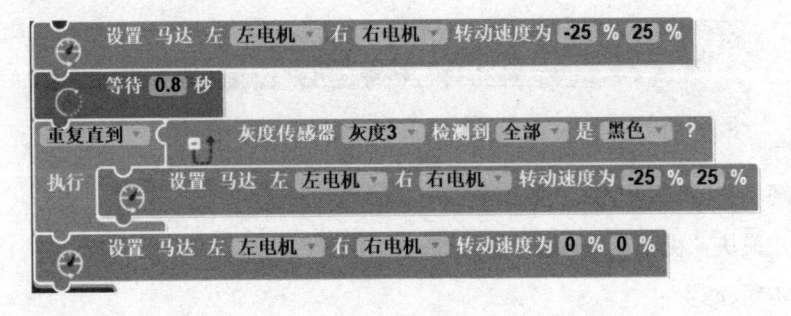

```
设置 马达 左 左电机▼ 右 右电机▼ 转动速度为 -25 % 25 %
等待 0.8 秒
重复直到▼  灰度传感器 灰度3▼ 检测到 全部▼ 是 黑色▼ ?
执行  设置 马达 左 左电机▼ 右 右电机▼ 转动速度为 -25 % 25 %
设置 马达 左 左电机▼ 右 右电机▼ 转动速度为 0 % 0 %
```

4. 任务四：完成智能小车自动驾驶的程序。

实现功能：小车沿着黑色线行驶，实现左转、右转、巡线、后退等。

使用模块："电子件"的马达、"虚拟传感器"的检测结果、"循环"直到型循环。

模态11 智能性技术生活化

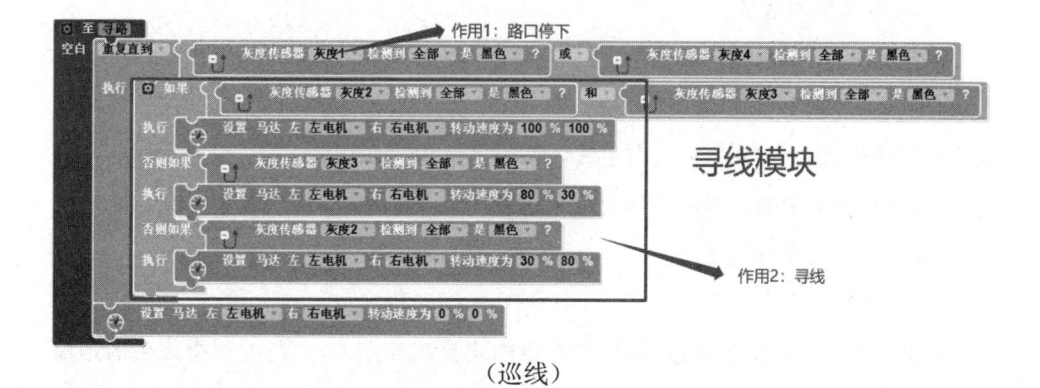

积木编程：

（左转）

（右转）

寻线模块

作用1：路口停下
作用2：寻线

（巡线）

181

5. 任务五：完成智能小车自动卸货的程序。

实现功能：小车到了目的地之后，自动倒车卸货。

使用模块："电子件"马达和舵机、虚拟传感器、"直到型循环"。

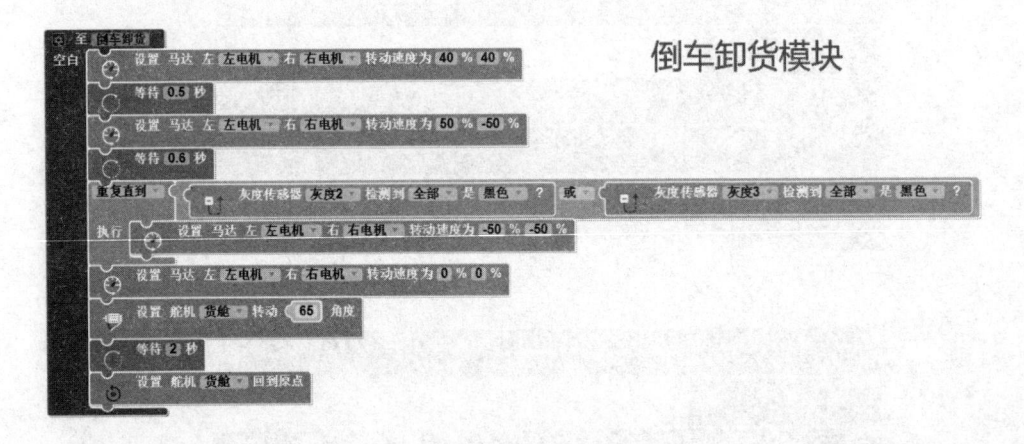

积木编程：

倒车卸货模块

（七）通识讲授

1. 虚拟传感器

智能小车上安装四个虚拟传感器，从左到右分别是灰度1、灰度2、灰度3、灰度4，小车在黑色线上正常行驶时，灰度2和灰度3在黑色线上，灰度1和灰度4在黑色线外。智能小车之所以智能，就是根据4个灰度传感器的返回值来判断，从而实现车子的左转、右转、直行功能。

2. 汽车驾驶的常识

同学们坐过汽车，你知道汽车直行、左转、右转、倒车时车轮的速度是怎么样的吗？当汽车前进时，左轮和右轮的速度是一样的，设为正值；如果左轮速度比右轮速度快，实现右转功能；如果左轮速度比右轮慢，实现左转功能；如果左轮和右轮速度相同并且是负值，实现倒车功能。学习了驾驶汽车的常识后，学生能调整智能小车左右电机的速度，实现车子的直行与转向。

3. 转盘角度的计算

当第一个货物被夹取装载后，第二个货物要自动补充上，方便虚拟摄像头的扫描与识别，这就需要用到货仓上的"伺服电机"模块。

伺服电机(servo motor)是指在伺服系统中控制机械元件运转的发动机,是一种补助马达间接变速装置。伺服电机可以控制速度,位置精度非常准确,可以将电压信号转化为转矩和转速,以驱动控制对象。

4. 编程中的循环

循环是程序设计语言中反复执行某些代码的一种计算机处理过程,常见的有按照次数循环和按照条件循环。

循环结构有两种,循环结构分当型循环和直到型循环。当型循环在每次执行循环体前先对控制条件进行判断,当条件满足时,再执行循环体,不满足时则停止;直到型循环则先执行了一次循环体之后,再对控制条件进行判断,当条件不满足时执行循环体,满足时则停止。而两种循环的区别就在于当型循环是先判断后循环;直到型循环是先执行一次循环体,然后再判断是否继续循环;当型循环是在条件满足时才执行循环体,而直到型循环是在条件不满足时才执行循环体。

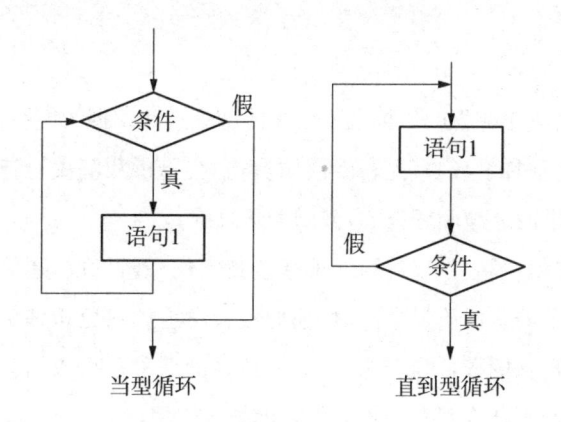

当型循环　　　　直到型循环

(八) 教学反思

在本案例的实践过程中,在情感上,学生体验了人工智能给人们生活带来的便利与快捷,感悟了三维虚拟仿真现实的奇妙与智能化技术的魅力,激发了学生热爱科技、热爱学习的兴趣。在技术上,学生熟悉了三维虚拟仿真场景,掌握了积木编程的基本模块,理解了"自上而下,逐步细化"的程序设计思路,培养了计算思维,会用简单的编程思路和方法来分析、解决问题。在效果上,学生基本上都掌握了知识目标,基本实现育人目标。

实践智慧 02 ┃ 智能垃圾桶

一 课程背景

扔垃圾是发生在人人身边的小事,也是一件关系社会文明水平的大事,还是一件能影响中国绿色发展转型的实事。

二 课程目标

智能性技术生活化课程的目标是使学生能够理解和掌握智能技术的原理和应用;将智能技术应用到日常生活中,提高生活质量;学会分析和解决与智能技术相关的问题;培养对智能技术的兴趣和好奇心,鼓励创新思维。

通过这样的课程,学生不仅可以了解智能技术的最新发展,还可以将其应用到实际生活中,提高自己的生活质量。同时,他们也会学会如何分析和解决与智能技术相关的问题,以保障自己的权益和安全。此外,这样的课程还可以培养学生的创新思维和好奇心,鼓励他们不断探索和发现新的智能技术应用。

三 课程内容

本课程内容涵盖了自动感应原理、驱动舵机以及设计建模的相关知识。这些知识将帮助学生了解和掌握智能性智慧生活化的核心原理和实际应用,同时培养他们的创新意识和动手能力,为推动人工智能的发展作出贡献。

(一) 研究的问题

1. 垃圾桶外观设计:如何让垃圾桶的外形设计既符合中学生审美观又贴合校园文化?
2. 垃圾桶性能的问题:设计具有何种性能的垃圾桶?
3. 垃圾桶运行程序的问题:如何利用计算机 Mind＋软件对编程进行调试?
4. 垃圾桶构造的问题:如何拼装电子元器件?

(二) 研究的思路

社团组成员首先分工查阅互联网、书籍资料,访谈、收集校园里同学们日常扔垃圾的情况及建议,然后集中讨论研究,初步确定智能垃圾桶的设计思路;接下来利用 Laser Maker 软件对样品的外观进行设计,通过激光切割机制成样品;再利用 Mind＋软件安装智能电子元件,通过反复试验改进,从而制造出适应校园智能垃圾桶的识别系统。

(三) 研究的方法

1. 文献研究法。查阅相关文献资料,了解垃圾桶现状,初步确定设计方案。
2 访谈法。与同学交流,了解他们对校园垃圾桶的建议,并把大家的设想与成员进行交流。
3. 实验探究法。合作研究智能垃圾桶的原理、构成和功能,并提出制作智能垃圾桶的方案,进行头脑风暴选择可行性方案,随后准备原型设计,针对设计过程中存在的问题提出改进方案,重新设计模型,再经历安装电子元件和编程测试过程完成最终作品,最后分享交流。

四 课程实施

(一) 课程准备,思路酝酿

开始之前学生思考几个问题。

1. 如何设计出既美观又能贴合校园文化的垃圾桶,从而受到广大师生的青睐?
2. 设计具有什么性能的智能垃圾桶?
3. 智能垃圾桶的工作原理是什么?

学生带着这三个问题在学校范围走访了解以及查阅相关资料,希望可以寻找到解决问题的方法。

(二) 确定题目,设计探究

1. 第一阶段:智能垃圾桶的外形构造。在此环节的设计中,学生遇到了很多困难,先后设计了 3 个版本方案。

(1) 方案 1.0

学生对如何制作智能垃圾桶外形进行头脑风暴,在社团组讨论会上,大家将自己的设计理念一一进行讲解。最终集体讨论的设计思路是垃圾桶构造采用长方体构型,在垃圾桶外观上,利用 Laser Maker 软件对垃圾桶外形采用切割以及描线工艺的方式加入中国传统文化十二生肖的图案,利用激光切割机进行激光造物。

在前期理论工作的基础上,大家开始第一次动手设计。学生满怀信心,可是没想到第一次的切割困难重重。由于学生在使用 Laser Maker 软件时没有细心调整好相应的尺寸,导致激光切割机切割出来的木板很多都拼接不上,造成原材料的损耗;部分木板之间只有通过剪刀裁剪才能拼接到一起。

(2) 方案 2.0

方案 1.0 失败之后,学生向老师求助,咨询如何正确使用 Laser Maker 软件。老师指出学生目前制作存在的问题,引导学生找到解决问题的方案。老师的指导为学生打了一针强心剂,让学生再次燃起斗志。他们吸取上次的经验教训,同时为了避免浪费材料,幸同学依次检查各自的尺寸大小是否合理后,再进行切割。果然,细节决定成败。学生成功地切割出垃圾桶外形。这时,刘同学提出虽然成功制作出垃圾桶外形,但是作品的外观设计过于普通,提议要再加以点缀。大家非常赞同他的看法,决定对垃圾桶外形进行重新设计。

(3) 方案 3.0

经学生讨论决定摒弃之前描线工艺雕刻十二生肖的方法,相反先利用切割工艺直接切割出十二生肖,再利用热熔胶枪将其固定在垃圾桶外形上。

2. 第二阶段:智能垃圾桶的程序测试和硬件组装

(1) 程序测试

学生根据之前查阅的资料设计程序,自行设计程序来测试电子元器件的使用,利用计算机 Mind+软件对编程进行调试。在实际调试过程中，多次失败。杨同学提出大家各自回家再次查阅相关资料，下周一到学校商量决策，然后再请老师帮忙。在测试环节，学生发现智能元件中 4P 连接线接口的安插是决定后续调配程序的关键，如接口连接错误，则程序压根就无法进行下去。这一次学生小组成员突破自己，在没有请教老师的情况下找到解决问题的办法。

设计环节中学生已经明确垃圾桶要实现的功能的具体要求：无接触、超声测距、自动翻盖、定时合盖功能。接下来学生就做了几组不同的尝试，比较设置的距离、翻盖的角度、开盖的时间，经过对比后最终设置当人站在距离垃圾桶 20 cm 的距离时，垃圾桶盖自动打开，10 秒后，垃圾桶盖会自动感应关闭。

(2) 硬件组装

在程序都测试完成后，学生信心满满地安装零部件。在安装过程中，杨同学和卢同学制作的垃圾桶不能实现自动开关盖。大家都感到奇怪，为什么程序调配得完全没有问题，但是元件不能正常执行命令？这时细心的幸同学经过比对发现杨同学的舵机安装反了。大家都恍然大悟，原来舵机的安装位置和方向不合理，那么设定程序中开关盖的角度不好掌握，垃圾桶很难实现自动开关盖。

3. 第三阶段：智能垃圾桶的整体提升

在安装盘古斧的过程中，袁同学想到是否可以在垃圾桶外形设计一个"口袋"承接盘古斧，因为盘古斧利用热熔胶枪粘合就会有胶水溢出，所以在制作过程中只需要再加一个"口袋"就可以减少因胶水而影响其美观。卢同学提到可以在"口袋"上加入学生校园元素，杨同学又提出具有"和实"文化的校园 Logo，让学生的智能垃圾桶更有归属感。学生的想法受到了老师的表扬，这在很大程度上加大了学生创作的信心。

五 课程评价

课程采用的是过程性评价和综合性评价相结合的方式。在课程实施的过程中时刻辅以教师的评价与指导，在课程结束时让学生根据课程评价表进行自评和互评，推选出最优组。学生欣赏他人作品的同时，反思自己。对于智能垃圾桶设计与制作课程的评价，从以下几个方面进行。

1. 课程内容。该课程是否涵盖了智能垃圾桶设计与制作所需的各个方面,包括硬件设计、软件编程、传感器技术、机械结构等等,内容是否充实、实用,是否能够满足学生的学习需求。

2. 课程难度。该课程的难度是否适中,是否能够让大多数学生掌握智能垃圾桶设计与制作的相关知识和技能,课程是否过于简单或过于复杂。

3. 教师教学。该课程教师的教学态度是否认真、负责,是否能够有效地引导学生学习,解决学生的学习问题。教师是否具备专业素养和教学能力,能够让学生受益匪浅。

4. 学生学习。该课程学生的学习态度是否积极、认真,是否能够有效地掌握智能垃圾桶设计与制作的相关知识和技能。学生是否能够在课程中获得实用的学习经验。

5. 课程资源。该课程的资源是否充足、丰富,包括教材、实验设备、网络资源等等,是否能够满足学生的学习需求。

6. 课程评估。该课程的评估方式是否科学、公正,能够准确地反映学生的学习情况和进步程度。评估标准是否明确、合理。

7. 学习效果。通过该课程的学习,学生是否能够掌握智能垃圾桶设计与制作的相关知识和技能,并在实际应用中取得良好的效果。学生是否能够利用所学知识解决实际问题。

六 课程反思

虽然学生设计的智能垃圾桶相较于市面上的智能垃圾桶来说并不完美,还有很多需要改进的地方,但是学生经过确定问题、研究问题、提出方案、选择方案、制作原型、测试原型、重新设计、交流方案的研究过程,培养了自身敢于大胆想象的能力,有效促进了工程思维和创新意识的形成与发展。最后,在整个课程过程中,汇总以下建议:

1. 智能垃圾桶虽然加入了中国十二生肖元素和校园文化,但是后期作品的设计需要再加以美感。如果能在最开始就想到在垃圾桶外形上用不同材料对其进行"包装",相信会达到让人眼前一亮的效果。

2. 要制作出能够适用于校道,供全校师生使用的智能垃圾桶超过社团经费,因此学生只能制作出体积较小的智能垃圾桶,还不能在全校范围内大面积投入使用,应该在垃圾桶材料选择上采用更加环保的用料,真正投入到学校使用,达到学生最初的设想目标。

3. 社团组成员还想对智能垃圾桶的功能进行继续探究:如在智能垃圾桶上实现提示已满功能,避免因垃圾存放过多滋生细菌;通过设计带语音播报功能的垃圾回收箱,提升同学对垃圾分类的意识和培养扔垃圾的良好习惯。

(撰稿人:深圳市坪山中学　郑玉清、林晓环)

模态 12
创新性过程可视化

创新性过程可视化是一种独特的教学方法,它鼓励学生通过观察、比较、分析、综合、抽象和概括,将创新思维过程以图形、表格、模型等可视化形式展现出来。这样,学生可以更好地理解和掌握创新思维的过程,从而充分激发并锻炼他们的科学探究能力和实践能力。创新性过程可视化教学不仅注重学生的创新实践和跨学科知识的整合与应用,更强调教师的引导作用和个性化教学。它通过引导学生解决现实世界中的问题,将教育与现实世界紧密联系起来,让学生在不断的挑战中培养出积极的心理品质,实现自我突破和创新。

一　创新性过程可视化的必要性

2019年，深圳市坪山区坪山中学入选深圳市坪山区第二批STEAM教育实验校。经过4年的探索和实践，我校实现了一批校本课程案例的开发和迭代，学生在学习的过程中创意被激发，并在教师的帮助下实现了创意物化成果的输出和完善。历届学生的创意成果被陈列在STEAM教室内并成为学校的特色。

在课程实践的过程中，我们发现，STEAM课程选题自由而广泛，覆盖了对科学、技术、工程、艺术和数学多个领域的相关问题的研究，目的是促进学生知识的综合应用能力，在实践过程中培养学生的创新思维。但是，由于目前国内的大学培养体系中没有成熟的STEAM专业，研究人员一般为具有STEAM相关专业背景的学者，由此产生了一组矛盾关系，STEAM课程希望培养的是综合型人才，而一线教师队伍和研究者却大多数为单一学科背景的专才。因此，大部分STEAM课程的校本选题是教师基于自身学科背景的选题，教师的课程指导是基于自身学科知识体系的指导。

那么如何对这些广泛而侧重点不同的项目成果进行评价呢？根据《中小学综合实践活动课程指导纲要》，综合实践活动是义务教育初中阶段必修课程，包括4项具体目标，分别为价值体认、责任担当、问题解决和创意物化。[1] 由此可见，项目的创意物化成果是对实践性课程进行评价的重要指标之一，因此长期以来这类实践课程会出现重物化成果而轻思维过程的现象。而为了让项目的物化成果在指导教师可控的范围内，这类实践性课程在实施过程中又容易出现重项目主学科知识讲解而轻思维培育的问题。

因此，经过数年的实践和总结，我校STEAM团队将关注点从创意物化成果转移到对实践中创新性过程的关注，而思维过程的抽象性使得我们必须设法让其可视化，由此我们在每一个项目实践的过程中，通过提供相关的工具引导学生将想法记录下

---

[1] 中华人民共和国教育部.教育部关于印发《中小学综合实践活动课程指导纲要》的通知.[EB/OL].(2017-10-30)[2024-03-24]. http://www.moe.gov.cn/srcsite/A26/s8001/201710/t20171017_316616.html.

来,提高学生的项目参与感,帮助学生抓住思维火花的同时梳理出完整的问题解决思路。同时也提供了针对项目不同阶段的过程性评价量表,让课程指导老师关注项目实施的过程性评价,关注学生不同项目不同阶段的思维发展变化,并适时地给予有针对性的指导。

二 创新性过程可视化的定义与特征

创新性过程可视化是一种独特的教学方法,它鼓励学生通过观察、比较、分析、综合、抽象和概括,将创新思维过程以图形、表格、模型等可视化形式展现出来。这样,学生可以更好地理解和掌握创新思维的过程,从而充分激发并锻炼他们的科学探究能力和实践能力。这种教学方法着重强调学生的主体地位,专注于培养学生的实践能力和创新思维,同时充分发挥教师的引导作用。与以往的 STEAM 教学模式相比较,创新性过程可视化教学具有以下显著特点。

1. 提升创新思维能力:通过将创新思维过程进行可视化,学生能更好地理解和掌握创新思维的全过程,进而有效提升创新思维能力。

2. 增强实践性和创新性:创新性过程可视化教学注重学生的创新实践和跨学科知识的整合与应用,使教学更具有实践性和创新性。

3. 促进个性化教学:可视化工具可以更好地跟踪和评估学生的学习进度和需求,为每个学生提供个性化的指导和支持,促进个性化教学。

4. 培养批判性思考能力:创新性过程可视化教学可以引导学生进行批判性思考和可视化呈现,培养他们的批判性思考能力。

5. 加强与现实世界的联系:通过引导学生解决现实世界中的问题,创新性过程可视化教学可以将 STEAM 教育与现实世界联系起来。

6. 提高教学质量和效果:可视化工具可以帮助教师及时了解学生的学习进度和问题,为教师提供有效的反馈和评估机制,从而提高教学质量和效果。

7. 学习产品在迭代中不断创新突破:在创新性过程可视化教学中,学生可以通过反复审视和推敲可视化作品,不断挑战自我,进行科学反思,分析存在的问题,寻找解决问题的方案,完善设计,最终实现作品的创新突破。学生在不断的挑战中培养出积极的心理品质,坚韧抗挫能力,从而形成良好的人格品质①。

三 创新性过程可视化的实施策略

STEAM教育的核心在于培养学生对世界认知和改造的方法论。这意味着,当学生在解决问题的过程中,他们需要形成一套有序的思考流程和层次结构。为了使学生在经历解决问题的活动中,不断丰富和发展他们的认识论和方法论,提高他们的思维能力、探索能力、实践能力和创新能力,创新性过程可视化在STEAM教学中扮演着至关重要的角色。

(一) 实施步骤

为了在STEAM教学中成功应用创新性过程可视化,教师可以采取以下几个步骤。

1. 确定创新性思维的目标和主题

在STEAM教学中,确定创新性思维的目标和主题尤其重要。教师需明确学生在解决问题或项目中所需要达到的思维能力和创新水平。这有助于学生有针对性地进行思考和探究,从而更好地实现创新性思维的训练。

为了帮助学生明确目标和主题,教师可以设定具体的问题或项目,并引导学生从不同角度进行思考。例如,教师可以围绕某个科学实验、工程设计或艺术创作等主题,引导学生从不同学科领域出发,进行创新性思考。

2. 收集信息并进行整理

收集与思维主题相关的信息并进行整理和分析是创新性思维的重要步骤。这有助于学生了解问题的背景和相关领域的知识,为后续的创新性思考打下基础。

教师可以引导学生利用各种资源,如图书馆、互联网等,收集相关信息。同时,教师还可以教导学生如何整理和分析信息,例如通过组织成图表、概念图等形式来加深对问题的理解。这些图表和概念图可以帮助学生更好地理解问题、分析问题并提出创新的解决方案。

---

① 杜娟,石雪飞,邹丽娜.核心素养导向的STEAM教育[M].北京:清华大学出版社,2021:8.

3. 进行发散性思考

在收集和分析信息后,教师可以引导学生从多角度思考问题,并使用图形、表格、模型等可视化工具展示思考结果,以拓展学生的创新思路。例如,利用思维导图、流程图等工具可以帮助学生更好地理解问题、理清思路并找到新的解决方案。这些工具的使用可以帮助学生更清晰地看到问题和解决方案之间的联系,从而更好地进行创新性思考。

4. 进行批判性思考

在发散性思考的基础上,教师可以组织开展小组讨论、辩论等活动,鼓励学生相互交流和分享观点,以便更好地评估各种思路并找出最佳的解决方案。通过这些活动,学生可以学会批判性思考,并培养出独立思考的能力。

5. 进行整理和总结

在完成创新性思考后,为了加深学生对创新性思维的理解和掌握,教师需要引导学生对整个思维过程进行整理和总结,并在整理和总结的过程中帮助学生回顾整个思维过程,引导他们通过图表、文字等形式制作综合性的报告以组织和表达自己的观点与结论。

6. 不断迭代创新

在完成初步的创新性思维过程之后,教师可以引导学生进一步拓展思路,不断进行迭代创新。鼓励学生反思已完成的报告或展示,并寻找改进和优化的可能性,以刺激学生进一步思考和完善自己的解决方案,并发现新的可能性。

(二)注意事项

为了更好地应用创新性过程可视化教学方法,教师在实施过程中需要注意以下几个方面:

首先,教师应该根据不同学生的特点和需求进行适应性的教学策略调整。例如,针对不同年龄段的学生,教师可以选取适合他们的可视化工具和方法;对于不同学科背景的学生,教师可以引入相关的跨学科知识和应用案例。

其次,教师在教学过程中应该积极营造一个开放、包容、宽松的创新环境,这有助于激发学生的创新意识和积极性。例如,教师可以鼓励学生提出自己的想法和观点;组织学生进行小组合作和讨论;提供必要的资源和支持等。

此外，教师需要培养学生的批判性思考能力。批判性思考能力是创新思维的重要组成部分。例如，教师可以引导学生学会分析、评估信息的可信度和价值；组织学生进行辩论和讨论；鼓励学生对自己的观点进行反思和质疑等。在教学过程中，教师还需要给予学生适当的反馈和指导。例如，教师可以及时给予学生评价和反馈；帮助学生解决遇到的问题和困难；组织学生进行交流和分享等。

最后，创新性过程可视化可以与其他教学方法相结合，以提高教学效果和质量。例如，教师可以结合项目式学习、探究式学习等方法，引导学生通过实际操作和实践来加深对创新思维的理解和应用。

总之，创新性过程可视化是一种有效的教学方法，它通过引导学生进行创新思维和过程可视化，培养他们的创新能力和解决问题的能力。教师在应用该方法时需要明确教学目标，提供适当的学习材料，引导学生进行小组合作，进行案例分析和讨论，提供反馈和评价，并注意适应不同学生的特点和需求，创设良好的创新环境，培养学生的批判性思考能力，结合其他教学方法等措施，提高教学效果和质量。

实践智慧 01 ｜ 活字印刷和个性印章

一 项目背景

文化是一个国家、一个民族的灵魂,文化自信是一个国家兴旺发达的重要支撑和社会繁荣发展的源泉活水。党的十八大以来,文化自信被列入中国特色社会主义"四个自信",党的十九大报告提出"坚定文化自信,推动社会主义文化繁荣昌盛",党的二十大报告进一步提出"推进文化自信自强,铸就社会主义文化新辉煌",进一步丰富了我国文化建设的内涵,深化了文化建设的要求。

文化自信,是对自身文化价值的充分肯定。这种自信很大程度上来自历史、来自中华民族优秀的传统文化。印刷术和古诗词都是中华民族优秀传统文化的一部分。因此,通过结合现代科技,重现古代印刷之魅力,体会古代诗词之优美,有助于增强学生的文化体验,加深对传统文化的理解,培养对民族文化的强烈认同感,帮助学生树立文化自信。

同时,创新也是一个民族不竭的动力。为了培养学生的创新、创造能力,本项目通过个性印章的任务,让学生对活字印刷设计进行学习迁移,凭借自身的思考和创造力制作出属于自己的印章。通过在做中学培养学生的创新精神,提高学生的创造能力。

二 项目任务和目标

(一) 任务

挑选一首喜欢的古诗词,制作出一个不超过 A4 大小的活字印刷板进行印刷,并设计自己小组的个性印章进行作品签盖。

(二)目标

1. 了解四大发明中的印刷术及雕刻的类型(阴刻、阳刻)。
2. 了解激光切割机工作原理及其四种工艺(描线、切割、浅雕、深雕)。
3. 掌握 Laser Maker 绘图软件中的基本操作(如规则图形的绘制、布尔运算等)。

三 项目准备

文具类:印泥、滚筒、蘑菇锤、水溶性油墨、宣纸。
工具类:热熔胶枪、装有 Laser Maker 软件的电脑、激光切割机。

四 项目实施过程

(一)活动一:体验活动

在课堂上,老师首先带领学生回忆中国古代的四大发明,大部分同学对这四项伟大的发明都有深刻的印象,很快就能回答出全部的四项发明,还能主动补充相关的信息,如造纸术的发明者是蔡伦,被列为四大发明之一的印刷术是活字印刷术。

紧接着,老师揭示本节课的主题,围绕主题开始介绍活字印刷术的发明者毕昇的故事并提出相关问题。毕昇是北宋时期一位从事印刷出版工作的工匠,在当时普遍采用的是雕版印刷,那么毕昇为什么会发明新的印刷术呢?他在工作的过程中究竟发现了什么问题?

针对这两个问题,同学们提出了一些猜想,有的同学提出雕版印刷工作量太大了,雕刻太慢了,有的同学提出可能是书太厚了,纸不够了,印不了那么多书。为了找到这个问题的答案,老师在课堂上设计了一个小活动,让同学们仿照雕版印刷工匠的工作过程,尝试分析当时毕昇的想法。在活动开始之前,同学们首先观看了一段雕版印刷术的介绍视频,总结出雕版印刷的主要工作过程。

在各组同学基本完成活动任务之后,老师组织同学们分享活动体验并提出雕版印刷存在的不足,思考毕昇发明活字印刷术的动机。经过体会活动后,大部分同学最大的感受就是抄写工作太繁琐,一旦出错就要整版重新抄写,如果需要雕刻笔画不熟悉的阳文反字,那么出错的概率会更高。

通过观看活字印刷术的介绍视频,对比刚刚进行过的模拟雕版印刷工匠的活动,同学们对比总结了雕版印刷和活字印刷的工作流程。

(二) 活动二:探究活动

老师带领学生进入第二项活动,对比活字印刷术在中西方的应用,同时思考原理相似的古登堡印刷术为什么能大量应用并推动西方文化的传播,而在应用推广存在一定差异的情况下,为什么活字印刷术依然被世界公认为中国古代四大发明之一。

在这里老师向同学们展示了英文的活字印刷版,请同学们思考,如果要制作一套英文活字库,需要多少活字块。

"26 个。"问题一出马上就有同学抢答,但是这个答案似乎存在着很多问题。接下来班上七嘴八舌地开始了一番讨论。

同学 A:"至少 52 块,还要分大小写。"

同学 B:"那标点符号算不算?"

老师趁此机会再提出一个问题:"谁能给我拼写一下苹果的单词?"

"Apple","单词中还有重复的字母,那么要做两个 p 吗?"

同学们经过简单的讨论,迅速地发现了一些问题,接下来老师发布了新的活动任务,同学们分组分别完成一套纸质中文活字库和一套英文活字库的制作,要求中文活字库能拼写《观沧海》和《闻王昌龄左迁龙标遥有此寄》两首诗中任意一小句诗词,标点符号不计入。英文活字库的要求是能拼写出七年级英语课本第一单元任意一个单词。

制作中文活字库的同学发现,两首诗几乎没有重复的字,点算后发现一共 66 个字,需要制作 66 个活字块。一开始,制作英文活字库的同学统计工作推进不太顺利。英语书第一单元一共 51 个单词,有些小组翻开书开始各自数单词中字母的数量,他们数出了 108 个字母,但是他们很快就发现了问题,英文单词中大量字母是重复使用的。小组的同学开始放弃单兵作战,聚在一起开始讨论分工统计。最终,两组同学都成功完成了活动任务。

通过活动,同学们发现,中文活字库数量比较庞大,英文活字库需要字块的数量相对较少,因此古登堡印刷术在西方国家的推广比活字印刷术在我国的推广更容易。此外,毕昇发明活字印刷术的时间比欧洲的古登堡印刷术早 400 年,当时的科技水平相对落后，因此也制约了活字印刷术的推广。但是，在科技水平不高的年代，我国古代的工匠已经有如此先进的设计思想，这是值得我们为之骄傲并加以传承的工匠精神和发明精神。

（三）活动三：制作活动

经过前面的活动，学生已经了解了活字印刷的原理。接下来，第三项活动，老师带领学生借助现代激光切割技术，制作一套古诗活字印刷版，用活字印刷术完成一首古诗的印刷，并制作小组个性印章作为古诗印刷作品的小组签章。

学生首先学习激光切割机的工作原理，掌握学校激光切割机能够完成的四项加工工艺的区别，根据项目的工作内容选择合适的加工工艺。小组讨论确定活动的方案并绘制草图后，各成员分工使用简单的测量工具完成对实验室木板原料厚度、长度和宽度的测量，在设计软件上进行相关数据的输入和修改。前期的准备工作至此基本结束，接下来就是方案落地和实施的阶段。最终，各小组需要在老师的指导下完成活字版和个性印章的制作，小组同学分工合作完成了古诗的拓印和签字盖章工作。

最后，老师提供了胶枪、印刷滚筒、墨盒等工具，负责印刷的小组成员投入到活字版的组装和印刷工作中。一开始由于经验不足，同学们在胶枪和刷墨工具的使用上存在一定的困难，经常出现油墨不均匀导致印刷不美观，或排版字体方向错误出现漏印错印的情况。经过不断地探索和实践，最后各组同学都能顺利完成了本组古诗词的印刷，并郑重地盖上了小组的个性签章。制作活动课堂实录如图所示。

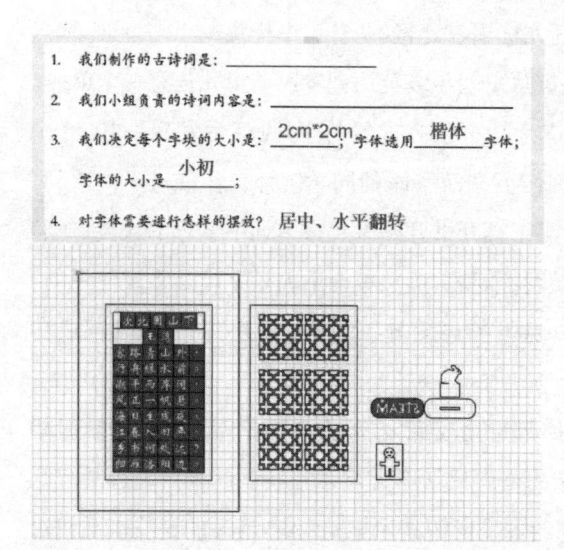

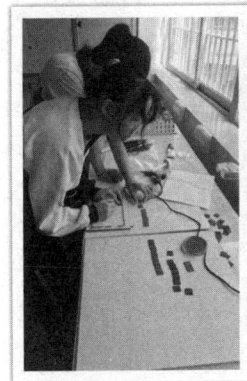

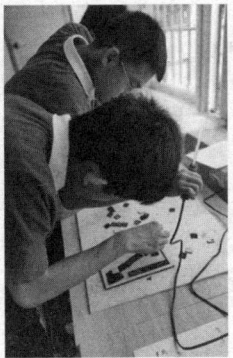

制作活动课堂实录

五 项目成果与评价

项目采用的是过程性评价和综合性评价相结合的方式。在项目制作与完成的过程中时刻辅以教师的评价与指导，在项目结束时让学生根据项目评价表进行自评、他评和互评，推选出最佳设计组，使学生欣赏他人作品的同时，反思自己的项目过程。项目评价表如下：

项目评价表

项目	题目	作答
活字印刷	1. 活字印刷是谁发明的？	简答题
	2. 活字印刷有什么优点？	简答题
	3. 活字印刷有什么历史意义？	简答题
	4. 活字印刷设计属于阴刻还是阳刻？	简答题
个性印章	1. 设计图有无使用合并工具进行设计？	0—5 分
	2. 是否明确四种颜色分别运用了四种工艺？	0—5 分
	3. 凹槽大小是否设置正确？	0—5 分
	4. 你认为个性印章设计得最好的小组。	选择题 1—6 组
团队合作	你认为自己小组在项目过程中有哪些优点和不足？	简答题

201

六　项目反思与改进

本次活动主要目的是让学生通过活动感受工匠的工作过程，以工匠的视角在实践中体会不同的印刷过程，发现不同印刷术的特点和不足，进而思考改进印刷工作的方法，模拟重现印刷术的发明改进过程。在最后一项活动中，学生学习设计软件的使用方法，应用激光切割机完成一套木活字块的制作，并拓印一首完整的古诗。

在整个活动的过程，教师都注重对学生多种知识能力的培养和提升，具体包括以下几个环节。

（一）加强科学知识的学习，了解激光切割和活字印刷的原理

激光切割是利用经聚焦的高功率激光束照射工件，使被照射的材料迅速熔化、汽化、烧蚀或达到着火点，同时借助与光束同轴的高速气流吹除熔融物质，从而实现工件的雕刻、描线和切割。

活字印刷术是一种古代印刷方法，印刷前先制成单字的阳文反文字模，然后按照稿件把单字挑选出来，排列在字盘内，涂墨印刷，印完后再将字模拆出，留待下次排印时再次使用。

（二）提升学生设计软件的应用能力，培养工程设计思维

本项目中，学生需要掌握 Laser Maker 软件的操作方法，了解和学习激光切割技术和激光切割机的操作方法。学生在完成本项目活动的过程中，首先需要了解 Laser Maker 软件的四种工艺，然后画出草图并灵活应用这四种工艺，对作品的不同部分选用不同的工艺，使作品呈现出想要的效果。在对印章进行设计时，学生也要思考印章的构成结构，思考印章如何从平面到立体。

（三）通过阅读和记录片的观看，加强学生对传统文化的了解

活字印刷是我国古代四大发明之一，学生通过文本和图片资料了解印刷技术的发展历程，对比活字印刷和雕版印刷作品，体会活字印刷术的历史意义。学生集体选择一首已学的、长度合适的诗词，用现代的技术重现一次古代诗词的印刷过程，享受古诗词的魅力，加深对历史文化的理解和体会。

（四）在设计制作活动中，提高学生的审美能力和雕刻知识

审美的提升：活字印刷的字体选择、排列和对齐方式的选择，印章手柄和图案的设计和拼接都需要学生反复尝试和讨论，在这一过程中，学生通过观察作品的调整结果领悟艺术设计之美。

雕刻知识的提升：学生在印章的设计制作中学习阳刻和阴刻相关知识，不同组学生采用不同的设计方法得到阳刻和阴刻两种不同的作品，通过成品的呈现和对比，学生更充分地了解这两种雕刻技术的不同，结合自身的需求合理选择不同的雕刻技术。

（撰稿人：深圳市坪山中学　包丽萍、邱芷莹）

实践智慧 02 ｜ 客家围屋智能化改造设计

一 项目背景

地域文化是城市生活的灵魂和核心,是城市赖以生存的基础。深圳是一座年轻的城市,也是一个移民城市,而客家文化作为深圳最重要的本土文化,给这座城市的发展提供了丰富的精神内涵和发展动力。深圳对于地域文化的传承与保护也给我们带来了很多启示,深圳十大著名的客家村落至今保存得相当完整,为我们深入了解深圳的地域文化提供了很好的渠道。但随着深圳的飞速发展,城市的地域文化逐渐被人们淡忘,特别是青少年对当地的乡土民俗知之甚少,甚至有个别排斥的现象,认为传统文化就是老旧过时的。因此,基于当下学生缺乏对地域文化的认识,本项目将地域文化融入到校本课程建设中,转变学生的学习观念,引起学生对客家文化的重视。同时将优秀的地方传统文化与 STEAM 教育相结合,开发基于地方传统文化的 STEAM 课程,让学生在 STEAM 学习过程中提升创造力和民族自豪感,增强文化自信。

二 项目任务及目标

本次项目每班学生以六人为一组,合作完成项目设定的学习任务和制作任务。

1. 了解客家文化

客家文化作为一种特定的地域性文化,它从原始的百越文化,发展成具有浓郁秦汉古韵的古客赣文化。在客家文化的孕育、成长及向外播迁中,客家文化内部也经过一次又一次地整合,并在其整合过程中,不断地吸取周边文化的营养,来不断地发展与壮大自己。希望通过本项目的学习,学生能加深对传统文化的了解,增强民族文化自豪感。

2. 了解客家的建筑艺术

了解客家围屋建筑的选址、坐向、材料和主要结构等方面知识。

3. 了解智能化设计编程技术

经过对编程的学习与实践,小组讨论形成自己的设计方案,并选择适合的编程技术。

4. 制作客家围屋

根据小组设计图,学生通过实际考察与测量,学习其中相关的科学、数学、工程、艺术、技术知识,选取材料,优化方案,完成具体的模型制作。

5. 智能化改装方案的实施

进一步完善围屋的设计与装饰,增加智能装置。

三 STEAM 要素对接

(一) 科学(S)

了解电脑编程的原理,掌握超声波传感器控制 LED 灯、蜂鸣器、录音播放的科学原理,了解元器件 Arduino nano 控制板、扩展板的使用方法。

(二) 技术(T)

本项目中学生需要掌握电脑编程软件的操作方法,了解和学习客家围屋的建筑结构设计。

1. 电脑编程软件。掌握超声波传感器控制 LED 灯、蜂鸣器、录音播放等应用技术的编写逻辑控制程序。

2. 客家围屋的建筑结构设计。认识客家围屋的使用功能,掌握围屋的几种建筑类型:围龙屋、围楼、四角楼,了解围屋模型的设计要素和制作工艺。

(三) 工程(E)

客家围屋的建筑结构设计是一项设计工程,学生需要掌握围龙屋、围楼、四角楼三种不同建筑类型的设计结构,然后结合自己设计草图,选择适合的拼接方式搭建房屋骨架。

（四）艺术(A)

客家围屋的设计需要掌握一定的美学知识,学生在设计的过程中,除了围屋的功能性,还需要考虑它的美观性原则。

（五）数学(M)

在这一项目中,学生需要应用数学的测量知识和几何知识,根据方案草图和测量确定客家围屋的各部分参数。

1. 测量知识。学生根据要制作模型的尺寸,测绘计算各部分结构的尺寸大小。

2. 几何知识。学生要能剖析示例 3D 模型各部分结构的二维设计图,即从三维物体到二维物体的转化,在这个设计的过程中,学生需要具备较强的空间想象力。

四 项目实施及教学设计

此项目的实施共分为 8 个课时,具体安排如下。

第 1 课时:了解客家文化及客家围屋的历史文化和特征。在这一课时中,我们将深入探讨客家文化的起源、发展以及客家围屋的历史和特点。通过这一课时的学习,学生们将能够全面了解客家围屋的文化背景和设计理念。

第 2 至 5 课时:确定设计方案并完成客家围屋的草图设计和制作。这四个课时将着重于设计阶段,学生们将分组进行设计,并在教师的指导下不断完善设计方案。在草图设计阶段,学生们需要考虑围屋的形状、尺寸、材料、颜色等各个方面,并绘制出多个草图方案以供选择。一旦确定了设计方案,他们将开始制作模型。在制作过程中,学生们需要使用合适的材料和工具,按照设计图纸进行制作,确保模型的尺寸和形状与设计图纸一致。

第 6 至 8 课时:进行智能化改装方案的设计和实施。在这三个课时中,学生们将开始进行智能化改装方案的设计和实施。首先,他们需要确定改装的目标和需求,例如增加智能控制系统、提升能源利用效率、优化围屋内的环境等。然后,根据需求选择合适的智能化技术和产品,例如传感器、控制器、智能家居系统等。接着,学生们需要设计智能化的布线和控制系统,确保各个智能化设备和系统的协调运行。最后,进行智能化的安装和调试,确保智能化改装达到预期的效果。

六　项目成果与评价

该项目持续了 8 节课,每节课都安排学生完成不同的学习任务,本项目围绕客家文化的传承、创新与展示为主线,将客家文化和科学技术融入到整个 STEAM 课程中,运用科学、技术、工程、数学、艺术等知识素养开展基于项目的课程学习,培养学生的工程思维、创造性思维,挑战性解决现实问题的能力,培养学生的综合素养和探究精神。在本项目中所取得的成果和评价如下。

第一,增强了学生的民族文化自信。通过对客家文化的深入了解,增强了学生对于深圳地域文化的认识,深刻了解了城市的精神文化内涵,优秀的传统文化为我们的创新提供了源源不断的动力。

第二,增强了学生的创新思维。学生在传统客家围屋的建造中,融入了现代科技,对围屋进行了智能化改造设计,每种设计方案的实施都体现出了学生的创新能力和探索精神。

第三,增强了学生的团队合作精神。在这个项目化的学习中,每个设计部分的实施与完成都需要学生具备很强的团队精神,任何测绘数据的偏差都会导致任务的失败。在任务的过程中,小组长的角色尤为重要,他需要根据不同学生的特点和优点,布置不同的工作任务。各组员们分工不同,但时刻需要进行沟通共享数据资源,由于团队的紧密合作,才能很好地完成此次项目。

(撰稿人:深圳市坪山中学　姜淼)

模态 13
技能性劳动项目化

　　技能性劳动项目化是一种创新性的教育方法,旨在通过项目化的实践活动将传统劳动教育与现代技能培养相融合,以项目式学习融通系列劳动技能的获得。通过设计与生活紧密相关的劳动项目,该方法使学生在操作中掌握实用技能,并提升团队协作、创新思维和解决问题的能力。此模式的实施不仅能全面提高学生的劳动素养和实践能力,还将引导他们形成正确的劳动观念,珍惜劳动成果。技能性劳动项目化能实现劳动教育的连续性和现代性,为学生的全面发展打下坚实基础。

劳动教育是我国教育体系的重要组成部分,旨在培养学生良好的劳动习惯、职业技能和综合素质。随着新型劳动观的提出,劳动教育逐渐从传统的单一技能培训转向注重学生全面发展的教育理念。在这一背景下,如何改革劳动教育实践课程,提高学生的实际操作技能和综合素质,成为教育界关注的焦点。本文以初中劳动教育实践课程为研究对象,探讨技能性劳动项目化在其中的运用,以期为我国劳动教育改革提供借鉴。

一 传统劳动教育实践教学中存在的问题

(一) 理论与实践脱节

在传统劳动教育实践教学中,普遍存在重视理论知识传授、忽视实践操作的现象。为改善这一问题,教师应注重培养学生动手操作能力,将理论与实践紧密结合,使学生在实际操作中巩固理论知识。

(二) 教学内容单一

传统劳动教育实践教学内容简单,难以满足学生多样化需求,也缺乏吸引力。教育部门应不断丰富和完善教学内容,增加多样性与创新性,以激发学生兴趣。

(三) 缺乏实用性和针对性

传统教学模式往往忽略当地经济发展和产业需求的实际情况,导致学生所学内容与现实生活脱节。为此,教师应关注地区特色和产业优势,调整教学计划,提高教学的实用性和针对性。

(四) 实践平台不足

政府和学校应加大投入,创设多样化实践基地,为学生提供充足实践机会。同时,加强校企合作,让学生在实际工作中体验劳动价值,提高实践能力。

(五) 师资队伍不强

提高劳动教育实践教学质量,关键在于加强师资队伍建设。教育部门应加大教师培训力度,提升教师专业素质和教育教学水平,确保实践教学质量。

(六) 教育评价待完善

实践教学评价体系尚不完善,学生实践表现未得到充分重视。教育部门应完善评价体系,将学生实践表现纳入评价,提高评价的合理性和科学性。

通过针对以上问题提出相应改进建议,有望促进传统劳动教育实践教学模式改革,为培养具备创新精神和实践能力的优秀人才奠定基础,助力我国经济社会发展。

二 技能性劳动项目化的特点

技能性劳动项目化教学模式是将劳动教育与实际项目紧密结合,让学生在完成项目的过程中学会分析问题、解决问题,从而提高实际操作技能和综合素质。这种模式有助于培养学生的创新精神和实践能力,为我国经济社会发展输送更多具备实际应用能力的技能型人才。技能性劳动项目化的特点如下。

1. 实践性。实践性是技能性劳动项目化教学的核心特点。在这种模式下,学生需要动手操作,亲身体验劳动过程,从而在实践中掌握技能、积累经验,提高自身综合素质。

2. 项目化。教学过程以实际项目为载体,让学生在完成项目的过程中学习、成长。项目化教学有助于激发学生的学习兴趣,培养其团队合作精神和责任感,使学生在实际工作中具备较强的适应能力。

3. 针对性。针对当地经济发展和产业需求,设置实用性和针对性强的教学内容。这有助于学生将所学知识与现实生活紧密结合,提高教育的实用性和针对性。

4. 个性化。技能性劳动项目化教学注重因材施教,发掘学生的个体特长和兴趣,为每位学生制定个性化的学习计划,使他们在各自擅长的领域得到充分发展。

5. 创新能力培养。在项目实施过程中,教师应鼓励学生勇于尝试、敢于创新,培养他们解决问题的能力和创新思维。

6. 师资队伍建设。加强师资队伍建设,提升教师专业素质和教育教学水平,确保实践教学质量。

7. 评价体系完善。建立科学、合理的评价体系,将学生在实践环节的表现纳入评价,以提高评价的合理性和有效性。

三　技能性劳动项目化的主要策略

（一）明确目标

根据课程标准和当地产业发展需求，确定教学目标和内容。注重培养学生的实际操作技能、创新精神和综合素质，使劳动教育与现实生活紧密结合，提高教育的实用性和针对性。

（二）设计项目

结合初中生年龄特点和兴趣，设计具有挑战性、趣味性和实用性的项目。鼓励学生动手实践，激发学习兴趣，培养学生解决问题的能力和团队合作精神。

（三）整合资源

充分利用校内外资源，如实验室、实践基地等，为学生提供良好的学习条件。加强校企合作，引入企业实际项目，使学生能够在真实场景中锻炼技能。

（四）实施项目

引导学生分组，在教师指导下完成项目。注重培养学生的团队合作精神和创新能力，鼓励学生主动探究、勇于实践，提高实际操作技能和综合素质。

（五）考核评价

结合项目完成情况、过程表现和成果展示，对学生进行全面评价。注重评价学生的实践能力、创新精神和团队合作精神，使评价更加合理、有效。

（六）反馈与调整

根据学生完成情况和评价结果，及时调整教学内容和方法，以提高教学效果。教师应关注学生的个体差异，针对不同学生制定个性化教学计划，确保每位学生都能在劳动教育实践中得到充分发展。

（七）教师队伍建设

加强教师队伍建设，提升教师专业素质和教育教学水平。教师应关注自身教育教学理念的更新，不断提高教育教学能力，以适应技能性劳动项目化教学的需要。

（八）家长和社会参与

加强家校合作，鼓励家长参与劳动教育实践教学，为学生提供家庭支持。同时，充分利用社会资源,邀请行业专家、企业代表等为学生提供实际项目和经验分享,拓宽学生视野。

(九) 持续改进

在实施过程中,不断总结经验教训,完善教学策略,使技能性劳动项目化教学更加符合实际需求,为学生提供更好的教育教学体验。

通过以上策略,初中劳动教育实践教学中实施技能性劳动项目化将有助于提高学生的实际操作技能、创新精神和综合素质。在不断完善和优化教学策略的过程中,为我国经济社会发展培养更多具备实际应用能力的技能型人才,助力产业升级和乡村振兴。

实践智慧 01 ｜ 创意灯具设计

一 项目背景

随着中国教育改革的不断深化，培养有创新意识的新型人才是教育工作的重中之重，创意思维能力的培养也随之成为各类中小学在人才培养中的重点目标之一。本案例采用项目式学习的教学方法，引导学生自主探究、动手实践，激发学生的学习兴趣，将理论知识与实践操作相结合，让学生在实践中掌握创意灯具设计的基本原理和方法，提高学生的创新能力和实际操作能力。同时，本案例还注重团队协作能力的培养，让学生在学习过程中学会互相帮助、共同进步。

本案例的教学背景是在初中劳动课程中，为了培养学生的创新思维和实践能力，特别设计的一门创意灯具设计课程，属于手工类课程。教学目标是希望通过项目式学习活动，让学生了解创意灯具设计的理念、方法和技巧，同时提高学生的团队协作能力和创新思维；着重培养学生的创意思维和创新能力，使学生有意识地观察客观世界，从生活中积累知识，加深学生对立体几何图形的认识和三维物体分解图的理解，提高学生的三维空间想象力。经过本项目的学习，学生能够掌握有关立体几何方面的知识，并能够以此激发他们的想象力与创造性思维。学生能够大胆、无拘无束地发挥自己的想象力，创作出具有创意和艺术性的灯具设计。通过项目式学习，可以使学生了解、掌握创造发明的技巧与手段，懂得用创造性的方式解决生活中遇到的困难，学会沟通并在活动中充分展示自身才能。

二 设计思路

本项目共 4 课时,在学习活动过程中,每班学生以四人为一组,合作完成项目设定的学习任务和制作任务。

(一) 了解灯笼文化

灯笼是中国文化中喜庆和团圆的象征,经过历代的传承和发展,我国的灯笼品类多样,工艺精美,寓意丰富,形成了独特的灯笼文化。通过项目学习,能促进学生对传统文化的了解,增强学生的文化自豪感。

(二) 了解光源发展历史和电池的种类

通过紧密联系生活的应用场景列举和科普视频学习,让学生感受科技进步对生活的影响,加强学生对科学技术的热爱。

(三) 分组设计灯笼

学生在学习灯笼文化、榫卯结构知识和激光切割知识的基础上,根据实验室现有的制作条件和材料(木板、硫酸纸、激光切割机、各类灯泡和电源),小组内确定灯笼设计方案,明确组内分工,完成设计图的绘制。

(四) 制作灯笼

根据小组设计图,切割灯笼组件,拼接组件并装饰成品。

(五) 小组展示

小组讨论确定本组展示方案,在班级内进行作品展示,并派一位同学作为此次讲解的设计师,对作品进行设计说明,可从作品的设计创意、作品的功能、设计过程中遇到的问题以及如何解决问题等方面进行阐述。小组其他成员按照项目评价表的要求对自己的作品进行自评,并按照项目评价表的要求对其他展示组的设计作品进行评价,并记录下该作品的优缺点,小组之间进行点评交流。

三 学习目标

本项目涉及科学、数学、信息、艺术等学科,具体学习目标如下。

（一）物理

1. 了解光源发展历史，学会阅读光源和电源基本参数，选择合适的电源和光源点亮灯笼。

2. 了解家庭照明光源的发展经历了"火→白炽灯泡→荧光灯→LED 灯"几个不同的阶段，随着 OLED 技术的成熟和发展，光源的更新迭代正在加速。

3. 了解电源是向电子设备提供电能的装置，其中电池就是常见的电源。本次项目采用 5 号干电池和纽扣电池作为电源。

（二）数学

在这一项目中，学生需要应用数学的测量知识和几何知识，根据方案草图和测量确定灯具的各部分参数。

1. 测量知识：学生要能根据实际灯泡的大小进行测量，决定自己小组的灯具整体大小，思考灯具的容量以及灯泡线出口孔位的大小。

2. 几何知识：学生要能剖析示例灯具的二维设计图，能将自己想象中的灯具分解成二维平面切割图，即从三维物体到二维物体的转化；还要能从二维设计图感知到完成后的三维结构，充分训练自己的空间想象力。

（三）信息

本项目中，学生需要掌握 Laser Maker 软件的操作方法，了解和学习激光切割技术和激光切割机的操作方法。

1. Laser Maker 软件。运用合并、差集、交集等布尔运算可以让学生画出丰富的电子设计图，并通过矩形阵列加快出图效率。

2. 激光切割技术。激光切割是指通过设置激光束的速度和功率来达到对材料的塑造。因此当切割材料出现问题，没有达到预期效果时，学生要能根据激光切割原理对工作参数进行调整。如当木板没有被切断时，可以调慢激光速度，提高激光功率。

（四）艺术

本项目主要通过两个路径提高学生的美感。一是通过对他人创意灯具的造型分析，提高美感，并汲他人之长，创造和改善自己的灯具。二是通过对自己的灯具从无到有的设计，以及在模型的不断更改迭代中感受设计的技巧，学习用相似性、互补性和联合物体去创造图形。灯具的外部灯体是一项构造艺术，学生可充分发挥小组的想象力和创造力,创造出形态各异的灯具。

四 项目准备

(一) 文具类

彩色硫酸纸、铅笔、橡皮擦、双面胶、水彩笔、尺子、剪刀、彩色棉绳、麻绳。

(二) 工具类

3 mm胶合木板、纽扣电池、LED灯泡、无线灯泡、电池、红外线遥控器、热熔胶枪、装有Laser Maker软件的电脑、激光切割机。

五 项目实施及教学设计

(一) 项目实施安排

本项目总共分为4个课时进行。

第1课时:激发学生的联想与创意思维,明确项目任务,绘制灯具外形草图与结构图,确定制作尺寸;第2课时:在电脑上绘制出灯具平面结构图;第3课时:用激光切割机切割出灯具的零件并组装;第4课时:组装灯泡电路,选用所需的材料给创意灯具进行装饰(彩色硫酸纸、水彩笔等),最后进行作品展示与评价。

(二) 实施流程

1. 第1课时(项目准备)

教师活动:以圆形联想激发学生的想象力和创造力,掌握联想的方法;欣赏联想与创意在生活中的设计应用,展示灯具与盆栽结合的创意灯具,拓展学生的创意思维;欣赏几何型、不规则型、创意组合型等不同外形的木质灯具,总结灯具有穿插、粘贴、镂空这三种工艺;明确项目内容,布置任务。

学生活动:小组分工合作,以4人为一组进行活动探究;小组合作讨论创意灯具的外形设计,并在草稿纸上绘制出灯具外形草图与结构图,确定制作尺寸,记录到项目表上。

2. 第2课时(项目设计与实施)

教师活动:教师协助学生完成灯具的设计图;讲解并演示Laser Maker软件设计

要点,讲解布尔运算并集、差集、交集的应用,重点讲解几种穿插结构的灯具平面图绘制方法(技术资源支持:Laser Maker 软件重点操作的讲解);布置任务:指导小组任务分工,明确个人在组内的任务。

学生活动:进一步完善设计图纸,并运用电脑软件绘制出灯具平面结构图。

3. 第 3 课时(项目实施过程)

教师活动:帮助学生修改设计方案,协助使用激光切割机切割出灯具的零件。

学生活动:激光切割机制作完零件后,完成灯具组装。

4. 第 4 课时(项目改进、成果展示与评价)

教师活动:讲解纽扣电池的相关知识和红外遥控原理。

学生活动:组装灯泡电路;选用所需的材料给创意灯具进行装饰(彩色硫酸纸、水彩笔等);最后作品展示,小组根据项目评价表进行自评和互评,选出最佳设计组。

六 项目成果与评价

本项目课程持续了 4 个课时,每节课都安排学生完成不同的任务,从灯具的设计到电脑设计软件的学习,从工具的准备到激光切割机的运用,这一系列的过程涉及了科学、数学、信息、艺术等学科,让学生融合多个学科知识设计和制作灯具,一边学习一边提高各方面的能力。灯具项目所取得的成果和评价如下。

(一)提高学生创新能力

课程一开始需要学生分组讨论此次要制作的灯具设计图并画出来,再用电脑软件制作灯具的模型,这时也需要进一步设计,学生头脑风暴,讨论和思考灯具的每一个细节和结构,在设计纸上用铅笔进行多次修改和完善,最后每个小组做出来的灯具都各具风格和特色。

(二)提高学生学习能力

一是电脑软件学习能力。学生在进行灯具模型制作时需要用电脑来进行设计。本次采用的软件是 Laser Maker,学生对这个软件还很陌生,在设计灯具模型时得一步步去熟悉和使用这个软件,在设计好之后还要多次修改,让灯具变得更好看、实用,最终大部分学生都可以做出自己满意的灯具。二是工程学习能力。此灯具项目需要学生把灯具的每个部分设计出来之后组装起来,在组装时会遇到一个问题,怎么才能让每个部分固定在一起。有学生想到了用卡槽把灯具的每个部分卡紧,这样就不用热胶枪把各部分粘起来了。三是物理知识学习能力。在讲解灯的部分知识时,学生了解到不同灯的电功率、钮扣电池的组成和遥控灯中的遥控原理。

(三) 制作出不同的灯具

灯具各具特色和风格,提高了学生的综合素质能力。学生对灯具的各个地方不断地进行打磨和完善,从设计到用切割机切割出来、组装灯具,在学生的合作中,一个个不同设计的灯具都被制作出来,体现了学生各方面的能力,激发了学生的学习兴趣,进而提高学生的自身综合能力。

在制作灯具的整个过程中,老师安排环节让学生展示灯具设计图和灯具成果,学生也会以打分的形式对自己小组和其他小组进行评价,对评价高的小组进行表扬,也对评价低的小组进行点评和提建议。我们制作了一个评价表,让学生在功能实现、作品创意、小组展示、小组合作等四个方面对其他小组进行评价,除此之外,小组内部每个组员都要进行自评与反思。

该项目进行以来,学生对项目内容非常感兴趣,参与度高,每个学生都积极参与项目的各个阶段,一定程度上开发了学生的大脑思维,提高了学生各方面的能力。

实践智慧 02 ｜ 开心菜园

随着新课程改革的不断深入,如何培养学生的创新精神和实践能力已成为教育工作者亟待解决的问题。项目式学习作为一种以学生为中心的学习模式,它强调学生在实际操作中学习,通过完成一个具体的项目来实现知识的构建和能力的提升,能够让学生在真实的情境中解决实际问题,提高他们的协作能力和创新思维。我校以"开心菜园"为主题,设计了一系列项目式学习活动,旨在培养学生的实践能力、创新精神和合作意识,提高学生的综合素质。

一 活动设计与实施

◆ 项目一:前期准备工作与菜园规划

(一)活动目标

引导学生了解蔬菜的生长条件和种植技术,培养其观察能力和实践能力。

(二)活动流程

1. 做足前期准备工作

分组进行菜园规划,包括蔬菜种类选择、种植时间安排、种植密度规划等。学生需要先进行市场调查,了解各种蔬菜的生长习性和种植难度,然后根据实际情况进行选择和规划。同时,还需要考虑到季节、气候等因素对蔬菜生长的影响。在规划过程中,学生可以采用思维导图、流程图等工具,帮助自己理清思路,优化规划方案。

2. 分畦播种

各组准备好自己选择的种子以及播种所需的工具。每种种子都有不同的播种方法,小组成员需要搜集资料,总结播种时的注意事项,例如气温、湿度以及土壤的酸碱度等的要求,提前做好工作比后期补救更加具有主动性。大部分种子发芽时需要充足的水分、适宜的温度以及一定的空气,阳光并不是必要条件。教师在播种期间一定要给予学生恰当的指导,帮助他们少走弯路。

◆ 项目二:蔬菜生长记录与观察

(一) 活动目标

培养学生的观察能力和记录能力,了解蔬菜生长规律。

(二) 活动流程

1. 分组进行蔬菜生长记录,包括植物高度、叶片数量、花朵颜色等

学生密切关注自己小组播种的植物,定期观察并记录其生长情况。此过程需要选择合适的观察工具,如测量尺、计数器等,同时也要掌握恰当的观察方法,能够对蔬菜的生长状态进行准确的描述。同时,还需要将观察结果进行整理和归纳,形成完整的记录表格或报告。

2. 定期组织观察分享会

学生需要在分享会上展示自己的记录和观察结果,分享自己的心得体会。此过程可以通过 PPT、制作视频等方式展示自己小组的成果,与同学和老师进行交流和分享。老师可以适当给予指导和建议,帮助学生更好地掌握蔬菜生长的规律和特点,同时还可以组织学生进行讨论和反思,帮助学生深化对蔬菜生长过程的理解。

3. 整理记录并形成蔬菜生长档案,为后续项目提供参考

学生需要将观察记录进行整理和总结,形成完整的蔬菜生长档案,这些档案可以作为后续项目的学习参考资料,也可以作为自主研究的基础。学生可以通过制作PPT、文字记录等方式将档案资料进行整理和呈现,同时还可以将档案资料进行分类和归档,方便后续查找和使用。

◆ 项目三:菜园管理与环保意识培养

(一) 活动目标

学生了解菜园管理知识,培养他们的环保意识和责任感。

(二) 活动流程

1. 分组进行菜园管理

学生需要了解菜园管理的基本知识和技能,如除草、施肥、病虫害防治等,还需要定期进行菜园巡视,发现杂草或病虫害等问题及时进行处理。同时,还可以学习有机肥料的使用和管理技巧,提高菜园的可持续性。

2. 定期组织环保知识分享会,让学生了解环保对农业的重要性

学生需要在环保知识分享会上了解环保对农业和生态系统的重要性,可以通过学习环保知识和案例,了解保护环境和可持续发展的重要性。同时,还可以分享自己在菜园管理中的环保实践和经验。

3. 组织菜园清理活动,让学生清理菜园垃圾增强环保意识

学生需要在菜园清理活动中清理菜园垃圾,保护菜园的生态环境,可以将垃圾进行分类和处理,避免对环境和健康造成危害。同时,还可以学习垃圾分类和回收利用的知识和技术,进一步增强自己的环保意识。

◆ 项目四:蔬菜收获与品尝

(一) 活动目标

此项目旨在让学生了解有关蔬菜收获和品尝的知识,培养其实践能力和合作意识。

(二) 活动流程

1. 分组进行蔬菜收获

学生需要了解不同蔬菜的收获特性和最佳收获时间,可以利用手工工具,如刀具、镰刀等,或者使用适当的机械工具进行收获。在收获过程中,要注重培养学生的实践能力和合作意识。

2. 小组合作进行蔬菜清洗和处理

学生将收获的蔬菜进行清洗和处理,去除泥土、杂质和病虫害部分。在此过程中可以学习并实践不同的清洗和处理方法,如水洗、削皮、切割等。

3. 烹饪与品尝

学生可以将清洗处理后的蔬菜进行烹饪,制作成菜肴,并进行品尝,可以尝试不同的烹饪方法和菜谱,发挥自己的创意和团队合作精神,制作出独特的菜品。同时,还可以学习蔬菜的营养知识和搭配技巧,制作出营养更加丰富的菜品。

4. 组织品尝分享会

学生可以在课堂上或学校活动中组织品尝分享会,展示自己小组制作的菜品,并分享收获和烹饪的经验和技巧。学生可以通过PPT、录制视频等方式展示自己的成果,与同学和老师进行交流和分享。同时,老师可以给予指导和建议,帮助他们提高烹

饪技巧和营养搭配能力。

二　评价方法

（一）过程评价

过程评价主要关注学生在整个项目过程中的参与度、团队协作精神和实践能力。具体评价内容包括以下几点。

1. 参与度：教师观察学生在项目活动中的参与情况，包括是否积极投入、主动参与讨论和实践活动等。

2. 团队协作：教师评价学生在小组合作中的表现，是否能够与小组成员进行有效沟通和协作，共同完成任务。

3. 实践能力：教师评估学生在实际操作中的能力，包括种植蔬菜的技能、管理蔬菜的能力以及解决实际问题的能力。

（二）成果评价

成果评价主要关注学生的种植成果、对蔬菜种植知识的掌握程度以及环保意识和食品安全意识的提高程度。具体评价内容包括以下几点。

1. 种植成果

教师评价学生的种植成果，包括种植品种的选择、播种质量、蔬菜的长势和产量等。

2. 知识掌握

教师通过提问、测试和观察等方式，评估学生对蔬菜种植知识的掌握程度，包括对蔬菜种类、生长特点、种植技术等方面的了解。

3. 环保意识

教师通过观察学生在活动中的行为和态度，评估他们的环保意识是否得到提高，例如是否注意节约用水、合理使用肥料和农药等。

4. 食品安全意识

教师通过观察学生烹饪和品尝蔬菜的过程，评估他们的食品安全意识是否得到提高，如是否注意清洗蔬菜、选择安全的保存方法等。

（三）总结与分享

总结与分享环节不仅是对学生个人成果的展示，也是对整个项目过程的回顾和总结。学生需要对自己的种植过程进行总结，分享种植过程中的问题和经验，并对自己的种植成果进行评价。同时，教师对学生的总结和分享进行点评和指导，帮助他们进一步巩固知识和提高能力。

通过评价使学生了解自己的优点和不足之处，进一步激发学生的学习兴趣和动力，同时还可以鼓励学生将环保意识延伸到日常生活中，培养学生的社会责任感和公民意识。总之，项目式学习活动的设计与实践能够有效地促进学生的综合素质发展，培养学生的创新精神和实践能力，同时也可以提高学生的合作意识和责任感。在开心菜园项目式学习活动中，通过引导学生进行实践探索和研究性学习，激发学生对农业和生态环境的兴趣与关注，让学生更加了解农业知识，掌握相关技能并树立环保意识，还可以促进学生形成正确的价值观和人生态度，为未来的发展奠定坚实的基础。

三 效果与收获

通过开心菜园项目式学习活动的实践，我们取得了以下效果。

1. 提高了学生的综合素质。通过参与项目，学生不仅了解了农业知识和技能，还培养了观察力、实践能力、合作能力和分享能力等。他们在实践中学习，通过合作与交流，加深了对农业和生态环境的认识和理解。

2. 促进了学生的创新精神和实践能力的发展。在项目实施过程中，学生需要独立思考、动手操作，解决遇到的问题。这种实践活动方式激发了学生的创造力和想象力，提高了他们的动手能力和解决问题的能力。

3. 增强了学生的合作意识和责任感。通过分组合作和集体讨论，学生学会了相互协作、共同进步。同时，他们也意识到了自己的行为对环境和他人的影响，培养了环保意识和责任感。

4. 激发了学生对农业和生态环境的兴趣与关注。通过亲身参与菜园管理和环保活动，学生对农业和生态环境有了更加深入的了解和认识。这种实践活动方式让他们更加关注环境和生态保护，培养了他们的社会责任感和公民意识。

四 总结与反思

通过《开心菜园项目式学习活动设计与实践》校本课程的实践,我们认识到项目式学习在培养学生综合素质方面具有如下显著优势。

(一)学生的综合素质得到提高

通过参与开心菜园项目,学生不仅掌握了蔬菜种植的基本知识,还学会了制定计划、解决问题和团队合作。他们在实践中表现出了较强的创新能力和实践能力,提高了自身的综合素质。

(二)真实情境中的问题解决

项目式学习强调真实情境中的问题解决,让学生在实际操作中体验和学习。通过种植蔬菜的过程,学生不仅了解了蔬菜生长的基本知识,还学会了如何应对种植过程中遇到的问题,提高了解决问题的能力。

(三)团队合作的重要性

在实践中,学生以小组为单位进行蔬菜种植。通过团队合作,学生学会了如何与他人沟通、协调和合作,培养了团队协作精神。

(四)学生的主体性和主观能动性得到发挥

项目式学习关注学生的主体性,充分发挥学生的主观能动性。在实践中,学生能够自主规划、实施和总结,积极参与实践过程,提高了自主学习的能力。

(撰稿人:深圳市坪山中学　王露敏、郝素梅)

模态 14
体验性活动具身化

体验性活动具身化是一种将学生的身体和心理体验融合于学习过程中的教学方法。这种方法强调身体与意识的统一,鼓励学生在体育活动中不仅使用身体,还要动脑筋、用心体验。体验性活动具身化意味着,通过将学习、练习和比赛一体化,学生不仅能够在实践中提高身体素质,还能在参与过程中培养对体育的热爱和良好的运动习惯。每一次的尝试和挑战都是对自我潜能的挖掘,也是对无限可能的探索。

初中体育教学是提高学生身体素质、促进学生身心健康发展的重要途径。然而，当前初中体育教学中存在一些问题，如学生技能掌握不熟练、教学质量不高等。许多学生在学习运动技能时，往往只是进行初步的体验，并没有真正地掌握某一项运动技能。这主要是由于教学方法和手段不够科学、合理，或者缺乏针对性的教学计划所导致的。因此，本文旨在探究不熟练运动技能熟练化在初中体育教学中的实践方法，以提高初中体育教学质量和效果。这一实践具有多方面的意义和目的，不仅可以帮助学生更快、更准确地掌握不熟练的运动技能，还有助于培养学生的自信心和兴趣爱好，推动初中体育教学的改革和创新，使体育教学更加符合现代教育的理念和方法。综上所述，探究学生运动技能的初步体验如何转化为学生自身熟练掌握的运动技能，即体验性活动具身化在初中体育教学中显得尤为重要。

一　体验性活动具身化拟解决的问题

（一）身体生长发育的个体差异化

初中生正处于青春期，身体正在经历快速的变化。他们的肌肉、骨骼和心血管系统都在发展和适应。这个阶段的学生可能在身体控制、力量和耐力方面面临挑战。学生的身体素质存在差异，例如肌肉力量、柔韧性、协调性等。这些差异会影响学生对运动技能的掌握和运用能力。此外，由于青春期荷尔蒙的变化，学生可能会经历情绪波动和缺乏自信，这也会影响他们掌握运动技能的能力。

（二）运动技能习得过程漫长曲折

运动技能习得过程需经历泛化、分化、自动化阶段，因此，学生掌握运动技能需要时间和实践。学生需要反复练习才能达到熟练的程度。然而，一些学生可能在课程时间内无法获得足够的练习机会，或者由于注意力不集中或缺乏自律性而无法充分利用课堂时间。此外一些学生可能没有得到足够的指导或反馈，这使得他们难以了解自己的错误并改进技能。

（三）缺少资源和环境的支持

在一些学校中，由于缺乏资源和支持，学生可能无法获得足够的运动设备和设施，或者没有专业的体育教师来指导和支持他们。这使得学生在掌握运动技能方面面临更多的挑战。评价对于事物的稳态发展至关重要,缺少评价体系正是学生掌握运动技能的掣肘。一些学生对运动或体育活动缺乏兴趣,或者没有意识到运动对他们的健康和发展的重要性。他们可能缺乏内在动机去努力学习并掌握运动技能。此外,一些学生可能受到家庭、朋友或社会对体育的态度的影响,认为它不重要或没有价值。

二 体验性活动具身化的内涵与价值

在初中体育教学中可以通过让学生亲身参与体育活动,感受体育运动的乐趣和意义,从而培养他们的体育兴趣和习惯。这种教学方法强调学生的主体性和体验性,让学生通过自己的身体感受和情感体验来理解和掌握体育知识技能。在进行体育活动过程中,学生之间需要相互配合、交流和互动,这样可以增强学生的社交能力和合作意识,同时,教师结合多种教学方法和手段,包括讲解、示范、游戏、比赛等进行教学,从而使学生全面掌握体育知识技能。

(一) 有利于身体与意识高度统一

在体育活动中,身体和意识需要高度统一,才能实现更好的体验。具身化要求对身体和意识的统一进行深入研究,以实现最佳的体育体验。身体和意识在体育活动中是相互依存的。身体是执行动作和体验运动感觉的基础,而意识则对身体进行控制和调节。在具身化过程中,需要对身体和意识进行有效的整合,以实现身体的感知和意识的控制之间的相互配合。一方面,身体感知是意识控制的前提。通过感知身体的姿势、动作和运动状态,意识能够更好地调控身体的运动。例如,在篮球比赛中,球员需要感知自己的身体姿势和动作,以便在传球、投篮或运球时作出准确的决策。其次,意识的调控对身体运动也有重要影响。通过意识的控制和调节,身体可以适应不同的运动要求并进行自我调整。为了实现身体与意识的统一,需要进行专门的训练和练习。具身化的体育活动可以通过各种训练方法来提高身体和意识的协调水平。例如,通过感知练习和模拟训练等方式,运动员可以学会更好地感知身体状态和运动感觉,同时提高意识的调控能力。

(二) 有利于感觉与运动的结合协调

感觉与运动是体育活动中不可或缺的两个方面。感觉包括视觉、听觉、触觉等多种感官信息,而运动则涉及姿势、动作和运动状态的调控。在具身化的体育活动中,感觉和运动是相互协调配合的。一方面,感觉信息是运动调控的基础。通过视觉观察、听觉反馈和触觉感知等方式,运动员可以获取关于身体姿势、动作和运动状态的信息,从而更好地调控运动。例如,在游泳过程中,运动员需要听觉反馈来了解自己在水中的姿势和动作是否正确,从而更好地调整呼吸和划水的节奏。另一方面,运动的调控又会影响感觉信息的获取。通过调整身体姿势、动作和运动状态,运动员可以更好地感知身体在不同运动状态下的感觉信息。例如,在练习瑜伽时,通过调整呼吸和身体的姿势,运动员可以更好地感知身体的柔韧性和平衡感。

(三) 有利于认知与情感的相辅相成

认知与情感在体育活动中也具有重要影响。认知是指对体育活动的思考、分析和决策过程,而情感则涉及对体育活动的情感体验和动机激发。在具身化的体育活动中,认知和情感是相辅相成的。一方面,认知过程是情感体验的基础。通过思考和分析体育活动的策略和方法,运动员可以更好地理解运动的意义和价值,从而激发积极的情感体验。例如,在足球比赛中,球员需要对比赛形势进行分析和判断,从而作出合理的决策,这有助于增强他们的自信心和成就感。另一方面,情感体验又是认知过程的重要影响因素。积极的情感体验可以促进运动员的认知过程,提高他们的注意力和决策能力。例如,在训练中获得成功的喜悦和认可,可以激发运动员的自信心和动力,从而更好地投入到后续的训练和比赛中。

三 体验性活动具身化的实施策略

(一) 差异化教学

差异化教学是体验性活动具身化实施的重要策略之一。差异化教学关注学生的个体差异和需求,根据学生的身体素质、技能水平和兴趣爱好等因素,制定个性化的教学计划和训练方案。通过差异化教学,学生可以更好地理解和掌握运动技能,提高学习效果和兴趣。

(二) 全方位加强教学支持

全方位加强教学支持也是体验性活动具身化实施的关键策略之一。全方位教学支持包括专业的体育教师、适当的场地设施、完备的安全保障措施以及丰富多样的教学资源等。通过全方位的教学支持，学生可以获得更好的学习环境和资源，提高学习效果和兴趣。

(三) 创造学习环境和评价体系

创造良好的学习环境和评价体系也是体验性活动具身化实施的重要策略之一。良好的学习环境可以激发学生的学习兴趣和动力，促进他们的参与度和创造力。评价体系则可以对学生的技能水平和学习效果进行客观评价，帮助学生了解自己的不足之处并改进技能。同时也可以为教师提供反馈和指导，帮助他们改进教学方法和策略。

(四) 建立良好的师生关系

良好的师生关系是体验性活动具身化实施的重要保障。教师需要尊重学生的个体差异和需求，关注学生的情感体验和学习过程，积极与学生沟通交流，建立信任和互动的关系。通过建立良好的师生关系，可以营造积极的学习氛围，提高学生的学习兴趣和参与度。

(五) 引入多元化的教学方法

引入多元化的教学方法可以丰富体验性活动具身化的实施方式，提高学生的学习效果和兴趣。多元化的教学方法包括示范教学、模拟训练、合作学习、探究式教学等。通过多元化的教学方法，可以更好地满足学生的学习需求，提高他们的学习效果和兴趣。

(六) 制定阶段性的学习目标

制定阶段性的学习目标可以帮助学生在体验性活动具身化过程中更好地掌握运动技能。阶段性的学习目标可以是短期、中期或长期的，根据学生的实际情况和需求进行制定。通过制定阶段性的学习目标，可以让学生有明确的学习方向和目标，提高他们的学习效果和兴趣。

(七) 重视反思和总结

重视反思和总结是体验性活动具身化实施的重要环节。学生在学习过程中需要对自己的表现和技能掌握情况进行反思和总结，分析自己的优点和不足之处，并制定相应的改进计划。通过反思和总结，可以让学生更好地了解自己的学习情况和不足之处，提高他们的学习效果和兴趣。总之，体验性活动具身化是一种有效的初中体育教学模态，它关注学生的个体差异和需求，注重学生的参与和体验，通过多元化的教学方法和手段，提高学生的学习兴趣和效果。通过创造良好的学习环境和评价体系，建立良好的师生关系，引入多元化的教学方法，制定阶段性的学习目标以及重视反思和总结等实施策略，可以更好地促进体验性活动具身化在初中体育教学中的应用和发展。

实践智慧 01 Ⅰ 构建学练赛评一体化课程

足球学练赛评一体化课程是一个典型的体验性活动具身化的实践案例。在这个课程当中，学生可以通过实践学练，由初步了解足球，逐渐深入至乐于参与足球运动，以及善于参与足球运动，同时也可以增强学生的体质，发展其身体素质，培养其团结协作、坚韧不拔的优良品德，帮助其形成终身体育意识和养成终身体育锻炼的习惯。

在开展足球学练赛评一体化课程中，首先学生需要了解足球运动的基本概念，包括足球的影响力、基本比赛规则和基本技术动作，并且逐渐学会观看比赛；其次，学生要在掌握基本知识的同时，每周进行高频率的足球技术练习，并在教师的指导下将足球技术技能日益精进，最终具备一定水平的足球技术能力且能够参加比赛；再次，学生将在各自班级和学校联赛上进行足球比赛，在一次次比赛中提高技能，不断提升对足球的认知，感受足球运动的魅力，增进对足球运动的喜爱；最后，学生将在多元评价体系下得到过程性评价和终末性评价。

通过学练赛评一体化课程，学生不仅可以掌握足球技能和感受足球文化，还可以增强自己的身体素质，形成终身参与体育运动的习惯。

一 课程背景

坪山中学是一所具有深厚历史文化底蕴的学校，始终坚持"德育领先，艺体见长"的教育理念。近年来，学校积极推进体育课程改革，以足球为突破口，旨在通过学练赛评一体化的足球课程，提高学生的足球技能和身体素质，培养学生的团队协作能力和自信心。同时，足球作为一项全民热爱的世界第一运动，开展学练赛评一体化的足球课程也符合国家对于青少年体育发展的要求。

坪山中学足球课程的设计理念是基于学生的全面发展、个性化需求和未来社会对人才的需求进行综合考虑的。通过学练赛评一体化足球课程,学校旨在培养具有运动技能、团队合作、自信心和积极心态的学生,让他们在足球运动中体验成功与成长,同时也能将这种体验迁移到其他方面。此外,通过足球课程,学生还将培养出领导力、沟通能力和团队合作精神等能力,为未来的社会适应做好准备。

二 课程目标

本课程的目标是让学生掌握足球的基本技能和知识,提高学生的身体素质和团队协作能力,培养学生的自信心和创造力,帮助学生形成终身体育意识和养成终身体育锻炼的习惯。具体目标如下。

1. 学生能够熟练掌握足球的基本技术,包括传球、射门、运球等,并能够在比赛中灵活运用。为了帮助学生达到这个目标,我们将通过系统的教学和实践让学生掌握足球的基本技术。在课程中,我们将设置多个练习和比赛环节,让学生不断地进行实践和锻炼。同时,我们还将提供专业的教练指导,确保学生能够正确掌握足球的基本技术。通过不断地练习和比赛,学生将能够熟练掌握这些基本技术,并在比赛中灵活运用。

2. 学生能够深入了解足球比赛的规则和常用战术,并能够运用战术指导比赛。为了帮助学生实现这个目标,我们将让学生了解足球比赛的基本规则和常用战术。我们将通过理论教学和实践演练相结合的方式,让学生深入理解足球比赛的规则和常用战术。同时,我们还将教授学生如何运用战术指导比赛。通过不断地学习和实践,学生将能够深入了解足球比赛的规则和常用战术,并运用战术指导比赛。

3. 通过团队协作训练,学生能够培养出强烈的团队合作精神和集体荣誉感。为了帮助学生达成这个目标,我们将设计一些团队协作的训练活动。这些活动将注重学生团队合作和集体荣誉感的培养。例如,我们可以通过组织一些团队游戏和拓展训练等方式来培养学生的团队合作精神和集体荣誉感。通过这些活动,学生将能够更加深入地理解团队合作的重要性,并在足球课程中更加投入地参与团队协作训练。

4. 通过自信心培养,学生的心理健康和社会适应的能力得到发展。为了实现这个目标,我们将提供一些自信心培养的活动。例如,我们可以通过自我介绍、展示表演等方式来培养学生的自信心。在这些活动中,学生将有机会展示自己的才能和技能,从而增强自信心。同时,我们还将教授学生一些自信心培养的技巧和方法,帮助他们更好地提高自信心水平。通过这些活动和实践,学生将能够增强自信心,敢于在比赛中表现自己。

5. 通过评价机制的激励,学生能够积极参与课程,提高学练效果。为了达成这个目标,我们将建立一个完善的评价机制。这个机制将注重激励学生积极参与课程,并提高学习效果。我们将定期对学生进行评估和反馈,以激励他们积极参与课程。同时我们还将根据学生的表现和发展情况给予一定的奖励,以鼓励他们更好地参与课程学习,并通过评价反馈机制关注学生的个性发展和特长培养,为他们提供更多的锻炼机会和发展空间,也为日后的升学和职业发展打下坚实的基础。

三 课程内容

本课程涵盖了足球基本技术、足球比赛、足球基本技术和足球比赛方面的内容。课程内容具体如下。

(一) 足球基本技术

足球基本技术包括:1. 颠球,学生将学习用双脚、头部、胸部等部位颠球的基本技术,掌握颠球的力度和节奏。通过颠球练习,学生将提高对球的控制能力和平衡感。2. 射门技术,学生将学习各种射门技术,包括脚弓推射、脚背抽射、头球攻门等。通过练习不同的射门技术,学生将提高射门的准确性和威力。3. 传球技术,学生将学习各种传球技术,包括地滚球、弧线球、高吊球等。通过练习不同的传球技术,学生将提高传球的准确性和多样性。4. 防守技术,学生将学习各种防守技术,包括盯人防守、抢断球、头球防守等。通过练习防守技术,学生将提高防守的意识和能力,更好地防守对手的进攻。

(二) 足球比赛

足球比赛分为两部分进行,一是在课堂中进行足球比赛,学习初期为每周一赛;掌握一定足球技能后,学生将在每节足球课上进行足球赛,能够做到学练赛一体化学习。

此外,学生将在教练的指导下参与足球比赛,通过比赛实践,学生将更好地理解足球比赛的规则和流程,同时提高比赛中运用技术的能力和团队合作精神。

(三) 足球规则与战术

该部分包括:1.足球比赛的基本规则,包括场地设施、球员人数与装备、比赛流程、犯规与越位等。通过学习规则,学生将更好地理解比赛的流程和规定,从而更好地应对比赛中的各种情况。2.基础战术部分,学生将学习基本的足球战术,包括进攻和防守的策略、球场区域的划分与利用、传球与跑位的配合等。通过学习战术,学生将在比赛中更好地运用技能,发挥团队的优势,取得胜利。

(四) 身体素质与训练

1.耐力训练部分,学生将进行耐力训练,包括长跑、间歇跑等。通过耐力训练,学生将提高心肺功能和身体适应能力,更好地应对比赛中的高强度运动。2.力量训练部分,学生将进行力量训练,包括举重、俯卧撑等。通过力量训练,学生将增强肌肉力量和身体对抗能力,提高防守与进攻的效率。3.柔韧性训练部分,学生将进行柔韧性训练,包括瑜伽、拉伸等。通过柔韧性训练,学生将提高身体的灵活性和稳定性,预防受伤并提高技术动作的准确性。

(五) 比赛策略与分析

1.比赛策略部分,学生将学习根据不同的比赛情况制定相应的比赛策略,如进攻、防守、转换等。通过学习策略,学生将在比赛中更好地应对情况的变化并作出正确的决策。2.比赛分析部分,学生将学习如何对比赛进行分析和总结。通过分析比赛过程和结果,学生将找出自身的优点和不足之处,从而进行改进和提高。同时,学生还将学习如何针对对手的情况制定相应的战术策略,提高比赛的胜率。

(六) 足球文化与历史

1.足球文化部分,学生将了解足球文化的内涵和发展历程,包括足球与政治、经济、文化等方面的关系。通过了解足球文化,学生将更好地理解足球的意义和价值,从而更加热爱这项运动。2.足球历史部分,学生将了解足球的起源和发展历程,包括著名赛事、球星、俱乐部等。通过了解足球历史,学生将激发对足球的兴趣和热情,同时更好地理解足球的传统和精神。

四 课程实施

为确保课程的顺利进行，本课程的实施安排如下。

（一）教师团队建设

选拔具有足球专业背景和丰富教学经验的教师担任课程教师，加强教师团队的专业培训和相互交流，提高教师的教学水平和指导能力。

（二）教学设施保障

提供充足的教学器材和场地设施，保证教学顺利进行。同时，加强对场地设施的维护和管理，确保教学安全和质量。

（三）课时安排与课程设置

合理安排课时和课程设置，保证教学内容的完整性和连贯性。同时，根据学生的实际情况和需求，灵活调整课时和课程设置，以满足学生的学习需求。

（四）家校合作与支持

加强与家长的沟通和合作，让家长了解课程实施的具体内容和要求，争取家长的支持和配合。同时，鼓励家长参与学生的课外足球活动和比赛观摩，增进亲子关系和学生的自信心。同时，我们还将听取家长的意见和建议，不断完善课程内容和教学方法，提高教学质量。

（五）安全与应急预案

制定完善的安全与应急预案，确保学生在教学活动中的安全。加强对学生身体状况的监测和应急处理能力的培训，及时处理突发情况，保证教学的顺利进行。

五 课程评价

（一）评价理念

坪山中学学练赛评一体化的足球课程评价坚持"以生为本"的理念，重视学生的主体地位和全面发展。通过过程性评价与终结性评价相结合的方式，关注学生的学习过程和结果，激发学生的学习动力和自信心，提高他们的综合素质和创新能力。

（二）评价目标

一是促进学生学习进步：通过过程性评价和终结性评价，全面了解学生在足球技能、规则和战术方面的学习情况，及时发现学生的不足之处，并给予指导和帮助，促进他们的学习进步。二是培养团队合作精神：在课程实施过程中，注重学生之间的合作与交流，通过小组讨论、团队练习等方式，培养学生的团队合作精神和沟通能力。三是提升学生综合素质：通过足球课程的学习与实践，学生不仅掌握了足球基本技能和知识，还培养了良好的学习态度、合作精神和领导能力等综合素质。四是发挥学生特长与创造力：在课程评价中，鼓励学生发挥自己的特长和创造力，对足球技能和战术进行个性化运用和创新，培养学生的创新意识和实践能力。

（三）评价内容与方法

一是课堂表现与考勤：在教学过程中，观察学生的课堂参与度、专注度、纪律性以及课堂互动情况等，及时记录学生的表现并给予反馈和指导，严格记录出勤情况。二是进步幅度：通过比较学生的入学和期末成绩来评价他们的进步幅度和成长历程。三是技能测试：在学期末进行足球基本技能的测试，包括传球、射门、运球、防守等技术，全面评估学生在技能方面的掌握情况。四是比赛表现：组织学生进行比赛，观察学生在比赛中的表现和策略运用能力，结合比赛结果对学生的表现进行评价。

（四）评价结果运用与反馈

一是及时反馈，在教学过程中，对学生的过程性评价结果及时进行反馈，让学生了解自己的学习状况并指导他们如何进行改进。同时对终结性评价结果进行反馈，让学生明确自己的优势与不足之处。二是综合评定，在学期末，对学生的足球技能、规则和战术掌握情况、学习态度、合作精神等进行综合评定，为学生提供全面的学习反馈。根据综合评定结果，对表现优秀的学生进行表彰和奖励，激励他们继续努力；对需要提高的学生进行指导和帮助，引导他们改进学习方法和发展个人特长。

实践智慧 02 ┃ 课堂教学致力提升运动技能

一 教学设计背景

本课例以《义务教育体育与健康课程标准(2022年版)》为依据,围绕(水平四)八年级脚背正面运球进行教学设计,以"立德树人""健康第一"为指导思想,以学生发展为中心,注重以学定教,学科育人,满足学生的兴趣和需要。足球是一项广受欢迎的运动,很多学生都对它充满热情。在设计足球教学时,可以考虑到学生的兴趣和需要,如对足球的基本认知、技能掌握、团队协作等。学校的设施和资源是设计足球教学的重要考虑因素。例如,是否有标准的足球场、足球器材等。这些因素会影响到教学的实施和效果。

在设计足球教学时,需要明确教学目标,例如提高学生的体能,培养学生的团队合作精神,教授足球技能等。在足球教学设计时,还需要考虑到课程设置,如课程时长、教学内容、教学方法等。足球还是一项高强度的运动,安全是必须要考虑的因素。在教学设计时,需要采取相应的安全措施,如做好热身运动、佩戴防护装备等。

二 教学主要内容与主要解决的教学问题

足球是一项全身性的运动,通过足球教学,可以锻炼学生的身体协调能力、灵敏性和耐力,增强体能水平。足球教学的主要内容通常包括球感训练、足球基础知识、足球技战术、比赛策略和规则等方面的内容。通过足球教学,可以让学生了解足球的基本知识、技术和战术,提高对足球的兴趣和热情,从而更好地参与到这项运动中来。足球更是一项团队运动,需要队员之间的默契和协作。通过足球教学,可以培养学生的团队合作精神和沟通能力，让他们学会在团队中发挥自己的优势。通过系统的足球教学，可以让学生掌握足球的基本技术和战术，提高他们的竞技水平。足球比赛又有一定的规则和纪律要求，通过足球教学，可以让学生了解并遵守这些规则和纪律，培养他们的规则意识和纪律性。

三 教学特色与创新

在足球教学中，可以采用多种教学模式，如合作学习、探究学习、项目式学习等，以激发学生的学习兴趣和主动性，提高教学效果。在足球教学中应该注重技术与实践的结合，通过多样化的训练方式和活动，提高学生的技术水平和实践能力，不应该只关注技术层面，还应该注重学生的素质培养，如道德品质、团队合作精神、领导能力等。

在足球教学中，可以尝试创新教学方法，如利用数字化技术、游戏化教学等，以增强学生的学习体验和兴趣。足球教学不应该只局限于课堂内，还可以通过拓展教学资源，如利用社会资源、开展校园足球联赛等，以丰富学生的学习内容和体验。足球教学特色与创新应该注重多元化教学模式，强调技术与实践，重视素质培养，创新教学方法以及拓展教学资源等方面，以激发学生的学习兴趣和主动性，提高教学效果，培养更多优秀的足球人才。

四 应用与教学效果

1. 炸弹游戏

将学生分成两队，分别拿球放在自己的半场内，听到教练开始的口令后，各队员将球踢到对方的半场内得一分。

师：同学们，准备好了吗？要注意将脚背运球技术应用其中，把球踢到对方的半场会得一分。

生：加油加油，一点要记得运用脚背运球技术。

通过进行学、练、赛可以提高学生踢球的熟悉度，可以初步培养学生的判断力。

2. 保卫家园

将学生分为进攻队员和防守队员,进攻队员将球踢进防守区域,踢进一次得一分。

师:同学们,学会控制脚下球,并且将脚背运球技术应用其中。

生:我们一定要当"防守之王""进攻之王"。

通过进行学、练、赛可以培养学生力量的控制,提高观察能力及反应能力。

综上所述,"体验性活动具身化"是一种全新的教育理念和教育模式,它破除了学生难以掌握至少一项运动技能的困境,通过学习、练习、比赛、评价一体化,构建一个易于学生学练的模式。坪山中学的学练赛评一体化的足球课程旨在通过系统的教学和实践让学生掌握足球的基本技术、规则和战术,培养团队合作精神、自信心和创造力,帮助学生实现体验性活动具身化。通过实施学练赛评一体化、教师指导、设施保证、家校合作等多种方法和手段,提高学生的学习效果和学习兴趣。同时通过建立完善的评价机制,激励学生积极参与课程并提高学习效果。通过足球课程的学习,学生将获得全面的发展,成为具有运动技能、团队合作、自信心和创造力的社会主义建设者和接班人。

(撰稿人:深圳市坪山中学　刘盈、王冉)

模态 15
发展性指导个性化

发展性指导个性化是现代教育的重要理念,它强调根据学生的个体差异,提供量身定制的生涯发展指导。通过深入了解学生的兴趣、能力和基础素养,个性化指导能够帮助学生更好地认识自我,激发内在动力,培养生涯发展所需的技能和素质。这种指导方式不仅符合现代教育的发展趋势,更有助于学生在多元化的生涯选择中找到适合自己的方向,实现个人价值和社会价值的统一。因此,发展性指导个性化对于促进学生全面发展、提升未来生活质量具有重要意义。

一　发展性指导个性化的意义

根据舒伯的生涯发展理论，人的生涯发展可以分为 5 个阶段，其中成长阶段（0—14 岁）的特征是：人开始考虑自己的将来，逐渐具备一定的生活控制能力，获得胜任工作的基础，并且在该阶段末期，越来越意识和关心长远的未来。个人所要做的，是通过学校学习、社会活动来认识自我，理解世界以及工作的意义，初步建立起良好的人生态度。

我们也很认同这个观点，并认为初中阶段是学生成长和思想认识形成的重要时期，对于初中生发展性指导个性化教育具有至关重要的意义。

初中生涯教育发展性指导个性化能够助学生更有针对性地了解自我。在初中阶段这个特殊时期，学生的自我意识进一步增强，能够内倾地探寻自我的存在。而学生正确地认识自己在未来发展中的存在和期望，不仅有助于其在校的学习与生活，更对其今后择业与视野发展有着积极影响。

初中生涯教育发展性指导个性化能够使学生在规划自己的未来生涯时，对自己的理想与目标进行综合全面的衡量与分析，将社会、经济、行业状况、个人倾向等多种因素纳入考量范围，了解各类专业特点和职业发展情况，发展他们的职业生涯规划意识，提高职业生涯规划能力，促使学生在升学和择业中作出适合自己的选择。

初中生涯教育发展性指导个性化能够激发、增强个体能力才干，助其建立积极向上的人生理想。在日常学习生活过程中，初中生常常会感到迷茫，个人未来发展景象模糊不清，在学习上也无的放矢。通过发展性指导个性化生涯教育，使初中生能够明确自己的兴趣、特长和优势，扬长避短，集中性地有目的地激发自己的潜能，更好地选择适合自己的职业方向和目标。

初中生涯教育发展性指导个性化能够培养初中生的爱国精神和社会责任感。少年强则国强，作为整个社会的组成部分，初中生在未来将成为国家和民族的重要骨干力量。对于初中生进行职业生涯规划教育，可以让他们在未来职场中更好地发挥作用，并为整个社会作出更大的贡献。

总而言之，初中生涯教育发展性指导个性化对于初中生的个人生涯走向来说具有重要影响。它不仅可以帮助初中生明确职业发展方向、提高学习动力，也可以增强其自我认知，更好地适应未来的职业和生活。学科教学所培养的学科核心素养和能力，与学生生涯发展的素养和能力是一致的，对学生未来职业发展起着重要的支撑作用。因此，现在提倡学科教学与生涯教育发展性指导的融合，正是还原了学科学习对学生生涯发展的本源作用。

二　发展性指导个性化的内涵

舒伯的生涯彩虹图理论中提到，生活广度涵盖了个体的一生，生活空间反映了个体在不同的生命阶段需要承担的社会角色，这个生活角色因人而异，不同的人在同一个阶段的生活角色可能不同，在不同的生命阶段可能有相同的角色。因此，我们认为人的生涯教育发展性指导具有个性化，它适用于任何一个人，又不同于任何一个人，生涯教育发展性指导的内容和方式也会因人而异。

中学阶段是人生的重要阶段之一，学校和家长都应该帮助学生找到自己的兴趣志向，指导学生提前规划未来求学和就业的发展方向。但由于现在的生涯教育发展性指导存在学段脱节和系统性程度不高、指导性政策不明确、师资薄弱和内容不统一等问题[1]，所以，我们大胆地提出"发展性指导个性化"的观念，根据国家加强未成年人思想道德教育的相关要求，结合学生的成长需求，设计出适合现在初中生的发展性指导，让生涯教育发展性指导具备更有针对性的"个性化"。

（一）思想个性化

在初中生涯发展教育的思想广泛性方面，我们旨在培养学生开阔的思维和积极向上的人生态度。根据舒伯的生涯发展理论，学生在初中阶段逐渐具备了一定的生活控制能力，开始关注自己的未来，并建立起良好的人生观。因此，在生涯发展教育中，我们注重培养学生的自我认识和理解世界的能力，让他们逐渐认识自己的兴趣、价值观

---

[1] 李萍，李福刚. 新时代高中与大学生涯教育一体化的困境与破解[J]. 学校党建与思想教育，2023(20):72—74.

和能力,并且逐步建立起积极的人生态度。

(二) 内容个性化

针对加强未成年人思想道德教育的要求,结合学校的办学理念和育人理念,我们对于学校的生涯发展教育内容进行了个性化梳理和设计,让学生可以根据年级和自身特点、个性选择内容。个性化内容主要包括:

1. **生涯发展教育通识课程**:旨在普及生涯的基础通识,让学生了解自我、接纳自我,以及了解社会和职业的多样性。

2. **生涯发展教育的学科融合课程**:将生涯发展教育内容与各学科相融合,帮助学生在学科学习中理解与生涯相关的知识和技能。

3. **校本选修课程(生涯心理剧场)**:通过生涯心理剧场等形式,让学生在实践中体验和探索不同职业领域,培养他们的合作能力和创新思维。

4. **家庭教育指导课程(家庭教育"谈心"课程)**:帮助学生与家庭密切互动,了解家庭的重要性和影响,并提供家庭教育的指导和支持。

5. **生涯体验课程(红色之旅、运动会入场表演、社会实践体验等)**:通过参与红色之旅、运动会的入场表演和社会实践等活动,让学生亲身体验不同领域的职业与社会。

6. **建立学生生涯成长档案袋**:建立学生的个人生涯成长档案袋,包括学生在生涯发展教育中的自我认知、职业探索、生涯规划以及素质拓展等方面的记录和反思。

(三) 方式个性化

在初中生涯发展教育的方式个性化方面,我们采取多样的教学方法和实施路径,以适应学生不同的学习需求和个体差异。个性化方式具体包括:

1. **个性化实践活动**:通过参观企业、实习体验等实践活动,让学生更直观地了解职业环境和要求,提高他们的实践能力和职业意识。

2. **个性化互动式教学**:采用小组讨论、角色扮演等方式,激发学生的思考和参与度,培养他们的合作能力和创新能力。

3. **教师角色**:教师既是知识的传授者,也是引导学生树立正确的人生观和价值观的榜样和引导者,通过个人示范和引导,引导学生的成长。

4. **家校合作**:加强与家长的沟通与合作,共同关心学生的生涯发展,提供全方位的支持和指导。

三　初中生涯教育发展性指导个性化实施策略

联合国教科文组织国际教育发展委员会在 1996 年提出：人的素质培养过程也就是实现人的全面发展的过程，就是要在素质教育中全面提升人的社会素质和专业素质的过程。素质教育的目标就是"把一个人在体力、智力、情绪、伦理各个方面的因素综合起来，使他成为一个完善的人"，"使他的人格丰富多彩，表达方式复杂多样；使他成为一个人，作为一个家庭及其社会的成员，作为一个公民和生产者、技术发明者和有创造性的理想家，来承担各种不同的责任"。这与舒伯生涯发展理论非常吻合，目标也是一致的，它们在理念上都注重人的全面发展和综合素质的提高。所以，我们依据这个理念，对生涯教育发展性指导个性化的实施采用了以下策略。

（一）优化生涯教育发展性指导目标设置

1. 实用性。课程设计应注重实用性，以帮助学生掌握实际技能和知识为主，而非理论概念。课程内容应贴近生活实际，使学生能够将所学知识应用到实际生活中，提高他们的生活质量。

2. 系统性。课程设计应具有系统性，既要考虑横向的知识领域，又要考虑纵向的技能层次。要让学生能够全面地了解自我、社会和职业，同时掌握相关的技能和方法。

3. 导向性。课程设计应具有明确的导向性。生涯教育不仅是知识的传授，更重要的是帮助学生建立正确的人生观、价值观和职业观。因此，课程设计应明确教学目标，以引导学生走向积极向上的人生道路。

（二）延展生涯教育发展性指导内容设计

1. 自我认知。通过心理测试、职业兴趣测试等方式，帮助学生了解自己的兴趣、价值观、能力及特长等，引导他们正确评价自我。

2. 职业探索。通过讲座、实践等方式，让学生了解各种职业的特点、要求和发展趋势，帮助他们选择适合自己的职业方向。

3. 生涯规划。教授学生如何制定长期和短期生涯目标，并制定相应的行动计划，如学业规划、兴趣爱好培养等。

4. 自我管理。培养学生自我管理的能力，如时间管理、情绪管理、压力应对等，以帮助他们更好地适应学习和生活的压力。

5. 素质拓展。通过社团活动、社会实践等方式，培养学生的团队合作、沟通协调、领导力等非学术性素质，提高他们的社会适应能力。

(三) 拓宽生涯教育发展性指导实施路径

随着社会的发展，学生生涯体验方式越来越丰富，学校与外部的资源不断地加强有机整合。在初中阶段生涯规划教育最有效的途径就是体验和咨询，前者让学生得到了实践的反馈，后者则是一对一解答了学生内心的疑惑，让学生学会思考，不再盲目奔跑，激发学生的内驱力，为自己的未来发展负责，变被动学习为主动学习，同时利用网络实现终身学习，在探索中不断成长。

1. 实践活动。生涯教育不应仅局限于理论教学，更应结合实践活动，如参观企业、实习体验等，让学生更直观地了解职业环境和要求。

2. 互动式教学。采用小组讨论、角色扮演等方式，鼓励学生积极参与课堂活动，提高他们的思考能力和表达能力。

3. 教师角色。教师应扮演引导者和榜样的角色，不仅要教授知识，更要引导学生树立正确的人生观和价值观。

4. 家校合作。加强与家长的沟通与合作，共同关心学生的成长，为学生的生涯发展提供全方位的支持。

(四) 完善生涯教育发展性指导评价机制

为了更好地评价初中生涯教育课程的效果和学生的成长，我们需要建立完善的评价机制。不再是简单的期末评语，我们应采用多种方式进行评价，包括但不限于学生作品展示、口头报告、自我评价、同学互评和教师评价等，通过多角度和多维度的评价，全面了解学生在生涯教育中所取得的进步和成就，及时调整和改进教学方案，以促进学生的全面发展。

(五) 健全生涯教育发展性指导实施保障

广东省教育厅发布《广东省义务教育地方综合课程指导纲要（2023年版）》和《广东省中学生涯规划课程指导纲要（试行）》。[1] 此次发布的广东省中学生涯规划课程是

---

[1] 崔霞. 普通高中生涯教育跨学科融合的课程化探索[J]. 中小学心理健康教育, 2022(15): 52—54.

面向中学生开设的省级地方课程,即通过课程学习,学生具有生涯规划意识,形成终身发展观,掌握生涯规划方法,提升生涯发展关键能力和培养生涯创新精神。生涯发展教育的主要理论依据是人的全面发展理论,其教育目的并不只限于协助学生实现某一职业目标,而是让其在"衡外情、量己力"的基础上,设计出科学合理的生涯发展方向,制定学习和发展的总体目标和阶段性人生目标,解决生涯发展中的各类问题,为学生今后的人生奠定基础。①

综合以上讨论,初中生涯发展教育的"发展性指导个性化"在学科实践中探索的价值和意义日益凸显。根据舒伯的生涯发展理论,初中阶段是学生成长和思想认识形成的关键时期,在此阶段实施生涯教育具有积极效果。

首先,初中生涯教育发展性指导个性化能够帮助学生认识自我,培养他们形成正确的自我认知,了解自身兴趣、价值观和能力。通过具体的生涯教育课程和活动,学生能够更好地理解自己的倾向和潜力,为未来的发展作出明智的选择。

其次,初中生涯教育发展性指导个性化有助于学生规划未来生涯。通过提供丰富的资讯,培养职业意识和发展规划能力,学生可以更全面地了解不同职业领域的需求和发展趋势,为自己的未来作出合适的职业规划,增强生涯规划能力。

最后,初中生涯教育发展性指导个性化能够激发学生的个体能力和才干,培养其积极向上的人生理想。通过丰富多样的教学和实践活动,学生可以锻炼团队合作、创新思维和问题解决能力,建立积极向上的人生观,为未来的发展奠定坚实基础。

---

① 李琛. 初中生涯教育现状及其课程化实施研究——以广州市黄埔区五所初中学校为例[D]. 广州:广州大学,2023.

实践智慧 01 | 厚植工匠文化

围绕落实《中小学德育工作指南》，为实现课程育人、文化育人、活动育人、实践育人、管理育人和协同育人目的，学校细化各项德育任务。近年来，除了常态化开展的德育工作外，结合学生实际情况，学校每年通过全体学生以及部分学生的"点面"双驱动实践方式，开展了研学实践活动和融创课程实践探究活动，丰富学生研学实践的内容和内涵，以此全面开展学校德育工作。活动设计案例详细情况如下。

一 背景介绍

为全面贯彻党的教育方针，落实教育部等 11 部门《关于推进中小学生研学旅行的意见》和《中小学综合实践活动课程指导纲要》文件精神，从学科教育的角度落实立德树人根本任务，发展素质教育，帮助中小学生了解国情、热爱祖国、开阔眼界、增长知识，提高其社会责任感、创新精神和实践能力，我校有计划地深入开展学生研学实践教育活动，让学生在研学实践活动中全面接受理想信念、集体主义、社会主义核心价值观、中华优秀传统文化、生态文明和心理健康教育，不断加强学生生活实际、劳动技术和农耕体验教育，增强学生社会责任感、创新精神和实践能力。结合我校实际，以及学生年龄特点和素质教育需要，我们组织学生通过年级集中和专项课程班分批次出行的方式走出校园，让学生在研学活动中拓展视野，丰富知识，加深与自然与文化的亲近感，增加对集体生活方式和社会公共道德的体验，增加我校学生的自理能力、创新能力和实践能力。坪山中学紧紧围绕"爱我深圳，畅享自然"的主题，以探索"农耕文明，工匠劳动"为载体开展了培育和践行社会主义核心价值观教育系列活动。

二　活动目标

1. 正确理解劳动是人类发展和社会进步的根本力量,牢固树立劳动最光荣、劳动最崇高、劳动最伟大、劳动最美丽的思想观念。

2. 掌握基本的劳动知识和技能,正确使用常见劳动工具,增强体力、智力和创造力,具备完成一定劳动任务所需要的设计、操作能力及团队合作能力。

3. 能够自觉自愿、认真负责、安全规范、坚持不懈地参与劳动、形成诚实守信、吃苦耐劳的品质。珍惜劳动成果,养成良好的消费习惯,杜绝浪费。能体验劳动的乐趣,激发起对生活的热爱和感悟,体会食物的来之不易,从而懂得珍惜粮食,尊重劳动成果,珍惜现有的美好生活。

4. 领会"幸福是奋斗出来的"内涵与意义,传承中华民族勤俭节约、敬业奉献的优良传统,弘扬开拓创新、砥砺奋进的时代精神。学生将所学的知识应用于户外实践,观察生活,认真思考,关注与社会的联系,关注科学技术、社会劳动与生态环境的协同发展,形成正确的观点,成为热爱乡土、热爱祖国、热爱科学的人。

5. 通过一系列沉浸式体验自然农耕劳动项目,学生能够发现在团队生活中合作的价值和沟通的重要性,明白团队的巨大力量,置身于田园风光,放松身心,从而倡导人与自然和谐共生的理念,让环保意识传递更多的人。

6. 有观察,有记录,有交流,培养语言、逻辑、知识、好奇心、创新思维、身体运动能力和人际交往能力等方面的融会贯通,激发起好奇心、探索力、持之以恒的耐心和恒心,为未来可能走上专业研究播下理想的种子,最终能成为有理有据、观察敏锐、博学博识的国之栋梁。

三　活动过程

(一) 活动准备

1. 成立强有力的组织机构。成立了以校长为组长,副校长为副组长,德育处、安全办、总务处等职能部门为成员的领导小组。学校副校长和德育处领导,征求家长代表意见后一同前往研学实地考察,落实研学实践的具体内容。

2. 召开动员大会。开展学生班主任会议,进行安全工作布置,认识开展研学实践的重要意义,统一思想,明确方向。

3. 做好宣传工作。广泛宣传开展研学旅行工作的重要意义,通过致家长信、微信公众号等形式让家长全方位了解研学实践。开展研学实践主题班会,交代注意事项、安全教育,让学生了解开展研学实践的真正意义,在校园营造研学实践的良好氛围。

4. 落实安全预案,保障研学活动顺利开展。为学生购买人身意外保险,并组织相关处室做好后勤保障。建立工作台账,制定行程安排清单,做好安全预案等。

(二)探索研学实践模式

1. 开营仪式营造良好研学氛围。开营仪式上向学生明确实践要求和注意事项,鼓励学生积极参加本次实践活动,任命学生小组长,培养学生的纪律性和团队协作意识。

2. 开展团体游戏,培养学生的团结合作精神。通过集体宿舍常规管理进行有目的的比赛,树立团结合作的意识。在活动中,培养学生与学生之间的友好关系,加强学生对规则、对团队的认识。同时班主任进一步了解学生,并在今后工作中根据学生的情况进行辅导和教育,发现班级中有影响力、组织能力、乐于助人的学生,充实到班干部队伍,充分发现每个学生的潜能。

3. 体验丰富的生涯个性化课程,培养学生的综合实践能力。参与农活劳作,体验劳动的辛苦,目睹劳动人民的辛劳艰辛,培养学生吃苦耐劳的精神,体会"粒粒皆辛苦"的真正寓意,懂得"一分耕耘一分收获"的道理,提高学生的动脑和动手能力。

如劳动认知课。同学们在户外课堂中认知瓜果、农具、中草药、五谷、渔林等知识。更重要的是,在山野之外,同学们将收获更多的智识之趣。

手作艾条课。认识岭南地区常见的、特有的中草药,了解艾草的药性和应用,进而知晓"神农尝百草"故事。通过对中草药作用的解说,学会入门的知识表达。

木屋搭建课。通过了解鲁班的故事,认识我国木质结构的建筑,学习如何绘制设计图纸,探索木屋搭建的奥秘。学会与团队一起搭建木屋。

建设工程课。了解现代港珠澳大桥的建造故事和古代城墙夯土法,学习使用夯土工具,试着去实践刚获知的夯土墙制作施工工艺。经过识图、设计、地形处理等一系列基础工作,假山、草皮、鹅卵石、花砖在同学们的创意组合下,一座属于同学们自己设计的小园林悄然而生。

自助野炊课。学生自行分工进行食材选材、清洗、制作,将食材一步步变成鲜美佳肴,通过自己劳动获得食物,获得满满的成就感,进一步培养班级学生的组织协调能力、沟通能力、自理能力。

(三) 及时评价

1. 开展感恩教育。在研学活动即将结束的时候,对学生进行感恩教育,让他们对教师和同伴表示感谢,并对优秀班级优秀学员进行表彰。

2. 展示研学成果。学校通过图文宣传、微信公众号宣传等方式充分展示研学当中的点滴收获。

3. 做好宣传报道。通过家长群、微信平台向社会及家长展示研学旅行的成效,让家长更加理解、支持研学工作。

四 活动实效

学生的学习和探究活动,没有哪一项是单靠一门学科知识就能完成的。而融创课堂就是以学习者为中心,将各学科有机组织起来,构建跨学科知识网络的一种教学形式,不是把学生知识的篮子装满,而是把学生的心点亮,是产生了化学反应的融合。

通过研学实践活动,一是提升了学生素养。研学后学生的集体意识、班级荣誉感更强烈,认知与实践、合作与探究能力,都有了显著的进步。二是拉近了师生关系。班主任在进行班级学生管理过程中,发现学生更加配合班级管理,学生干部队伍组织能力和协调能力得到很好的提升。在研学活动中,老师精心陪护与指导,共同感受到研学的快乐、孩子的成长。三是缓解了学生压力,通过以玩耍劳作的方式进行拓展活动,学生视野得到拓展,更加适应校园生活,有效缓解学生的压力;四是升华学生对社会主义核心价值观的认识。在活动的过程中始终贯穿社会主义核心价值观教育,帮助学生树立正确的人生观和价值观。

五　活动总结

走出教室，在自然中体验式地学习，蓝天是课室的屋顶，青山绿水是墙壁，大树石头是课桌，生机盎然的田野是课本。

一是要有周密的研学计划和安全预案。要做好活动前实地考察，加强安全风险研判，做好研学准备工作。安全工作关系千家万户，制定周密的安全预案，落实具体的责任，做好后勤保障工作，才能确保研学工作平安进行、顺利推进。

二是要加强家校联系。开展研学，安全是焦点问题，经费是敏感问题。开展活动要有所依据，收费要有标准，向家长解释清楚活动的必要性和收费的依据，才能得到更多家长的支持，助推研学实践活动的开展。今后开展研学实践活动可以每个班级邀请几位家长自愿参加，让家长更多地了解学校的教育模式和老师的辛勤付出。

三是要有工作考核机制。要将研学实践活动工作纳入对学生和班级综合评价范畴，做到有跟踪、有督导、有表彰、有记录、有保障。以研学促进班级管理，促进学校德育教育，进一步细化各项德育任务，实现课程育人、文化育人、活动育人、实践育人、管理育人和协同育人目的，从制度上确保研学实践活动对学校德育工作的有效性。

在信息化时代，知识增长迅速，教师仅凭师范院校所学已难以满足现代课堂和学生需求。陆游所言"汝果欲学诗，功夫在诗外"启示我们，教师应打破学科界限，以开放心态吸纳多学科知识，丰富自身知识结构，构建完整的学科体系。此举不仅让学科教学更丰盈、开放，更有助于学生核心素养的形成和综合素质的提升。我们要突破传统课堂限制，实现学科渗透与融通，促进思维创新，丰富学生心理体验，提升学习生活品质，实现课堂丰盈，推动"双减"与"核心素养"的有效落实。

劳动的实践，恰好是"融合的根本途径，上到五育融合下到课程统整，再具体到整合性教学，其根本途径就是让学生多参与学科实践、跨学科实践，甚至是校外的超学科实践，把学生的德、智、体、美、劳融合起来"。这样的教育方式或许可解决传统授课的"学科孤立"问题，改变老师们的实践教学方式，让教师从迷茫走向清晰，从多思走向行动，从孤立走向合作，从实践走向反思，既融合了学校与社会、学校与生活、学科与学科，又承载着"五育融合"的责任与使命。

实践智慧 02 ǀ 我有一个梦想

一 教学设计背景

在初中阶段开始生涯规划教育能够更好地帮助学生发现自己的天赋、优势和兴趣爱好，并将之转变成学科优势，帮助学生探索和体验职业，更早地树立职业目标和事业追求。生涯规划教育的本质就是让孩子学会看到自己、认识自己、树立目标。初中阶段学生面临着升学或就业或选择高职等问题。同时，初中生的价值观还没有完全形成，可供发掘的潜力也还很多，如果能更早地让学生接触生涯规划的引导，有利于其树立正确的价值观，同时在生涯规划中对学历、能力的要求也会促使学生形成积极向上的人生态度。

二 教学主要内容与主要解决的教学问题

（一）主要内容

本案例是初中阶段生涯规划课程中关于学生树立目标和梦想的创新性课程。案例在传统职业生涯规划的基础上，让初一年级同学思考自己在初中阶段的梦想。通过课前提问导入，以及带领大家体验"30 分钟的旅程"和 24 小时马拉松记录片，引导学生思考自己的梦想究竟是什么，并且了解到梦想需要规划与坚持不懈。通过梦想卡片让学生把自己的梦想和目标通过文字形式写出来，在写下自己的梦想之后，通过时空列车环节带领同学们进行冥想，让学生更加深入地思考想要实现自己的梦想在初中阶段需要做哪些规划和准备。最后通过蚂蚁哲学的故事引导学生明白，当自己心中拥有梦想，在每个阶段都要有所规划，同时要做到从不放弃，积极进取，全力以赴。让学生感受到当人们有了梦想,并能把自己的行动与梦想不断地加以对照,进而清楚地知道自己的行进速度与梦想之间的距离,能够自觉地克服一切困难,努力实现自身的梦想。

(二)主要解决的教学问题

在传统的职业生涯规划教育课程中,对于学生的生涯规划往往局限于某一职业,或是成为一个什么样的人。但是初一年级的学生对自己尚且不存在全面的规划,从梦想入手引导学生去思考自己的梦想是什么,实现梦想在现阶段需要付出哪些努力,做出怎样的规划,这样更加能够贴近学生的生活,让学生更乐于分享。

三 教学特色与创新

我们应当将轻松、愉悦、开放的氛围贯穿心理课堂的始终。本节课以梦想为主题,激发初一年级同学发挥自己的想象力,从自己的初中生活开始有一个新的展望和规划,对自己有一个梦想或目标,明确自己每一步需要做的是什么,以及实现梦想需要提前做哪些准备。具体做法如下:

1. 根据现阶段初一年级学生的心理特征,在课堂教学中运用富有情趣的语言与学生对话。在课堂的前20分钟,不占用过多时间管理班级纪律问题,不随意批评学生,用激励和鼓励的话对学生的积极表现和反馈及时给予评价,例如:"你的梦想规划很符合实际,相信你一定能够成为一名优秀的军人。"

2. 灵活运用多媒体教学,激发学生学习动力。在课前导入以分组形式带领学生感受30分钟的旅程,分别呈现不同结果,更加吸引学生注意力。课堂中引用故事视频,学生能够更深入思考实现梦想需要坚持不懈这一品质。在填写梦想卡片的过程中播放背景音乐,让同学们更加沉淀地思考自己的梦想和实现梦想的规划。多媒体的运用,可以增加课堂教学整体的气氛活跃度、学生学习效果与师生互动程度。

3. 课堂氛围自由、开放。心理课上心理教师更多使用鼓励的语言,让学生敞开心扉,乐于与老师分享感受和想法。在"我有一个梦想"这节课中,有学生说自己的梦想只是想做一名普通人,作为心理教师也应该鼓励这种敢于说出自己真实想法的学生,可以引导这位学生在普通中寻找自己的闪光点,发扬自己的闪光点,让自己变成一名闪闪发光的普通人。

四 应用与教学效果

1. 创设情境，导入课题——30 分钟的旅途

师：同学们，大家知道 30 分钟的旅途有多远吗？

生：围着操场跑 15 圈，从坪山到龙岗……

师：同学们对 30 分钟的路程都有一个大致的概念，今天请你们一起跟随老师的心理课进行一个 30 分钟的旅行。接下来我们的旅行将会分为三组：

第一组：不知道村庄的名字，也不知道距离，只是告诉他们跟着导游走。

第二组：知道村庄的名字和距离，但路边没有路标，所以只能根据经验来估计旅行的时间和距离。

第三组：不仅知道村庄的名字和距离，而且知道每一公里的道路上的里程碑。

师：同学们，你们愿意参加哪一组？

生：第一组有向导，能够更加有把握走到终点。第二组没有里程碑，但是可以更加投入地欣赏沿途的风景。第三组更加有目标性，并且知道自己距离终点有多远。

（引导学生们进行回答，PPT 展示三组不同的结果。）

第一组：他们刚刚走了两三公里，有人抱怨，有些人甚至拒绝走得更远。他们走得越远，心情就越糟糕。

第二组：由于缺乏里程碑，大多数人想知道他们走了多远。人们开始感到沮丧和疲倦，这时有人说："很快就要到了！"每个人都站起来，加快速度。

第三组：他们去看里程碑，每缩短一公里，他们都会感受到一点快乐。他们的情绪仍然很高涨，所以他们很快就达到了终点。

师：(1) 你发现了什么？

(2) 三组的不同之处在哪里？

(3) 如果想要顺利实现你的梦想，你需要什么？

生：想要实现梦想，既要有规划，又要有明确的目标。每实现一个目标都能明白自己距离梦想越来越近，能够更快地实现自己的梦想，所以每个阶段都要有明确的规划。

2. 找到梦想——梦想故事会

（播放 24 小时马拉松运动员林义杰的故事视频。）

师：林义杰的梦想是什么？他最后实现了吗？

生：他成为冠军，实现了梦想！

通过制作梦想卡片，引导学生明确自己的梦想或目标，并请学生分享梦想。

生：我梦想自己成为一名军人，考上国防科技大学。我梦想自己成为一名很厉害的厨师。我梦想自己成为一个简单的普通人。我希望我的家人能够多多陪在我身边。

（通过前面两个故事，引导学生找到自己的梦想，并且了解到梦想需要规划与坚持不懈！）

3. 梦想规划——穿越时光遇见你

引导语：现在邀请大家一起来乘坐时光列车，乘坐时光列车有一个要求，需要大家一起闭上眼睛，跟随着老师一起深呼吸，吸气，呼气。好的，列车已经出发了，经过时光隧道，时光列车经过了你的初中三年，想象一下你的初中三年会怎么度过……接下来，你看到了你高中的生活，你的高中三年将会怎么度过……你所有的准备都是为了能达到最终的目标，实现你的梦想。接下来，你看到了你大学的生活，你的大学四年将会怎么度过……通过你的不断努力，你终于到达你梦想的目的地……那个场景一定会让你感到非常幸福，因为这是你喜欢的、最向往的……请各位同学睁开眼睛。

（请几位同学进行分享自己的规划。）

生：我想成为一名军人，我现在在训练队每天都在锻炼自己的体能，我想通过运动让自己变得更加健壮，同时我要注意保护我的视力，我要先达到军人的身体素质。

4. 蚂蚁哲学——升华主题

第一部：蚂蚁从不放弃。如果它们奔向某个地方，而你设法阻止它们，它们就会寻找另一条路线。它们或往上爬，或从地下钻，或者绕行，直到它们寻找到另一条路线。

第二部：蚂蚁在夏天就为冬天做打算。多么敏锐的洞察力！不能天真地认为夏天会永远持续下去，所以即使在盛夏，蚂蚁也积极地为自己储备冬天的食物。

第三部：蚂蚁在冬天里想着夏天。这一点很重要。整个冬天，蚂蚁都在提醒自己"冬天不会持续太久，我们很快就能到外面去。"于是在气温变暖的第一天，蚂蚁就会出去活动；如果气温变冷，它们再返回洞里。不一味地等待，这样蚂蚁永远会在气温变暖的第一天出去。

师：看完了蚂蚁哲学，大家觉得哪些是我们可以学习的？

生：要提前有规划，未雨绸缪，为自己的目标努力努力再努力，同时不能轻言失败。

（由此引出蚂蚁哲学的核心：从不放弃，积极进取，全力以赴。）

5. 课程总结

(1) 明确自己的目标，确立自己的梦想。

(2) 大大的梦想需要规划。

6. 得出结论

当人们有了梦想，并能把自己的行动与梦想不断地加以对照，进而清楚地知道自己的行进速度与梦想之间的距离，人们行动的动力就会得到维持和加强，就能够自觉地克服一切困难，努力实现自身的梦想。

（撰稿人：深圳市坪山中学　黄俊人、熊思琦）

后记

随着基础教育课程改革的不断深入,全国各地涌现出了许多新型的课堂教学模式。深圳市坪山中学开始了自己的课改之路。从2007年开始,学校启动了"学讲稿"的实践探索,并在2009年全面开展了小组合作学习的探索和研究。这些探索和研究加深了学校对教学改革的理解,逐渐拂散了教学改革路上的迷雾。2014年,坪山中学提出了"四三"高效课堂的基本设想。这是一个以"三动""三主""三自""三会"为核心内涵,以"平等、尊重、合作、成长"为核心价值的课堂教学实践研究。在"四三"课堂的探索中,学校逐步将注意力从教师转向学生,着重培养学生的学法学能。随着"互联网+教育"的深入,坪山中学的课堂如何适应新形势、新要求?高效课堂的下一步发展何去何从?学校的教学团队开始思考这些问题,并提出了"四三"智慧课堂的概念。这是一个以"三智"为核心内涵,利用技术更好地完成教和学,关注学生智慧发展的课堂教学实践研究。

在"四三"课堂改革的探索过程中,学校不断优化教学方式,关注学生的学习表现。为了提高学生的学习效果,学校在延续"四三"理念的基础上,对"四三"智慧课堂有了新的理解和诠释。学校对课堂宽度、课堂深度、课堂高度、课堂密度进行了深入的探索,以期构建一个以实践为中心的新型育人方式。

课堂宽度,即"三智":学科智慧、生活智慧、成长智慧。学校希望通过多元化的教学方式,培养学生的学科素养、生活技能和成长潜力。

课堂深度,即"三能":能理解、能探究、能应用。学校希望学生在课堂上不仅能够理解所学知识,还能运用所学知识解决实际问题。

课堂高度,即"三力":行动力、创造力、生命力。学校希望通过课堂教学,培养学生的综合素质,使他们具备应对未来挑战的能力。

课堂密度,即"三化":差异化、任务化、智能化。学校希望通过个性化的教学策略,满足不同学生的需求,使课堂教学更加高效。

为了更好地培养学生的实践能力,坪山中学在多模态学科实践方面进行了深入探索。在语文科目学习方面,学校将语文与音乐、美术等学科联系起来,让学生通过读、唱、画、写等方式多方位感知文本;在数学科目学习方面,学校将数学与体育联系起来,如进行"角的认识"教学时,可以体育内容为背景创设情境,通过讨论引出角的概念,使学生产生认识角、研究角的需要。

在本书《多模态学科实践》中,我们将分享坪山中学在多模态学科实践方面的探索与成果。我们希望通过这本书,为读者提供一种新的教学理念和实践方法,以期在基础教育改革中发挥更大的作用。

学科实践让学生的知识灵动起来。知识不是脱离实际生活和个人经验存在的,不是静态的,而是我们解决实际问题的工具,是在实践中生成的,是动态的。让学生在实践中运用知识,获得知识,巩固知识,很好地培养了学生的核心素养,有效避免了"高分低能""眼高手低"的教育局限。

学科实践让育人目标指向核心素养。学科知识如何演变成学生的核心素养,其中重要的桥梁就是学科实践。把知识作为教学目标是远远无法达到现代教育的要求的,知识只是教学的基础性要求,仅有知识是无法形成素养的。只有用适切的方法进行学习才能形成素养,只有当学什么、怎么学、学会什么三者高度匹配时,知识、实践、素养才能形成一个有机整体,学科实践是实现发展学生核心素养这一终极目标的重要方式。学科实践让学习方式转向知行合一。学科实践强调"做事",要求知识的获得需要在做中学、在用中学。学科实践在目的上强调学以致用,在功能上强调以用促学,在过程上强调运用即学习。

坪山中学在多模态学科实践方面的探索从未止步。我们一直在赶路,一直在小步前行,路途曲折,有时遇到荆棘,也会收获鲜花和硕果,一路上,都是山重水复疑无路,柳暗花明又一村,这也许就是教学改革的精彩所在。

最后,感谢所有参与坪山中学教学改革的教师、学生和家长。正是你们的辛勤付出和不懈努力,才使得教学改革取得了些许成果!

深圳市坪山中学　刘学研
2024 年 2 月